Hans-Joachim Höhn

Das Leben in Form bringen

Hans-Joachim Höhn

Das Leben in Form bringen

Konturen einer neuen Tugendethik

HERDER

FREIBURG · BASEL · WIEN

MIX
Papier aus verantwor-
tungsvollen Quellen
FSC® C083411

© Verlag Herder GmbH, Freiburg im Breisgau 2014
Alle Rechte vorbehalten
www.herder.de

Umschlaggestaltung: Verlag Herder
Umschlagmotiv: © grgroup/123RF Stock Photo

Satz: Barbara Herrmann, Freiburg
Herstellung: CPI books GmbH, Leck

Printed in Germany

ISBN 978-3-451-34035-2

5

Inhalt

5

Vorwort

„Na, dann mach's mal gut!" – Mit diesem Satz enden oft Abschiedsszenen. Dabei gibt ein Wort das andere: „Ja, du auch – mach's gut!" Danach trennen sich die Wege zweier Menschen. Andernorts und je für sich wollen sie etwas Neues anfangen. Sie setzen darauf, dass es ihnen dabei gut (er)gehen wird. Aber in ihren Abschiedsworten steckt auch eine Warnung: Ohne eigenes Zutun wird nichts Gutes aus diesem Anfang werden.

Eine solche Warnung auch an den Beginn einer längeren Abhandlung zu Schnittstellen zwischen Anthropologie und Ethik zu setzen, ist riskant. Sie weckt die Befürchtung, sich der strapaziösen Lektüre eines komplizierten Textes stellen zu müssen. Darum sei gleich eine Entwarnung erteilt. Das Thema der folgenden Erörterungen lässt sich recht einfach bestimmen: Es geht um die Frage, wie man es am besten anstellt, auf menschliche Weise am Leben zu sein. Wie man dies bewerkstelligt, ist allerdings nicht nur eine Angelegenheit der richtigen Praxis. Man muss vorher wissen, was man will und wie man's macht. Zur richtigen Praxis anzuleiten, setzt daher durchdachte Anleitungen voraus. Diese zu durchdenken, verlangt Kopfarbeit, deren Ergebnis eine möglichst gute Theorie sein sollte. Für Theorie und Praxis ist dieselbe Frage zentral: Was kann ein Mensch tun, damit es ihm gut geht und sein Dasein möglichst gut ausgeht?

Auf einfache Fragen sind jedoch nur selten einfache Antworten möglich. Bei der Erkundigung nach einem guten Ausgang menschlichen Daseins ist dies nicht anders. Denn hier verläuft in Theorie und Praxis der Weg zu einem guten Ende nicht geradeaus. Mit unpassierbaren Abschnitten und Sperrungen ist zu rechnen. Oft sind Um- und Irrwege nicht zu unterscheiden. Man muss sich darauf gefasst machen, unterwegs merkwürdige Bekanntschaften zu machen und unliebsame Überraschungen zu erleben. Und immer wieder wird man die Route überprüfen, vielleicht sogar korrigieren müssen. Planung und Durchführung dieser Studie zu den Bedingungen und Umständen ethischer Lebenskönnerschaft machen davon keine Ausnahme – und bei der Lektüre dieses Buches wird es auch nicht anders sein.

Am Anfang stehen zeitdiagnostische und kulturkritische Beobachtungen zum Versprechen der Moderne, dass mit ihr die Zeit gekommen sei, in der es leicht falle, ein eigener Mensch zu sein (I.). Da es mit der Einlösung dieses Versprechens Schwierigkeiten gibt, bieten sich seit geraumer Zeit Anleitungen zur Lebenskunst als Problemlöser an. Sie wenden sich an Menschen, die angesichts politischer Unübersichtlichkeit und wirtschaftlicher Unsicherheit zum Trotz, aber auch im Wissen um tiefe Risse in ihrer Biographie das Projekt eines selbstbestimmten und sinnerfüllten Lebens nicht aufgeben wollen. Wer sich das Ideal eines geglückten Daseins durch keine Krisendiagnose ausreden lassen will, muss dafür gute Gründe haben. Diese lassen sich aber nur finden, wenn man dem Leben auf den Grund geht.

Für eine solche Grundlagenreflexion wird im Folgenden das Methoden- und Begriffsinstrumentarium einer philosophischen Existentialpragmatik zur Verfügung gestellt (II.). Die Frage, was es heißt, in der Welt zu sein und ein Leben angesichts vielfacher Begrenzungen führen zu müssen, wird hier mit einer Gründlichkeit gestellt, der Lebenskunstkonzepte meist ausweichen. Aber ohne ein Nachdenken über Grund und Grenzen des Daseins ist auf solche Konzepte wenig Verlass. Wer darauf verzichtet, die anthropologischen, rationalitäts- und handlungstheoretischen Parameter ethischer Lebenskönnerschaft zu rekonstruieren und dabei ihre gesellschaftlichen Bedingungen in den Blick zu nehmen, wird wenig ausrichten mit Ratschlägen, wie ein Mensch sich in den Nöten des Lebens behaupten kann. Es braucht dazu auch ein Wissen darüber, was es eigentlich heißt, als Mensch heute derart am Leben zu sein, dass es dabei vernünftig zugeht. Damit ist jedoch noch nicht gewährleistet, dass der Einsatz dieses Wissens zu einer Lebenspraxis führt, bei der alles gut geht.

Wenn das, was man vernünftig angeht, auch gut weitergehen soll, bedarf es des Zusammenspiels von Vernunft und Moral im konkreten Lebensvollzug. Lebenskönnerschaft lässt sich nicht von Generation zu Generation vererben. Sie muss je neu erworben wer-

den. Wie man die hierfür notwendige Intelligenz entwickelt und
anwendet, ist das zentrale Thema der klassischen Tugendethik. An
ihr Niveau der Problembearbeitung reichen moderne Lebenskunstkonzepte bei weitem nicht heran. Sie verdecken aber diesen Mangel
mit dem Gestus, die Enge des Räsonierens und Moralisierens über-
wunden zu haben. Will man sich dafür aber nicht neue Vagheiten
in Sprache und Sache einhandeln, bedarf es einer doppelten Anstrengung. Es gilt, auf zeit- und sachgemäße Weise ethische Intelligenz und praktische Lebenskönnerschaft zu verknüpfen. Für diese
Neuformatierung der Tugendethik wird ebenfalls ein existentialpragmatischer Zugang gewählt (III.).

Wenn das Vermögen, in und aus menschlichen Nöten jene Tugenden zu entwickeln, mit denen existenzielle Herausforderungen
gemeistert werden können, von jedem Menschen neu zu erwerben
ist, dann stellt sich Lebenskönnerschaft erst mit der Zeit ein. In der
Moderne läuft dem Menschen jedoch die Zeit davon. Hier regiert
der „kinetische Imperativ". Angesichts befristeter Lebenszeit muss
alles in der Welt immer schneller immer besser werden, damit das
Leben für den Menschen in der Welt akzeptabel wird. Zugleich
muss sich der Mensch beeilen, im Leben etwas vom Leben zu haben. Gerade eine befristete Lebenszeit nötigt dazu, nicht in den Tag
hinein zu leben, sondern über den Tag hinaus zu planen. Aber wie
weit soll diese zeitliche Orientierung gehen – auch über den eigenen letzten Tag hinaus? Warum soll man sich an Maßnahmen zur
Daseinsoptimierung und Weltverbesserung beteiligen, wenn man
nicht mehr zu jenen gehört, welche die Früchte eines solchen Einsatzes ernten? Der kinetische Imperativ hat dafür gesorgt, dass aus
den Zeitsemantiken moderner Gesellschaften all jene Gehalte verschwunden sind, die Hoffnungen auf ein Ende der (Welt- und Le-
bens-)Zeit beschreiben, das nicht Abbruch, sondern Vollendung
bedeutet. Sie finden sich nur noch in den Partituren eines religiösen Zukunftsverhältnisses. Die Tugend der Hoffnung entwirft dort
das Modell einer Praxis, in der illusionslos die ernüchternden Umstände moralischen Handelns wahrgenommen werden und zugleich dagegen protestiert wird, aus diesen Widrigkeiten auf die
Vergeblichkeit dieses Handelns zu schließen. Wer hofft, setzt „kontrafaktisch" auf den guten Ausgang eines Tuns, dessen Gelingens-

bedingungen von den Umständen des Handelns her nicht einsichtig sind.

Religionskritiker wittern hier bereits den Konflikt mit einem Verständnis von Autonomie, wonach die Vernunft nicht zu Handlungen verleitet werden darf, die sich außerhalb der von ihr ermittelten Ermöglichungsbedingungen bewegen. Es kann aber durchaus sein, dass die Vernunft gerade um ihrer Rationalität und Moralität willen auf ein solches „Außerhalb" Bezug nehmen muss. In welcher Weise hier ein Transzendenzbezug ins Spiel kommt, sucht eine existentialpragmatisch ansetzende „Ethico-Theologie" (Immanuel Kant) zu ermitteln, für die Hoffnung kein Widerpart moralischer Autonomie, sondern ein Vollzugsmoment von Rationalität und Moralität darstellt (IV.).

Zur Einübung einer erfolgreichen Praxis anzuleiten, ist Anspruch einer jeden guten Theorie. Zugleich kommt damit ihre Beschränkung in den Blick. Gute Theorien allein bewirken noch nichts Gutes. Es bedarf des richtigen Tuns – und des eigenen Zutuns. Gute Theorien erkennt man daran, dass sie in diesem Sinne unfertig sind. Darum steht auch am Anfang dieses Buches die Einschränkung: Es handelt sich um eine Theorie, der noch eine Zutat fehlt. Ohne intellektuelle Eigenbeteiligung bereits beim Lesen wird aus ihr nichts Ganzes werden. Und ohne eigenes Zutun bei ihrer praktischen Umsetzung wird aus ihr auch nichts Gutes werden.

Köln im Herbst 2013   Hans-Joachim Höhn

I. Zeitdiagnose:
Das Leben gut sein lassen!?

„Mach's gut!" – Mit diesem Imperativ kann man den Gegenstand
der Ethik durchaus treffend definieren. Hier geht es um ein gutes
Tun und um gute Taten. Dennoch handelt es sich hierbei um einen
ungenauen Imperativ. Er lässt nämlich offen, *was* denn gut zu machen ist. Sucht man nach einer präziseren Bestimmung, so ist zu
hören: Es geht um das Leben. Gegenstand der Ethik und Inhalt
ihrer Imperative ist das gute Leben. Allerdings versteht sich auch
diese Auskunft nicht von selbst. Es ist keineswegs ausgemacht, dass
sie als ethischer Satz verstanden wird. Was heute „gut leben" heißt,
kann auch auf die gänzlich unmoralisch gemeinte Frage bezogen
werden, wie man gut durchs Leben kommt. Hierbei ist der gram-
matische Status des Begriffs „gut" aufschlussreich. Aus einem Ad-
jektiv – das „gute" Leben – wird ein Adverb: wie man „gut" lebt.
Die adverbiale Fassung der Frage nach dem Guten ist leichter zu beantworten als die adjektivische: Gut durch's Leben kommen, kann
heißen: „Lass es Dir gut gehen, mach es Dir bequem, statte Dein
Dasein mit Annehmlichkeiten aus! Sieh zu, dass Du auch unter un-
günstigen Bedingungen das Bestmögliche aus Dir und Deinem Leben machst! Handle so, dass Du, wenn Du stirbst, sagen kannst,
dass du das Maximum aus Deiner Lebenszeit herausgeholt hast!"

1. „Mach's gut!"
Mit einem Imperativ leben

Das bestmögliche Leben wird in der Moderne gleichgesetzt mit einem Maximum. Aber die moderne Welt kennt kein Maximum. Sie
steht im Zeichen eines kategorischen Komparativs: schneller, höher, weiter! Alles, was es in dieser Welt gibt, steht unter einem Ver-
besserungs- und Optimierungsvorbehalt. Nichts ist so gut, dass es
nicht noch besser werden könnte. Es gibt kein Optimum – selbst
das Maximum ist kein Optimum. Denn optimal wäre nur jenes,

das keine Verbesserungen mehr zulässt. Aber dafür ist in der modernen Welt kein Platz. Modern sein heißt: Raum lassen und Platz machen für das Neue, Bessere.

Was nicht mehr optimierbar ist, hat bereits seine beste Zeit hinter sich. Es muss ersetzt werden durch etwas, das noch Qualitätssteigerungen zulässt. Für die Moderne ist jene Welt die beste aller möglichen, in der es möglich ist, stets mehr zu wollen und zu werden als zuvor. Wachstum, Fortschritt, Wandel, Innovation – sämtliche Leitbegriffe der Moderne folgen einer Logik der Steigerung.[1] Ihre Devise lautet nicht „Mach's gut!", sondern: „Mach's besser!" Das Bessere aber ist der Widerpart des Guten.

Darum fällt es auch viel leichter, moderne Antworten zu geben auf die Frage, wie ein besseres Leben aussieht, als zu sagen, was zu einem guten Leben gehört. An jedem Zeitungskiosk gibt es hierfür zahlreiche Angebote: „Schöner wohnen!" – „Schöner essen!" Diese Illustriertentitel zeigen, dass die Moderne auf die Fragen nach dem besseren Leben mit einem ästhetischen Imperativ reagiert: Besser wird's, wenn's schöner wird! Und damit man auf ein besseres, schöneres Leben nicht allzu lange warten muss, wird umgehend ein kinetischer Imperativ hinzugefügt: „Mach schneller mit der lebensverbessernden Daseinsverschönerung! Beeile Dich mit Verbesserungsverschönerungen!"[2] Deswegen scheint auch eine Schlüsselqualifikation des modernen Menschen darin zu liegen, dass er flexibel, mobil und beschleunigungsfähig ist. Er muss in der Lage sein, sich und den Dingen um ihn herum Beine zu machen, damit sie in Bewegung kommen – zum Besseren hin.[3]

Für die unterschiedlichen Bestimmungen eines guten Lebens ist damit jedoch kein gemeinsamer Fluchtpunkt gefunden. Denn die

---

[1] Vgl. G. SCHULZE, Die beste aller Welten. Wohin bewegt sich die Gesellschaft im 21. Jahrhundert?, Frankfurt 2004.

[2] Vgl. H.-J. HÖHN, „Beeil dich!?" Über die Beschleunigung des Lebens und die Befristung des Daseins, in: Jahrbuch für Arbeit und Menschenwürde 2 (2001) 13–22.

[3] Vgl. H. ROSA, Weltbeziehungen im Zeitalter der Beschleunigung. Umrisse einer neuen Gesellschaftskritik, Berlin 2012, 185–223. Allerdings können die erreichten Gewinne bald durch die Negativeffekte des Mobilmachungsdiktats entwertet werden. Siehe dazu F. HENGSBACH, Die Zeit gehört uns. Widerstand gegen das Regime der Beschleunigung, Frankfurt 2012.

Bewertungsstandards „gut" und „besser" sind vielfältig definierbar und einsetzbar. Die Bandbreite reicht von der funktionalen Eignung eines Mittels für das Bewirken von erwünschten Folgen (z. B. ein gutes Medikament für die Überwindung einer Krankheit) über die Bewertung einer Handlungsabsicht bzw. Motivation in Bezug auf ein Handlungsziel (z. B. ein guter Vorsatz, um sich ein Laster abzugewöhnen) bis hin zur Qualifizierung von Kompetenzen eines Handelnden (z. B. ein guter Arzt), der Art und Weise, eine Handlung zu vollziehen (z. B. guter Stil), oder zur Beschreibung der Qualität einer Handlungssituation im Ganzen (z. B. gute Atmosphäre). Für eine befriedigende Auskunft auf die Eingangsfrage reichen diese am Muster der Zweckmäßigkeit, Effizienz und Professionalität bzw. am Ideal ökonomisch-technischer und ästhetischer Optimierungsrationalität orientierten Auskünfte ohnehin nicht aus. So einfach lässt sich die adjektivische Fassung der Frage nach dem guten Leben nicht mit einer Antwort im Vorfeld der Ethik abgelten.[4]

Außerdem sind mit der Unterscheidung einer adjektivischen und adverbialen Fassung des guten Lebens die Möglichkeiten der Grammatik noch nicht ausgeschöpft. Es besteht ja auch die Möglichkeit einer Nominalbestimmung des Guten. Dann könnte man vielleicht sogar behaupten: Es tut dem Menschen gut, wenn er das Gute tut! Letztlich ist es die Orientierung an einem „höchsten Gut", das ein Leben gut werden lässt! Aber welches Gut dient als letzter Bezugspunkt und verdient tatsächlich für unübertrefflich, vollkommen, unbedingt und „ohne Wenn und Aber" erstrebenswert gehalten zu werden?[5]

---

[4] Zur Unterscheidung des moralischen und außermoralischen Gebrauchs des Wortes „gut" siehe u. a. A. W. Müller, Was taugt die Tugend? Elemente einer Ethik des guten Lebens, Stuttgart 1998, 73–100; A. Pieper, Gut und böse, München ³2008.
[5] Zum Ganzen siehe auch H. Steinfath (Hg.), Was ist ein gutes Leben? Philosophische Reflexionen, Frankfurt 1998; Ders., Orientierung am Guten. Praktisches Überlegen und die Konstitution von Personen, Frankfurt 2001; A. Pieper, Glückssache. Die Kunst, gut zu leben, Hamburg 2001; J. Szaif/ M. Lutz-Bachmann (Hg.), Was ist das für den Menschen Gute?, Berlin/New York 2004; D. Fenner, Das gute Leben, Berlin/New York 2007; U. Wessels, Das Gute. Wohlfahrt, hedonisches Glück und die Erfüllung von Wünschen, Frankfurt 2011; M. Hoesch u. a. (Hg.), Glück – Werte – Sinn. Metaethische,

– Ist das gute Leben eine Frage des physisch-psychischen Wohlergehens oder des materiellen Wohlstandes? Oder kommt es
  auf beides an: Gesundheit und Geld? Hängt der Erwerb und Erhalt von beidem allein von unserem Tun ab oder braucht es für
  beides günstige Umstände, die herbeizuführen nicht eine Angelegenheit menschlicher Machbarkeit ist? Ist es in diesem Sinne
  (reine) Glückssache, ob man ein gutes Leben führen kann?
– Ist ein Leben dann gut, wenn man darin genügend Gutes tut?
  Soll man sich im Großen wie im Kleinen für hehre Ziel einsetzen: Frieden, Freiheit, Gerechtigkeit? Wenn allerdings auch beim
  Erreichen dieser Ziele nicht alles in der Macht des Menschen
  steht oder wenn hohe Ideale sich als unerreichbar erweisen, genügt dann wenigstens der gute Wille? Wenn schon widrige Umstände gute Taten verhindern, ist dann nicht das Wollen des Guten die einzige Möglichkeit, wie das Gute zu Bewusstsein und in
  die Welt kommt?
– Genügt es nicht, sich darauf zu konzentrieren, was dem einzelnen Menschen „gut tut": die Erfüllung von individuellen Wünschen, Bedürfnissen, Sehnsüchten? Sollte man nicht die Gesundheit ins Zentrum stellen, denn sie ist zwar bekanntlich nicht
  alles, aber ohne sie ist alles angeblich nichts bzw. nicht mehr
  viel wert?
– Ist das Leben im Ganzen dann gut und gelungen, wenn in ihm
  mehr gelingt als missglückt? Was aber macht das Gute aus, das
  man wollen kann und tun soll, wenn die Kriterien des ästhetisch
  Ansehnlichen, psychisch Wohltuenden, sozial Gewinn- und individuell Nutzbringenden zu kurz greifen? Sollte man sich damit
  bescheiden, ein Leben „gut" zu nennen, das mit einem Mini-
  mum an Schmerz, Leid, Enttäuschung und Entbehrung aufwar-
  tet? Soll man es mit der Vermeidung des machbaren Unglücks
  und der Linderung des schicksalhaften Unglücks gut und genug
  sein lassen?
– Gibt es ein von allen bisherigen Bestimmungen verschiedenes
  „höchstes Gut", das um seiner selbst willen anzustreben ist und

---

ethische und theologische Zugänge zur Frage nach dem guten Leben, Berlin/
Boston 2013.

unabhängig von einem unmittelbaren Handlungserfolg oder
-misserfolg dabei dem Leben die Ausrichtung auf ein sinnstif-
tendes „Worumwillen" ermöglicht? Liegt der entscheidende
Maßstab im Blick auf das, worauf es einem Menschen *in* seinem
Leben ankommt oder worauf er *mit* seinem Leben abzielt?

In all diesen Fragen stecken Thesen und darin wiederum Lebens-
und Handlungsentwürfe. Und hinter diesen Entwürfen stehen
durchaus imponierende Theorien einer Strebens-, Pflicht-, Güter-,
Wert- und Nutzenethik.[6] Wenn die Bevorzugung eines bestimmten
Entwurfes allerdings nicht bloß ein dezisionistischer Akt sein soll,
muss es Vorzugsregeln geben, die sich plausibel rechtfertigen lassen. Aber woran soll man Maß nehmen, um Maßstäbe zu entwickeln, mit denen sich ermessen lässt, eine gute Wahl (in Theorie
und Praxis) getroffen zu haben?

Bei der Suche nach dem guten Leben und einer überzeugenden
Ethik sind nur dann Erkenntnisgewinne zu erzielen, wenn man
hierbei das Spezifikum der Qualität eines Menschenlebens be-
denkt. Es ist also unumgänglich, Anthropologie und Ethik zueinander in Beziehung zu setzen. Unter dieser Rücksicht lautet die
Ausgangsfrage an die philosophische Anthropologie bei dem Versuch, einen ethisch-anthropologischen Basiszusammenhang frei-
zulegen, jedoch nicht: Was ist der Mensch? Vielmehr ist zu fragen:
Wie geht es, ein Mensch zu sein? Wie stellen wir es an, damit es
(uns dabei) gut (er)geht?

An die Stelle einer abstrakten Wesensbestimmung des Menschen setzt die Moderne ohnehin seit geraumer Zeit eine pragmatische Variante, die den Lebensvollzug ins Zentrum stellt und wissen will: Wer sind wir, wenn wir unser Dasein führen (müssen)?
Was sagt es über den Menschen aus, wenn er sein Leben tätig zustande bringen muss – als animal laborans?[7] Daran schließt sich die
ethische Frage an: Was ist zu tun oder zu lassen, dass es gut geht,

---

[6] Vgl. hierzu etwa die Übersicht von A. Pieper, Einführung in die Ethik, Stuttgart [6]2007.
[7] Vgl. H. Arendt, Vita activa oder vom tätigen Leben, München/Zürich [6]2007
(EA Chicago 1958).

ein Mensch zu sein? Wie kann man auf gute Weise Mensch sein? Von Seiten einer theologischen Anthropologie und Ethik ist zu erwarten, dass sie noch weitere Fragen anschließt: Kann das menschliche Leben gut ausgehen? Gibt es ein gutes Ende, das vielleicht nur Gegenstand des Hoffens, aber nicht Ergebnis menschlichen Tuns und Lassens ist?[8] Muss es dem Menschen um mehr als sich selbst gehen, damit es ihm gut ergeht – und dies nicht erst, wenn er am Ende ist? Lässt sich die These, dass etwas dann gut ausgeht, wenn es gelungen ist, überhaupt auf das endliche menschliche Leben anwenden? Wie lassen sich Kriterien und Ermöglichungsbedingungen eines guten Lebens identifizieren und seinem tödlichen Ende zum Trotz umsetzen?

1.1 Geht's gut?
Leben im Widerstreit von Leben und Tod

Am Ende eines jeden Lebens steht unausweichlich der Tod. Er dementiert mit Nachdruck die Hoffnung, dass menschliches Leben gelingen oder glücken könnte. Dass sich der Mensch damit nicht abfinden will, mag ein trotziger Ausdruck dieser Hoffnung sein. Aber er bestätigt lediglich die Einsicht, dass am Leben sein heißt: in der Gegensatz-Einheit von Leben und Tod existieren. Menschen kommen als Sterbliche zur Welt.[9] Wer am Leben ist, muss seine Sterblichkeit akzeptieren – und bekämpfen. Beides – Akzeptanz und Widerstand – geschieht um des Lebens willen. Beides bestimmt grundlegend die Lebenspraxis des Menschen, der um des Lebens willen ein widerständiges Verhältnis zum Tod aufnehmen muss.

---

[8] Vgl. W. Schoberth, Einführung in die theologische Anthropologie, Darmstadt 2006, 11–35, 146–149; E. Dirscherl, Grundriss Theologischer Anthropologie, Regensburg 2006, 186–193; G. Sauter, Das verborgene Leben. Eine theologische Anthropologie, Gütersloh 2011, 321–329.
[9] Wenn das Sterbenmüssen ein Unglück ist, bedeutet das Leben nichts Beglückendes, wenn man als Todgeweihter geboren wird. Dass der Mensch seit seiner Geburt auf den Tod zuläuft und dass unter dieser Rücksicht Natalität und Sterblichkeit mit gleichermaßen unerwünschten Konsequenzen korrelieren, betont L. Lütkehaus, Vom Anfang und vom Ende, Frankfurt/Leipzig 2008; Ders., Natalität. Philosophie der Geburt, Zell 2006.

Darum sind sämtliche Anstrengungen darauf gerichtet zu entdecken, wo der Tod auf den Menschen lauert. Und zugleich geht
es darum, ihn aufzuhalten oder sein Kommen zumindest zu ver-
zögern.[10] Denn am Leben sein heißt: den Unterschied zum eigenen
Nichtsein wahren. Menschen sind nur solange am Leben, wie sie
sich von ihrem eigenen Nichtsein unterscheiden. Und nichts wünschen sie sich mehr, als bleibend von diesem Nichts verschieden zu
bleiben. Zeit ihres Lebens leben sie in der Opposition zum Tod,
auch wenn sie gezwungen sind, um des Lebens willen die Gegensatz-Einheit von Leben und Sterben widerständig anzunehmen.
Sie übernehmen und akzeptieren diese Gegensatz-Einheit, ohne
darin die Opposition gegen den Tod aufzugeben.

Dieses Verhältnis zum Verhältnis von Leben und Tod wird bis-
lang für jeden sterblichen Menschen letztlich jedoch zugunsten des
Todes entschieden. Mit ihm enden alle Weltverbesserungs- und
-verschönerungsunternehmen. Daher ist von vornherein die Opposition gegen den Tod zum Scheitern verurteilt. Am Ende ist immer der Tod der Stärkere. Was von vornherein zum Scheitern verurteilt ist, ist eigentlich sinnlos. Damit bleibt auch unser Versuch,
um des Lebens willen die Gegensatz-Einheit von Leben und Tod
anzunehmen, letztlich nur ein Akt der Verzweiflung. Letztlich
bleibt alles beim Alten. Der Tod ist der schlechthin Überlegene.

Dagegen wehrt sich der moderne Mensch und sucht nach Orten
und Zeiten, wo dem Tod der Eintritt verwehrt ist – nach Orten, an
denen wenigstens auf Zeit das Leben und die Lust daran erlebnis-
intensiv inszeniert werden. Die Tourismusbranche, die Unterhal-
tungsindustrie und die Betreiber von Vergnügungsparks tragen ihren Teil dazu bei. Am Ziel sind solche Bemühungen jedoch erst
dann, wenn sie dem Tod derart den Zutritt ins Leben erschweren,
dass auf Dauer der Gedanke an ihn gar nicht mehr aufkommt. Bis
es dank des technisch-wissenschaftlichen und medizinischen Fort-
schrittes so weit kommt, wird noch geraume Zeit vergehen. Aber

---

[10] Vgl. hierzu auch J. GROSSE, Der Tod im Leben. Philosophische Deutungen
von der Romantik bis zu den ,life sciences', Hamburg 2008; S. KNELL/M. WE-
BER (Hg.), Länger leben? Philosophische und biowissenschaftliche Perspektiven, Frankfurt 2009.

das bedeutet nicht, dass in dieser Zwischenzeit das Ziel nicht auch
schon im Weg zu finden ist, sofern es gelingt, auf diesem Weg die
Sterblichkeit des Menschen zu „dekonstruieren".

Hierbei wird der große Kampf gegen den Tod in jeweils kleine
Schlachten aufgelöst und das Leben mit der Abwehr nicht end-
gültiger, verhältnismäßig kleiner und somit lösbarer Fragen der Bewältigung von Todesrisiken ausgefüllt. Bekämpft wird nicht die
Sterblichkeit; der Kampf gilt vielmehr möglichen Todesrisiken und
Todesursachen. Gekämpft wird gegen bisher tödliche Krankheiten.
Sie sind doch, wie leicht einzusehen ist, der konkrete Grund, warum
ein Mensch sein Leben verliert. Jeder Sieg über bisher todbringende
Infektionen und Tumore stärkt die Aussicht, dass es möglich ist, den
erfolglosen Widerstand gegen den Tod zu transformieren in den erfolgreichen Kampf gegen die Ursachen des Sterbens. Die Kranken erfahren Stärkung und Ermutigung aus dem großen „noch nicht" me-
dizinischer Fortschritte. „Die nötigen Apparate wurden noch nicht
entwickelt, der Impfstoff noch nicht entdeckt, die Technik noch nicht
erprobt. Aber mit genügend Zeit und Geld wird dies möglich sein,
und das sollte es auch".[11] Und wenn hier und jetzt alles doch nichts
nützt bzw. zu spät kommt, hilft doch wieder die Hoffnung auf die
Fortschritte der Technik: Die Palette reicht vom Tiefschlaf in Tief-
kühlaggregaten, aus dem man erst in jenen Tagen auferweckt wird,
wenn die heute noch tödliche Krankheit heilbar geworden ist, bis
hin zur gentechnischen Reproduktion auf dem Weg der Klonierung,
um bei Bedarf ein Duplikat des eigenen Organismus zur Verfügung
zu haben, auf das über ein noch zu entwickelndes neuro-technologi-
sches Verfahren die bis dato im Hirn gespeicherten Identitätsmuster
überspielt werden können. In Zukunft soll niemand mehr sterben,
nur weil die Menschen sterblich sind.

Diese Zukunftsvision unterstreicht: Gelingen und glücken kann
offenbar nur ein Leben *ohne* den Tod – oder *vor* dem Tod. Da ein
Leben ohne den Tod wohl eine Utopie bleiben wird, muss man sich
darauf einstellen: Gelingen und glücken kann ein Leben nur auf Zeit.
Dass es dem Menschen angesichts des Todes im Leben gut geht und

---

[11] Z. BAUMAN, Tod, Unsterblichkeit und andere Lebensstrategien, Frankfurt
1994, 210.

dass es ein gutes Leben gibt, gilt nur unter dem Vorbehalt der Befristung des Guten und der Endlichkeit des Glücks. Unter diesem Vorzeichen kehren daher die Ausgangsfragen wieder zurück:
– Wonach soll ich mich richten, damit ein endliches Leben als geglückt betrachtet werden kann?
– Was kann ein befristetes Leben „gut" machen? Inwieweit kommt es dabei auf das Tun und Lassen des Menschen an?

„Irgendwie geht's schon!" – Manchmal kann man sich auf die Maxime verständigen, dass sich im Leben zwar nicht alles nach eigenen Plänen und Kräften steuern lässt, es aber dennoch einen passablen Verlauf nimmt. Dahinter steht der Wunsch, dass das Gehen des Lebensweges selbst eine bestimmte Qualität haben soll: richtig gut! Erneut taucht die Frage auf, wonach sich ermessen lässt, wann es dem Menschen dabei so richtig gut geht. Hängt es davon ab, dass er einer bestimmten Richtung folgt und deswegen sein Weg richtig ist? Gibt es weitere Gesichtspunkte, die zu beachten sind, um auf dem richtigen Weg gut voranzukommen?

1.2 „Auf geht's!"
Vom guten Leben im richtigen

Ob und wie man richtig gut durch das Leben kommt, ist nicht unabhängig von menschlichen Dispositionen und Qualitäten zu bestimmen. Gut voran kommen am ehesten Menschen mit entsprechender Kondition. Sie müssen gut in Form sein. Klassische bzw. antike Ethikentwürfe haben diesen Gedanken immer wieder betont. Es kommt darauf an, die Geistes-, Seelen- und Leibeskräfte des Menschen so in eine bestimmte Form zu bringen, dass daraus ein bestmögliches Format seiner Handlungen entstehen kann. Unter dieser Rücksicht werden auch adjektivische Bestimmungen eines guten Lebens möglich:[12] Es ist gut für den Menschen, wenn er

---

[12] Vgl. U. WOLF, Die Philosophie und die Frage nach dem guten Leben, Reinbek 1999; Ch. HORN, Antike Lebenskunst. Glück und Moral von Sokrates zu den Neuplatonikern, München 1998.

ein guter Mensch wird, indem er „richtig" lebt und sich an eine
geeignete Richtschnur hält, wobei er etwa

- bestimmte Eigenschaften und Charakterzüge (Tugenden) er-
  wirbt, die zur optimalen Ausformung dessen führen, was sein
  Menschsein ausmacht;
- ein Leben gemäß seiner Wesensnatur führt, d. h. wenn er wider-
  natürliche Neigungen und Praktiken meidet, und im Einklang
  mit seiner inneren und äußeren Natur lebt;
- nicht nach Reichtum und Luxus, Karriere und Prestige, sondern
  nach höheren, immateriellen Gütern und Werten um ihrer
  selbst willen strebt;
- bestimmte moralische (oder religiöse) Pflichten erfüllt, die über
  seinen Neigungen, subjektiven Interessen, Wünschen und Bedürfnissen stehen;
- Tabus kennt und neben dem, was zu tun ist, auch lernt, was unbedingt zu unterlassen oder zu meiden ist.

In der Moderne hat sich die Ethik von adjektivischen Bestimmungen des guten und richtigen Lebens distanziert. Dies hat zu tun mit
radikalen Umbrüchen in der Struktur von Kultur und Gesellschaft
und mit ebenso radikalen Veränderungen der Zuordnung von Anthropologie und Ethik.[13] Veränderte Lebensumstände schlagen
durch auf eine Bestimmung gelingenden Lebens, die sich zunehmend an den Daseinsumständen orientiert und darum das Wort
„gut" adverbial versteht, d. h. mit den allgemeinen Umstandsbestimmungen individuell geglückten Daseins in Beziehung setzt
und das Prädikat „gut" selbst zu einer Umstandsbestimmung
menschlicher Praxis macht, anstatt damit einen materialen Gehalt
dieser Praxis auszuzeichnen.[14]

---

[13] Vgl. hierzu die Beiträge von G. BIEN, Grundpositionen der antiken Ethik,
J.-C. WOLF, Grundpositionen der neuzeitlichen Ethik, und Th. RENTSCH, Aufhebung der Ethik, in: H. Hastedt/E. Martens (Hg.), Ethik, Reinbek 1994,
50–143; U. STEINVORTH, Klassische und moderne Ethik, Reinbek 1990; E. TU-
GENDHAT, Antike und moderne Ethik, in: Ders., Probleme der Ethik, Stuttgart
1984, 33–56.
[14] Zu dieser idealtypischen Unterscheidung siehe auch Ch. HORN, Moral und
Glück – Philosophische Deutungen eines prekären Verhältnisses, in: Th. Keut-

Je differenzierter und pluraler die Gesellschaft wird, umso schwieriger wird es festzustellen, was für alle gut ist. Bereits Immanuel Kant bezweifelte, dass eine inhaltliche Bestimmung des guten Lebens nach Vernunftprinzipien möglich sei. Es seien lediglich empirische Ratschläge zu erwarten, von denen die Erfahrung lehre, dass sie das Wohlbefinden am meisten befördern. Sie führten jedoch nicht zu sicheren und verallgemeinerungsfähigen Urteilen der Vernunft, denn wenn jemand Reichtum wolle, „wieviel Sorge, Neid und Nachstellungen, könnte er sich dadurch auf den Hals ziehen. Will er viel Erkenntnis und Einsicht, vielleicht könnte das ein nur um desto schärferes Auge werden, um die Übel, die sich für ihn jetzt noch verbergen und doch nicht vermieden werden können, ihm nur um desto schrecklicher zu zeigen ... Will er ein langes Leben, wer steht ihm dafür, daß es nicht ein langes Elend sein würde."[15]

Anstatt die Inhalte eines guten Lebens oder die Eigenschaften eines guten Menschseins zu bestimmen, werden in der Moderne Regeln, Verfahren und Strukturen ermittelt, die ein Arrangement ermöglichen, das unterschiedliche Vorstellungen vom guten Leben auf bestmögliche Weise zum Zuge kommen lässt. An die Stelle der materialen Bestimmung von Werten und Zielen, die alle Menschen realisieren sollten, tritt die Bestimmung von Regeln und Verfahren zur Bestimmung von Inhalten, denen möglichst alle zustimmen können. Favorisiert werden Ethikkonzeptionen, die sich auf Verfahren der Normenrechtfertigung konzentrieren, die allen Betroffenen die chancengleiche Teilnahme an Prozessen der Willensbildung und Entscheidungsfindung einräumen und alle Beteiligten auf das Erzielen eines rationalen Konsenses verpflichten.[16] In der Ethik verlagert sich daher der Schwerpunkt vom „Guten" und „Richtigen" zum „Gerechten":[17]

---

ner u. a. (Hg.), Wissen und Verantwortung. Bd. I, Freiburg/München 2005, 189–207; Ders., Glück und Tugend, in: V. Steenblock (Hg.), Kolleg Praktische Philosophie. Bd. 2, Stuttgart 2008, 23–54.

[15] I. Kant, Zur Metaphysik der Sitten (Akademie-Textausgabe Bd. IV), Berlin 1968, 418f.

[16] Vgl. D. Böhler, Verbindlichkeit aus dem Diskurs. Denken und Handeln nach der sprachpragmatischen Wende, Freiburg/München 2013.

[17] Zu dieser Umstellung, ihren Gründen und ihrer Problematik siehe ausführlicher N. Mazouz, Was ist gerecht? Was ist gut? Eine deliberative Theorie des Gerechten und Guten, Weilerswist 2013.

- Wie muss eine Gesellschaft beschaffen sein, dass in ihr eine
  friedliche Koexistenz unterschiedlicher Vorstellungen vom guten
  Leben möglich ist?
- Wie müssen unterschiedliche Vorstellungen vom guten Leben
  beschaffen sein, dass sie in einer Gesellschaft friedlich koexistie-
  ren können?

Die Moderne stellt nicht nur ein gelingendes Leben im Kontext eines gerecht organisierten sozialen Umfeldes in Aussicht. Sie verspricht dem Menschen auch, ein eigenes Leben führen zu können.
Darin dürfte eine ethische Minimalbedingung eines guten Lebens
überhaupt zu sehen sein: Nur ein eigenes Leben kann ein gutes Leben sein. Um dieser Eigenheit willen wird es auch als unangemes-
sen empfunden, ein verallgemeinerbares Leitbild des Menschseins
zu entwerfen oder Vorbilder, Ideale und Tugenden aufzulisten, denen man nacheifern soll. Um ein eigener Mensch sein zu können,
will der moderne Mensch zunächst im Blick auf sich selbst (und
allein) wissen: Was steckt eigentlich in mir? Was kann ich aus mir
machen? Wie bringe ich es im Leben zu etwas? Wie komme ich in
diesem Leben auf meine Kosten?

Allerdings erweisen sich naheliegende Vorschläge, wozu man es
im Leben bringen könnte (eigenes Geld, eigenes Auto, eigene Wohnung), als noch nicht zureichend zur Bestimmung des eigenen Lebens. Auto, Geld, Wohnung wollen alle anderen ja auch!? Daher
erweitert die Moderne das Versprechen eigenen Lebens: „Niemand
hat Dir vorzuschreiben, wie Du leben sollst. Finde selbst heraus,
was zu Dir passt! Führe kein Leben aus zweiter Hand. Schreibe
Dir das Drehbuch Deiner Biographie selbst. Sei in einer Person
Hauptdarsteller und Regisseur Deines Lebens! Such Dir selbst aus,
was für Dich wichtig ist!"

Eine solche Aufforderung wird gern gehört. Zu einem guten Leben gehören zweifellos Freiheit und Selbstbestimmung. Zum eigenen Leben gehört auch, einen eigenen Willen zu haben und nach
diesem Willen das Leben zu führen.[18] Gleichwohl führt dieser Zusammenhang von Autonomie und eigenem Leben sogleich in neue

---

[18] Vgl. M. WILLASCHEK, Der eigene Wille. Zum Zusammenhang zwischen Frei-

Verlegenheiten: Wie findet man heraus, was man eigentlich und
selbst will? Wonach soll man sich richten, um Maßstäbe der Selbstbestimmung zu gewinnen? Nur am Wollen, d. h. an der volitiven
Qualität einer Handlung? Man sollte nichts tun, wenn man es nicht
will? Folgt daraus, dass man nur tut, was man will und weil man es
will? Ist der freie Wille die alleinige Quelle von Handlungsmotiven?
Woran soll ein derart eigenwilliges, selbstbewusstes und freies Subjekt sonst noch Maß nehmen bei der Umsetzung eines selbstbestimmten Lebens? Sollte sich der Wille mit der Vernunft paaren,
so dass ein vernünftiges Wollen entsteht? Aber kommt man beim
Aufbau und bei der Umsetzung eines eigenen Willens allein mit
der Vernunft aus? Kommt der Vernunft vielleicht nur ein Mit-
bestimmungsrecht (oder ein Vetorecht?) im Ensemble weiterer
Faktoren und Antriebskräfte menschlichen Wollens und Tuns zu?[19]
Man hat wenig davon, ein eigener Mensch zu sein, wenn man
nicht auch ein ganzer Mensch ist. Ganzheitlich Mensch zu sein,
verlangt darum, auch das im Menschen wahrzunehmen, was
diesseits und jenseits von Wille und Vernunft seinen Platz hat:
Gefühle, Ängste, Sehnsüchte, Bedürfnisse, Triebe, Stimmungen.
Diese Regungen im Blick habend, wird daher immer abzuwägen
sein, inwieweit man sich von ihnen tatsächlich leiten lassen will.
Selbstbestimmung verlangt innere und äußere Freiheit. Man wird
gewiss kein eigener Mensch, wenn man die Bestimmung des eigenen Tuns und Lassens jeweils von Lust und Laune abhängig
macht. Und ebenso wenig kann dies gelingen, wenn alles Selbstsein aufgesogen wird von Rollen und Funktionen, die dem Menschen von der Gesellschaft zugeteilt werden. Darum weist die
Frage nach einem guten Leben, von dem bisher nur klar ist,
dass es ein eigenes, freies und ganzheitliches Leben sein soll, in
zwei Richtungen:
– Wie kann man verhindern, dass man entweder Spielball gesellschaftlicher Zwänge und Moden wird oder an den Fäden der

heit, Selbstbestimmung und praktischer Identität, in: J.-Ch. Heilinger u. a.
(Hg.), Individualität und Selbstbestimmung, Berlin 2009, 91–111.
[19] Vgl. M. SEEL, Sich bestimmen lassen. Studien zur theoretischen und praktischen Philosophie, Frankfurt 2002, 279–298.

eigenen wechselnden Bedürfnisse und Lüste, Laster und Süchte hängt?

– Wie muss eine Gesellschaft organisiert sein, dass sie es einem Menschen strukturell ermöglicht, ein eigenes und selbstbestimmtes Leben zu führen?

Diese doppelte Fragerichtung hat auch Folgen für Ansatz und Aufbau einer zeit- und sachgemäßen Ethik. Bei ihrer Sache ist die Ethik, wenn sie den Beitrag der Moral zum Projekt des „guten" Lebens erörtert. Da sie diesen Beitrag derart ausarbeiten muss, dass er auf zeitgemäße Weise sachgerecht ausfällt, ist sie in der Moderne dazu übergegangen, die jeweiligen Zeitumstände in ihr Kalkül aufzunehmen. Dies könnte die Ethik zu einem Projekt des Zeitgeistes machen und sie von ihrer eigentlichen Sache entfernen. Bei der Abwehr dieses Verdachtes kommt ihr jedoch die Moderne zu Hilfe. Sie erklärt, dass sich der Geist dieser Zeit bereits selbst unter einen ethischen Anspruch gestellt hat. Die Moderne hat das Versprechen gegeben, dass mit ihr die Zeit gekommen ist, da nun jeder Mensch frei und für sich selbst bestimmen kann, welche Zwecke und Ziele er sich in seinem Leben setzen will. Verlangt ist nur, dass diese Zweck- und Zielbestimmungen vernunftgemäß erfolgen.[20] Die Vernunft steht selbst unter dem sie unbedingt verpflichtenden Anspruch, in und mit der Zeit eine „moralische Weltordnung" (Immanuel Kant) heraufzuführen, die einen Rahmen vorgibt für das Streben nach der Herstellung von Lebensverhältnissen, in denen es möglich ist, dass jedes Vernunftwesen als Zweck *an sich* selbst behandelt wird und zugleich eigene vernunftgemäße Zwecke jeweils *für sich* verfolgen kann.[21]

---

[20] Zur Zentralstellung dieses Postulates in der Politischen Philosophie der Moderne siehe A. HONNETH, Das Recht der Freiheit. Grundriß der demokratischen Sittlichkeit, Berlin ²2013.
[21] Vgl. I. KANT, Grundlegung zur Metaphysik der Sitten 433; BA 75. Siehe dazu die Erläuterungen von R. LANGTHALER, Kants Ethik als „System der Zwecke", Berlin/New York 1991.

2. „So geht's nicht!"
(K)ein eigener Mensch sein können

Es gibt Fragen, die sich immer wieder stellen. Dies liegt nicht daran, dass es für sie keine passenden Antworten gibt. Allerdings erweisen sich die Antworten nur unter einer bestimmten Hinsicht und zu einer bestimmten Zeit als überzeugend. Unter einer anderen Rücksicht und im Lauf der Zeit verlieren sie an Überzeugungskraft. Dies kann eine zweifache Ursache haben: Zum einen vermögen die Voraussetzungen, Herleitungen und Rechtfertigungen nicht mehr zu überzeugen, die zu einem bestimmten Entwurf guten Menschseins geführt haben.[22] Zum anderen können sich die sozio-kulturellen Umstände und Bedingungen so verändert haben, dass diese Entwürfe nicht mehr praktikabel sind. Am Ende passen sie nicht mehr in die Zeit und stimmen mit anderen Einsichten nicht mehr überein. Lediglich die Fragen bleiben an der Zeit.

Genauso ergeht es dem großen Versprechen der Moderne: Eigenes Leben! Am besten kann man leben, wenn man ein eigener Mensch sein kann! Seit geraumer Zeit gibt es „im Westen der Welt wohl kaum einen verbreiteteren Wunsch als den, ein eigenes Leben zu führen. Wer heute herumreist und fragt, was die Menschen wirk-

---

[22] Dies schließt ein, dass sich auch traditionelle Bilder vom Menschen wandeln, so dass neu verhandelt werden muss, was es heißt, auf gute Weise Mensch zu sein. Seit geraumer Zeit steht zur Diskussion, inwieweit die Fortschritte der Naturwissenschaften (v. a. der Neurowissenschaft) zu einer Revision des traditionellen Menschenbildes zwingen, das sich wie folgt zusammensetzt: „Der Mensch a) ist von Gott nach seinem Bilde geschaffen und verfügt deshalb über eine gottgegebene Würde, b) ist als ‚Krone der Schöpfung' Inhaber einer qualitativen Sonderstellung in der Welt, c) verfügt über eine unsterbliche ‚Seele' …, d) hat Würde aufgrund der Fähigkeit zur Autonomie, e) besitzt einen vom Körper unabhängigen Geist, f) ist eine Person und deshalb mit einem besonderen moralischen Status versehen, g) verfügt über Willens- und Handlungsfreiheit, h) ist schuldfähig und deshalb für seine Taten verantwortlich, i) ist ein Vernunftwesen und als solches von seinen Gefühlen relativ unabhängig, j) unterscheidet sich qualitativ, nicht graduell, von nichtmenschlichen Tieren, k) grenzt sich aufgrund seiner Natürlichkeit von trans- und posthumanen Lebensformen ab, l) differiert wesentlich von gemachten Entitäten, z. B. gentechnisch hergestellten Klonen o. ä."; B. Beck, Ein neues Menschenbild? Der Anspruch der Neurowissenschaften auf Revision unseres Selbstverständnisses, Münster 2013, 56.

lich bewegt, was sie anstreben, wofür sie kämpfen, wo für sie der Spaß aufhört, wenn man es ihnen nehmen will, dann wird er auf Geld, Arbeitsplatz, Macht, Liebe, Gott usw. stoßen, aber mehr und mehr auf die Verheißungen des eigenen Lebens. Geld meint eigenes Geld, Raum meint eigenen Raum, eben im Sinne elementarer Voraussetzungen, ein eigenes Leben zu führen. Selbst Liebe, Ehe, Elternschaft, die mit Verfinsterung der Zukunft mehr denn je ersehnt werden, stehen unter dem Vorbehalt, eigene d. h. zentrifugale Biographien zusammenzubinden und zusammenzuhalten. Mit nur leichter Übertreibung kann man sagen: Das alltägliche Ringen um das eigene Leben ist zur Kollektiverfahrung der westlichen Welt geworden. In ihm drückt sich die Restgemeinschaft aller aus."[23]

Dieser Trend hat seinen entsprechenden Niederschlag in zahlreichen soziologischen Zeitdiagnosen und Gesellschaftsanalysen gefunden. Hier hat in den 1980er Jahren die Karriere der Kategorie „Individualisierung" begonnen.[24] Sie fungiert quasi als Container für die Reflexion sozio-kultureller Tendenzen, die vor allem durch folgende Faktoren bestimmt sind:

- Erosion und abnehmende Bindungswirkung traditioneller Sozialzusammenhänge, Verblassen lebensweltlicher Prägungen (z. B. Milieu, Konfession) und industriegesellschaftlicher Lebensformen (Klasse, Schicht);
- Lösung von Lebenslauf und -situation aus überkommenen Standards und Ablösung dieser Standards über die zunehmende Be-

---

[23] U. BECK, Eigenes Leben. Skizzen zu einer biographischen Gesellschaftsanalyse, in: Ders. (Hg.), Eigenes Leben. Ausflüge in die unbekannte Gesellschaft, in der wir leben, München [2]1997, 9.

[24] Vgl. als Überblick M. JUNGE, Individualisierung, Frankfurt/New York 2002. Als Auslöser und Verstärker einer die Soziologie bis in die Gegenwart beschäftigenden Debatte um Grundlagen, Risiken und Spätfolgen dieser Leitgröße sozialen und kulturellen Wandels gelten vor allem die Arbeiten von U. BECK, Risikogesellschaft. Auf dem Weg in eine andere Moderne, Frankfurt 1986; DERS./E. BECK-GERNSHEIM, Riskante Freiheiten. Zur Individualisierung der Lebensformen in der Moderne, Frankfurt 1993; DERS. (Hg.), Kinder der Freiheit, Frankfurt 1997; DERS./P. SOPP (Hg.), Individualisierung und Integration. Neue Konfliktlinien und neuer Integrationsmodus?, Leverkusen 1997. Eine instruktive Aufarbeitung dieser Debatte leistet M.-A. SEIBEL, Eigenes Leben? Christliche Sozialethik im Kontext der Individualisierungsdebatte, Paderborn/München/Wien/Zürich 2005.

stimmtheit der Lebensführung (Wertpräferenzen, Lebensstil, Rollenverhalten) durch marktgesteuerte Austauschprozesse;
– Pluralisierung von Lebensformen, Sinnsystemen (Weltanschauungen) und Verhaltensoptionen mit der Folge bzw. dem Zwang zur Selbstgestaltung der individuellen Lebensgeschichte aufgrund der erheblichen Zunahme entscheidungs- und auswahlabhängiger Biographieanteile;
– Ausbildung einer „multiple choice"-Gesellschaft, wo es mehr als nur eine „richtige" Verhaltensweise und mehr als nur einen Bewertungsset für ein Verhalten gibt.

Diese Faktoren bedingen sowohl einen Zuwachs an Entscheidungsmöglichkeiten und subjektiv wählbaren Optionen auf Seiten des Individuums als auch den Verlust einer kollektiv verbindlichen und plausiblen Sinn- und Identitätsmatrix im Raum des Sozialen. Sie nötigen das Individuum nicht nur zum Entwurf und zur Inszenierung der eigenen Biographie, sondern auch zu ihrer Einbindung in Beziehungen und soziale Netze. Was früher kollektiv vorentschieden war, muss nun vom Individuum eigens bedacht und bewusst übernommen werden. Alle notwendigen Auswahl-, Koordinations- und Integrationsleistungen von der Berufs- und Partnerwahl, der Mitgliedschaft in Vereinen über die Auswahl der passenden Schule für die Kinder und den Verbleib in einer Religionsgemeinschaft bis hin zur Verfügung über die Art der Bestattung hat das Subjekt zunehmend eigenhändig vorzunehmen. „Chancen, Gefahren, Unsicherheiten der Biographie, die früher im Familienverbund, in der dörflichen Gemeinschaft, im Rückgriff auf ständische Regeln oder soziale Klassen definiert waren, müssen nun von den einzelnen selbst wahrgenommen, interpretiert, entschieden und bearbeitet werden."[25] Das Leben verliert seine Selbstverständlichkeit, der soziale „Instinkt-Ersatz", der es trägt und leitet, wird liquidiert, d. h. er verflüssigt sich, die Individuen und die Gesellschaft geraten ins Schwimmen.

[25] U. Beck/E. Beck-Gernsheim, Riskante Freiheiten, 15.

2.1 Eigenes Leben?
Individualisierung und Vergesellschaftung

Vordergründig erscheint die Individualisierung des sozialen Lebens als späte Einlösung eines Versprechens, das zu Beginn der Moderne gegeben wurde: Emanzipation von allen Autoritäten, Traditionen und Institutionen, von obrigkeitlich verordneten Formen der Existenz, die der kritischen Prüfung (und Auswahl) durch die autonome Vernunft nicht standhalten können. Der moderne Mensch sollte soweit wie möglich ein „homo optionis" sein, der wird, was er wählt, und aus sich macht, was er auswählt. Der tatsächliche Lauf der Dinge hat jedoch kaum zur umfassenden Selbstermächtigung des Subjekts geführt. Die größeren individuellen Freiheitsräume sind eingelassen in eine spezifische Vergesellschaftung menschlicher Lebensverhältnisse und abhängig von den Leistungen sozialer Funktionssysteme (z. B. Wirtschaft, Bildung, Medizin).

Ohne einen Zugang zur bezahlten Erwerbsarbeit lässt sich mit den neuen Freiheiten wenig anfangen. Ohne den Erwerb formeller Berufs- und Bildungsabschlüsse bleibt der Zugang zum Arbeitsmarkt verschlossen. Und ohne eine frühzeitige Absicherung gegenüber Daseinsrisiken wird das Insistieren auf Unabhängigkeit bald selbst zu einem Daseinsrisiko. Die Erweiterung von Wahlmöglichkeiten und Handlungsoptionen in der Lebenswelt geht einher mit einer Vermehrung der Abhängigkeit von Regulativen, die auf gesamtgesellschaftlicher Ebene angesiedelt sind. Individuelles Leben ist weniger als zuvor eingezwängt in einen gemeinschaftlichen Komplex von Traditionen, Institutionen, Autoritäten und Rollen, aber gleichwohl nicht aus der Gesellschaft entlassen, sondern jetzt durch abstrakte und anonyme, an die Individuen adressierte Sozialbeziehungen bestimmt, die sich ihrerseits der individuellen Einflussnahme entziehen.[26]

Der gewonnenen Selbstverantwortlichkeit, Freiheit und Entscheidungskompetenz steht in komplexen Gesellschaften eine Ab-

---

[26] Vgl. zum Ganzen auch H. VEITH, Das Selbstverständnis des modernen Menschen. Theorien des vergesellschafteten Individuums im 20. Jahrhundert, Frankfurt/New York 2001.

hängigkeit von ökonomisch, technisch und politisch definierten Lebensbedingungen gegenüber. Das „eigene" Leben ist kein eigenes Leben im Sinne „eines freischwebenden, selbstbestimmten, allein dem Ich und seinen Vorlieben verpflichteten Lebens. Es ist vielmehr genau umgekehrt Ausdruck einer späten, geradezu paradoxen Form der Vergesellschaftung. Die Menschen müssen ein eigenes Leben führen unter Bedingungen, die sich weitgehend ihrer Kontrolle entziehen. Das eigene Leben hängt z. B. ab von Kindergartenöffnungszeiten, Verkehrsanbindungen, Stauzeiten, örtlichen Einkaufsmöglichkeiten usw., von den Vorgaben der großen Institutionen: Ausbildung, Arbeitsmarkt, Arbeitsrecht, Sozialstaat; von den Krisen der Wirtschaft, der Zerstörung der Natur einmal ganz abgesehen."[27]

Nur auf den ersten Blick offeriert die Individualisierung des Sozialen die Vorordnung des Subjekts vor der Gesellschaft. Bei genauerem Hinsehen erweist sie sich als Funktionsbedingung und -erfordernis moderner Gesellschaften. Sie sind geradezu darauf angewiesen, dass die Individuen nicht mit ihrer Individualität und dem Ganzen ihrer Persönlichkeit in ihre Teilsysteme eingebunden werden, sondern nur partiell und zeitweise. In dem Maße, in dem die Gesellschaft ihre Funktionen an einzelne Teilsysteme delegiert, werden die Menschen nur noch insofern in diese eingebunden, wie sie zum Handlungsträger der jeweils gültigen, untereinander aber differenten Verhaltenslogiken werden – in der Politik als Wähler/in, in der Wirtschaft als Produzent/in oder Konsument/in. Was vom Individuum aus betrachtet zunächst als Erweiterung seines Handlungsraumes erscheinen mag, erweist sich aus der Perspektive der Gesellschaft als funktionale Voraussetzung ihres Bestehens. Gefragt in einer arbeitsteiligen Gesellschaft ist das mobile und flexible Subjekt. Zu viele und zu enge soziale Bindungen (z. B. Familie, Kinder) sind nicht nur hinderlich für das eigene Fortkommen (Karriere), sondern auch für die ökonomische (betriebliche wie volkswirtschaftliche) Produktivität. Flexible Arbeitszeiten nehmen auf feste Kinderbetreuungszeiten nur wenig Rücksicht. Flexibilität am Arbeitsplatz und beim freiwilligen oder erzwungenen Wechsel der Ar-

---

[27] U. BECK, Eigenes Leben, 11.

beitsstelle wird erwartet und belohnt. Nesthocker bleiben chancen-
los, von Vorteil ist eine surfende Lebenseinstellung. Bindungen
sind nur unter Vorbehalt einzugehen.[28]
Was also zunächst als Ausläufer und Spätfolge sozialer Erosion
erscheinen mag, ist tatsächlich ein Mittel, um ihr entgegenzuwir-
ken. Individualisierungsprozesse sind eine Voraussetzung für die
Integration moderner Gesellschaften, die auf teilautonome Subjekte angewiesen sind. Integration ist weniger eine Leistung des sozialen Gesamtsystems oder die Funktion eines besonderen kulturell-
normativen Subsystems, als vielmehr eine von den Individuen zu
bewältigende Herausforderung. Denn sie müssen den Anforderungen eines flexiblen Arbeitsmarktes entsprechen, seine Asymmetrien
austarieren und seine Unwägbarkeiten in ihren Lebenslauf eingli-
dern. Hier manifestiert sich alltagsweltlich, was Verlaufsform und
Struktur der Moderne kennzeichnet. Hier muss zum großen Teil
auch der Preis für Modernisierungen bezahlt werden. In der All-
tagswelt warten viele Problemlagen auf ihre Bewältigung, für die
es keine strukturelle Lösung, wohl aber strukturelle Ursachen gibt.
Hier manifestieren sich die Ratlosigkeiten des großen „sowohl – als
auch", das inzwischen Modernisierungsprozesse kennzeichnet: In
dem Maße, wie soziale Klassen verschwinden, bleibt soziale Un-
gleichheit bestehen oder nimmt zu – nun allerdings mit ihren Folgelasten allein den betroffenen Individuen aufgebürdet. In dem
Maße, wie die funktionale Differenzierung der Gesellschaft – die
Verteilung von Leistungen und Zuständigkeiten auf einzelne Teilsysteme, die Unlösbares wiederum auf die Individuen abwälzen –

---

[28] Zu dieser Folgerung vgl. auch die Zeitdiagnosen und Kulturanalysen von
Z. BAUMAN, Flüchtige Zeiten. Leben in der Ungewissheit, Hamburg 2008; DERS.,
Wir Lebenskünstler, Berlin 2010; DERS., Flüchtige Moderne, Frankfurt 2003;
DERS., Leben in der flüchtigen Moderne, Frankfurt 2007. Nach Bauman leben
wir in einer Welt des Übergangs von der „festen" zur „flüssigen" Moderne. Unsicherheit und Ungewissheit prägen den Alltag vieler Menschen, denen ohne stabile
gesellschaftliche Formen und Institutionen ein Bezugsrahmen sowohl für ihr
Handeln als auch für langfristige Lebenspläne fehlt und die sich gezwungen sehen,
ihr Leben aus einer endlosen Abfolge von kurzfristigen Projekten und Episoden
zusammenzuflicken. In „flüchtigen Zeiten" wird dem Individuum ein sehr hohes
Maß an Flexibilität und Anpassungsfähigkeit abverlangt und die permanente Bereitschaft erwartet, Verpflichtungen und Loyalitäten stets nur befristet einzugehen.

scheinbar alternativenlos voranschreitet, nehmen die Probleme gerade dieser Differenzierung zu, die sich mit ihren eigenen Instrumenten nicht mehr bewältigen lassen. Deutlich wird dies bei einer näheren Untersuchung, wie sich die Leitgrößen der technisch-industriellen Moderne – Entgrenzung und Deregulierung, Differenzierung und Pluralisierung – sowohl auf gesamtgesellschaftlicher Ebene als auch im Bereich der Lebenswelt auswirken.

2.2 Freies Leben?
Zumutungen und Überforderungen

An der These, dass die Modernität des modernen Lebens in der wachsenden Entscheidungsabhängigkeit der individuellen Existenz besteht, ändert nur scheinbar der Umstand etwas, dass für viele Zeitgenossen das Leben in Wirklichkeit eher etwas ist, das ihnen passiert, als eine Kette von Wahlakten zu sein. Entscheidend ist, dass dem Individuum alle Ereignisse seiner Biographie als subjektive Entscheidungen zugerechnet werden. Unerfüllter Kinderwunsch, schlechter Gesundheitszustand, geringer Rentenanspruch – an allem ist das Subjekt selbst schuld, denn es hätte sich frühzeitig informieren, aufklären lassen und vorsorgen können. Allein die Tatsache, dass jeder weiß, dass es bei anderen Subjekten anders aussieht, dass sie Schwangerschaften erst nach vorausgehender genetischer Beratung geplant haben, dass sie mit veränderten Ernährungsgewohnheiten positiv auf ihr Immunsystem einwirken oder eine zusätzliche private Alterssicherung aufbauen, lässt bisher entscheidungsverschlossene Ereignisse als vom Subjekt wählbar und verantwortbar erscheinen.

In der „multiple choice"-Gesellschaft meint Individualisierung genau diesen Zurechnungsmodus, d. h. einen Verweisungszusammenhang auf das eigene Selbst, das zugleich aufgewertet und unter neue (Entscheidungs-)Zwänge gestellt wird. Die einzige Verantwortung, auf die sich die Gesellschaft noch festlegen lässt, besteht in der Bereitstellung entsprechender Wahlmöglichkeiten. Gleichwohl haben auch diese Offerten ihre eigene, negative Dialektik. Was zunächst eine Auffächerung und Bereicherung des sozialen Lebens in Aussicht stellt, kann am Ende jede Individualität absorbie-

ren. Beispiel Fernsehen: Die Konkurrenz zwischen öffentlich-recht-
lichen Rundfunkanstalten und privaten TV-Sendern war ursprünglich politisch gewollt, um über mehr Wettbewerb mehr Qualität zu
erzielen. Nach erfolgreicher Einführung des Privatfernsehens wird
man nun auf den verschiedenen Kanälen stets in der gleichen Weise
unterhalten bzw. gelangweilt mit Sport, Talk- und Castingshows
und Werbung. Was zunächst Pluralität, Konkurrenz und Optio-
nenvielfalt versprach, endet in Vereinheitlichung und Wiederkehr
des Gleichen. Jedes Familienmitglied sitzt im jeweils eigenen Zim-
mer vor dem eigenen Fernseher und sieht doch das Gleiche, wenn
auch auf verschiedenen Kanälen.

Die sozialen Systeme des Konsums und des Marktes, Kommer-
zialisierung und Monetarisierung des sozialen Lebens sind die eigentlichen Hegemonialmächte individualisierter Gesellschaften.
Sie tragen dazu bei, dass die Ablösung überkommener Sozialschab-
lonen den Nebeneffekt der Nivellierung, Anonymisierung und Ent-
wertung des Einzelnen hat. Individualisierung impliziert eben auch
Vergleichgültigung und Auslieferung. „Durch die *Zunahme der Optionen* wird das Subjekt zwar immer mehr auf sich selbst als wäh-
lende Instanz zurückverwiesen. Mit dem Entscheidungsbedarf
wächst freilich auch der Orientierungsbedarf, so dass an die Stelle
des äußeren Orientierungsdrucks der innere tritt."[29]

Die von Gerhard Schulze in den 1990er Jahren beschriebene
„Erlebnisgesellschaft" markiert vermutlich den Scheitelpunkt der
skizzierten ambivalenten Individualisierungsprozesse. Sie ist entstanden aus jenem irreversiblen Vorgang der Differenzierung und
Emanzipation sozialer Teilsysteme aus dem sozialen Ganzen einerseits und einer in der Sozialstruktur moderner Gesellschaften ver-
ankerten Individualisierung andererseits. In ihr wird deutlich, dass
moderne Gesellschaften ihren Zusammenhalt nicht mehr finden in
Form von Weltbildern und Sozialisationsmustern, die ihren Angehörigen eine Identität inhaltlich vorgeben. Die Gestaltung der
Biographie (Wertpräferenzen, Lebensstil, Rollenverhalten) ist zur
Angelegenheit privater (Aus)Wahl und Entscheidung geworden.

---

[29] G. SCHULZE, Die Erlebnisgesellschaft. Kultursoziologie der Gegenwart,
Frankfurt/New York 1993, 76f.

Mobilität und Flexibilität sind Schlüsselqualifikationen für die Selbstbehauptung des Subjekts auf dem Arbeitsmarkt. Wo in einer Gesellschaft mit verteilten Zuständigkeiten übergreifende Sinnzusammenhänge nicht mehr bestehen, kann die Sinnhaftigkeit des Lebens nur noch in einem eigenverantwortlichen und selbstdefinierten Umgang mit dem Leben erfahren werden.[30] Zwischenzeitlich ist der Begriff „Erlebnisgesellschaft" vom Wirtschaftsteil jener Zeitungen dementiert worden, welche gleichzeitig die „Event"-Kategorie im Feuilleton und auf den Werbeseiten ausgiebig gebrauchen. Banken-, Finanz- und Schuldenkrisen haben seit 2008 für stabil gehaltene Institutionen tief erschüttert. In ihrer Folge wurden andere Wortfavoriten gekürt, die aus dem semantischen Feld „Gefahr, Risiko, Verlust" stammen.[31] Zwar haben in den Lebensführungsgewissheiten vieler Menschen auch diese Begriffe einen festen Platz. Allerdings konnten die bisherigen ökonomischen Krisen den Handlungs- und Orientierungsmustern, welche die Erlebnisgesellschaft hervorgebracht hat und welche um den kategorischen Imperativ „Erlebe dein Leben!" zentriert sind, nur wenig anhaben. Sie prägen das Sozialverhalten auch in Zeiten wirtschaftlicher Stagnation und prekärer Zukunftsaussichten. Ein Abbröckeln des erreichten Wohlstandsniveaus kann nichts daran ändern, dass Menschen „etwas vom Leben haben wollen".

So einfach diese Maxime ist, so unprätentiös und ungeniert werden auch die dazu passenden Verhaltensmuster artikuliert: Wenn man sich es nicht mehr leisten kann, wird man eben über die Verhältnisse leben, ohne ein schlechtes Gewissen dabei zu haben. Wie will man in diesem Leben und in dieser Gesellschaft anders auf seine Kosten kommen? Es gibt keine allgemein verbindliche soziale Matrix mehr, sei sie ethischer oder religiöser Art, von der her es verpönt wäre, Schulden zu machen, oder die es nahelegen würde, sich seines Egoismus zu schämen. Wer nichts ist, will wenigstens etwas haben. Wer nichts hat, will wenigstens etwas sein.

---

[30] Vgl. G. SCHULZE, Kulissen des Glücks. Streifzüge durch die Eventkultur, Frankfurt/New York 1999.
[31] Vgl. zur kultursoziologischen Evaluierung dieses Phänomens G. SCHULZE, Krisen. Das Alarmdilemma, Frankfurt 2011.

Wer weder etwas ist, noch etwas hat, will wenigstens etwas erleben –
oder seinen Spaß haben.[32] Wer nur über ein kleines finanzielles
Budget verfügt, kann sich damit trösten, dass Geiz „geil" ist. Die
Erfindung der „flatrate" ermöglicht nicht nur billiges Telefonieren
und Surfen im Internet, sondern auch preisgünstigen Sex.[33] Urlau-
be an Traumküsten gibt es für „kleines Geld" – man muss sich nur
beeilen bei Schnäppchenangeboten mit Frühbucherrabatt. Wenn es
schon nicht geht, angesichts von Individualisierungszumutungen
und -überforderungen ein freies, eigenes und selbstbestimmtes Leben zu führen, ist es ja vielleicht möglich, wenigstens ein schönes
Leben zu haben – zumindest auf Zeit!? Bleibt also vom ethischen
Projekt des guten und richtigen Lebens doch nur das Arrangement
mit einem ästhetischen Imperativ übrig?

3. „Es geht doch!"
Ermutigungen und Versprechungen

Dass das Leben in der Moderne so falsch nicht sein kann, um darin
dennoch gut leben zu können, ist die Überzeugung einer Vielzahl
von Autoren, die mit der Produktion von Ratgeberliteratur befasst
sind. Theodor W. Adornos meist zitierte Wendung „Es gibt kein
richtiges Leben im falschen"[34] ist in diesem Genre zu dem am häufigsten dementierten Aphorismus geworden. Dem großen Satz aus
den „Minima moralia" halten sie entgegen, dass es *in* einem falschen Leben keine richtigen Sätze *über* das falsche Leben geben
könne. Wenn das, was Adorno vom Leben sagt, nicht auch für sei-

---

[32] Vgl. H.-J. Höhn, Viel Spaß! Über Zeiten und Menschen, die etwas zu lachen
haben wollen, in: K. Wenzel (Hg.), Lebens-Lüste. Von der Ambivalenz menschlicher Lebensenergie, Ostfildern 2010, 22–31; H.-G. Zilian, Unglück im Glück.
Vom Überleben in der Spaßgesellschaft, Graz/Wien 2005; M. Heinlein/
K. Sessler (Hg.), Die vergnügte Gesellschaft. Ernsthafte Perspektiven auf mo-
dernes Amüsement, Bielefeld 2012.
[33] Zu weiteren Umbuchungen und Inversionen ehemals als „lasterhaft" dekla-
rierter Lebenshaltungen siehe G. Schulze, Die Sünde. Das schöne Leben und
seine Feinde, Frankfurt 2008.
[34] Th. W. Adorno, Minima Moralia. Reflexionen aus dem beschädigten Leben,
Frankfurt 1985, 42 (EA 1951).

nen Satz über das Leben gelten solle – dass er nämlich falsch ist –,
dann müsse er zumindest insofern eine Berechtigung haben, als er
allem Falschen zum Trotz dem Leben etwas Zustimmungsfähiges
abringe.[35] Was aber auf das Bilden von Sätzen zutreffe, müsse nicht
bloß für das Reden über die Welt, sondern auch für das Leben in
der Welt gelten: Es könne nicht bloß inakzeptabel sein.

Für eine überzeugende Antwort reicht jedoch kaum aus, was
Glücksratgeber an Tipps bereithalten, was man tun muss, um eigene
Bedürfnisse und Interessen durchzusetzen, und welche Tools man
braucht, um Konflikte souverän zu managen, um Entscheidungs-
situationen zum eigenen Vorteil zu modellieren und als Ich-AG die
größte Rendite einzufahren.[36] Denn der Mensch ist nicht identisch
mit seinen Bedürfnissen und Interessen. Sind sie befriedigt, stellt er
fest: Es genügt nicht. Zum Glück! Denn es wäre nur ein kleines
Glück, ein Beinaheglück, wenn er es damit gut und genug sein ließe.
Wenn es um ein gelingendes und glückendes Leben geht, ist mehr
gefragt, als im Sinne eines kategorischen Komparativs Bedürfnisse
und deren Erfüllung jeweils zu steigern. Und es ist auch mehr notwendig, als sich am Primärziel des homo oeconomicus zu orientieren, dem es um ein erfolgreiches Selbstmanagement geht, dessen Erfolg allein an Kosten/Nutzen-Bilanzen ablesbar ist. Denn mit noch
so vielen Zuwächsen an positiven Erträgen lässt sich das nicht tilgen,
was an und im Leben schlechthin unannehmbar ist.

Allerdings führt dieser Umstand eine Ratgeber-Gesellschaft[37]
nicht in allzu große Verlegenheit. Sie weiß sich zu helfen und

---

[35] Vgl. hierzu auch den Essay von J. Hörisch, Es gibt (k)ein richtiges Leben im
falschen, Frankfurt 2003.
[36] Dass die entsprechenden Vorschläge meist in bemerkenswerter Affinität zu
den normativen Vorgaben einer ökonomisierten Gesellschaft stehen, konsta-
tiert St. Duttweiler, Vom wahren und falschen Leben. Glücksratgeber als Le-
benshelfer im Neoliberalismus, in: PrTh 45 (2010) 6–11; Dies., Sein Glück machen. Arbeit am Glück als neoliberale Regierungstechnologie, Konstanz 2007.
[37] Zu diesem zeitdiagnostischen Etikett siehe eingehend I. Karle, Das Streben
nach Glück. Eine Auseinandersetzung mit der Beratungsgesellschaft, in:
H. Bedford-Strohm (Hg.), Glück-Seligkeit, Neukirchen-Vluyn 2011, 51–68;
M. Prisching, Die Ratgeber-Gesellschaft, in: ThPQ 154 (2005) 115–126;
R. Schützeichel/Th. Brüsenmeister (Hg.), Die beratene Gesellschaft, Wiesbaden 2004.

holt sich ihrerseits Rat. Nahezu alle wissenschaftlichen Disziplinen werden konsultiert. Mit ihrer Kompetenz will man sich he-
rauswinden aus der Verlegenheit, wie der Mensch die Inakzeptanz des Daseins überwinden, den Sinn seines Lebens trotz allen
Widersinns finden und/oder im Unglück dennoch sein Glück
machen kann.[38] Meist sind die Vertreter der einschlägigen Disziplinen aber auch erst einmal überfragt. Sie tun, was in der Ratgeber-Gesellschaft jeder tun muss: Sie holen sich den Rat, den sie
geben sollen, von anderen. Sie fahren mit einem Schleppnetz
durch die Geistes- und Kulturgeschichte und präsentieren dann
in Aphorismensammlungen und Samplern das „best of" antiker
Weisheitslehren, neuzeitlicher Moralistik und Lebensphilosophie[39]
oder spiritueller Diätetik. Von ihren Ratsuchenden werden diese
Fundstücke dann in therapeutische Anleitungen zur Lebensfüh-
rungstechnik weiterverarbeitet.

Längst hat dieser Trend auch die Philosophie erreicht.[40] Zentriert um die Leitbegriffe „Glück" oder „Liebe" geht es auch dort
um das „gute Leben". Dass darüber nachzudenken eine klassische
Angelegenheit der Philosophie darstellt, ist nicht zu bestreiten. Allerdings besteht wenig Neigung, dabei auch die klassischen Refle-
xionsmodelle zu verwenden. Wo die Autoren das als verstaubt gel-
tende Format der Tugendethik meiden, lassen sie ihre Texte unter
dem Label „Lebenskunst" auftreten.[41] Ihr Erfolg ist beträchtlich
und die Aufmerksamkeit, die sie finden, ist weitgespannt. Seitdem
sie mit der Ambition einer Theorie der Lebenskunst auch ein aka-

---

[38] Siehe hierzu etwa A. BELLEBAUM/H. BRAUN (Hg.), Glücksforschung. Eine
Bestandsaufnahme, Konstanz 2002. Vgl. auch K. BAYERTZ, Eine Wissenschaft
vom Glück?, in: ZphF 64 (2010) 410–429, 560–578.
[39] Vgl. J. M. WERLE (Hg.), Klassiker der philosophischen Lebenskunst. Von der
Antike bis zur Gegenwart, München 2000.
[40] Vgl. M. MOOG, Wer lebt, dem muß geholfen werden. Das Massenmedium
Lebenshilferatgeber und die philosophische Reflexion über individuelle Lebensführung, Würzburg 2002; L. v. WERDER, Lehrbuch der Philosophischen
Lebenskunst für das 21. Jahrhundert, Berlin/Milow 2000.
[41] Vgl. exemplarisch Th. LEIBER, Glück, Moral und Liebe. Perspektiven der Lebenskunst, Würzburg 2006; F. LENOIR, Was ist ein geglücktes Leben? Kleine
philosophische Anleitung, München 2012.

demisches Publikum finden,[42] sind sie sogar selbst Gegenstand philosophischer Reflexion geworden.[43] Die Messlatte für Lebenskunstkonzepte, die zeitgemäße Ratschläge für ein gelingendes Leben geben wollen, liegt hoch. Sie müssen zum einen die gesellschaftlichen Umstände im Blick haben, die dieses Gelingen entscheidend beeinflussen. Und sie müssen zum anderen über eine zeitgemäße Form von „Menschenkenntnis" verfügen, um nicht bloß sagen zu können, wie es heute faktisch um den Menschen steht, sondern auch angeben zu können, wie es eigentlich gehen könnte: Mensch zu sein. Es geht dabei um nicht weniger als um die Ausbildung des Vermögens, gekonnt auf Herausforderungen zu reagieren, die sich aus dem Anspruch ergeben, im Kontext vergesellschafteter Individualität

– einen eigenen Weg durchs Leben zu gehen,
– sich selbst dabei treu zu bleiben, anstatt das eigene Leben bloß als Ausführung sozialer Verhaltenserwartungen zu realisieren, sich verkaufen oder unterwerfen zu müssen.

---

[42] Dies gilt vor allem für die Arbeiten von W. SCHMID, Auf der Suche nach einer neuen Lebenskunst. Die Frage nach dem Grund und die Neubegründung der Ethik bei Foucault, Frankfurt 1991; DERS., Philosophie der Lebenskunst. Eine Grundlegung, Frankfurt 1998; DERS., Schönes Leben? Einführung in die Lebenskunst, Frankfurt 2000; DERS., Mit sich selbst befreundet sein. Von der Lebenskunst im Umgang mit sich selbst, Frankfurt 2004; DERS. (Hg.), Leben und Lebenskunst am Beginn des 21. Jahrhunderts, München 2005; DERS., Ökologische Lebenskunst, Frankfurt 2008; DERS., Die Liebe neu erfinden. Von der Lebenskunst im Umgang mit Anderen, Frankfurt 2010; DERS., Dem Leben Sinn geben. Von der Lebenskunst im Umgang mit Anderen und der Welt, Berlin 2013.
[43] Vgl. hierzu die Übersicht von A. POLLMANN, Gut in Form. Die neuere Debatte um eine Philosophie des „guten Lebens" im Überblick, in: DZPh 47 (1999) 673–691; Ch. HORN, Wie hätte eine Philosophie des gelingenden Lebens unter den Gegenwartsbedingungen auszusehen?, in: AZP 25 (2000) 323–345; U. THURNHERR, Philosophie und Lebenskunst, in: ZDPhE 26 (2004) 5–12; C. BEISBART, Lebenskunst – eine Herausforderung für die moderne Moralphilosophie?, in: C. Sommerfeld-Lethen (Hg.), Lebenskunst und Moral, Berlin 2004, 101–230; W. KERSTING/C. LANGBEHN (Hg.), Kritik der Lebenskunst, Frankfurt 2007; J. SAUTERMEISTER, „Carpe diem?!" Positionen philosophischer Lebenskunst aus Antike und Gegenwart, in: Ethica 16 (2008) 129–152; F. FELLMANN, Philosophie der Lebenskunst zur Einführung, Hamburg 2009.

Die geforderte zeitgemäße „Menschenkenntnis" verlangt von Le-
benskunstkonzepten zudem die Beachtung von sozialanalytischen,
kulturkritischen und zeitdiagnostischen Untersuchungen, die fraglich erscheinen lassen, ob das Ideal einer „selbstmächtigen" Daseinsführung überhaupt umsetzbar ist. Verlangt ist auch eine phi-
losophisch-anthropologische Kompetenz, die angesichts vielfacher
Limitationen und Unverfügbarkeiten des Daseins nicht einem hy-
briden Autonomieideal zuarbeitet, das längst in den Mythenfundus
der Moderne gehört.[44]
    Waren in der Antike Ethik und Anthropologie noch gegenseitig
kontextualisiert, so haben moderne Lebenskunstentwürfe diesen
Nexus so weit gelockert, dass sie ihre Verallgemeinerungsfähigkeit
nicht mehr damit begründen, dass ihnen ein Wissen darüber zu-
grunde liege, wie es erstlich und letztlich um den Menschen stehe.
Wo die Antike den Kollektivsingular „Mensch" gebrauchte, wählt
die Lebenskunst das Ich-Verstärkerwort „Selbst". Es geht ihr um
Selbsterfindung und Selbstgestaltung, um Selbstverwirklichung
und Selbstbehauptung, um Selbstwahrnehmung und Selbststilisie-
rung, um Selbstsorge und Selbstmanagement.[45] Ihrem Bild vom
Menschen entspricht „das selbstmächtige, sich die Macht zu bin-
den und zu lösen zuschreibende neuzeitliche Individuum."[46]
    Diese Orientierung ist kultur- und theoriegeschichtlich durchaus
nachvollziehbar. Aber vielleicht wäre ein höheres philosophisches

---

[44] Neben der psycho-analytischen und psycho-historischen Vernunftkritik, die
im Anschluss an Freud, Nietzsche und Foucault bewusstseinsentzogenen Antriebskräften individuellen Handelns nachspürt (vgl. A. HONNETH, Dezentrier-
te Autonomie, in: Ch. Menke/M. Seel [Hg.], Zur Verteidigung der Vernunft gegen ihre Liebhaber und Verächter, Frankfurt 1993, 149–163), sind es vor allem
neurowissenschaftliche Studien, die Zweifel daran aufkommen lassen, dass ein
Subjekt sein Handeln aus freien Willensbeschlüssen und rationaler Selbstbestimmung hervorgehen lassen kann. Vgl. hierzu E. LIST/H. STELZER (Hg.),
Grenzen der Autonomie, Weilerswist 2010; L. HEIDBRINK, Autonomie und Lebenskunst. Über die Grenzen der Selbstbestimmung, in: W. Kersting/C. Langbehn (Hg.), Kritik der Lebenskunst, 261–286.
[45] Mit dieser Auflistung sind jene Wortfavoriten benannt, mit denen im Anschluss an Michel Foucault das Lebenskunstvokabular bestückt wird von
W. SCHMID, Mit sich selbst befreundet sein, Frankfurt 2004.
[46] W. KERSTING, Die Gegenwart der Lebenskunst, in: Ders./C. Langbehn (Hg.),
Kritik der Lebenskunst, 14.

Maß an zeitgemäßer Unzeitgemäßheit nicht weniger angebracht.
„Was Aristoteles und Seneca in ihrer Zeit lehrten, war Philosophie,
beruhte auf bestimmten theoretischen und normativen Auffassun-
gen über Mensch und Natur, über das Leben in Natur und Gesellschaft, über Wissen und Handeln. Ebendieses paradigmatische Fundament, diese ethisch-anthropologische Parametrik ist im Laufe der
Entwicklung der Praktischen Philosophie unter dem Einfluß des
veränderten Selbst- und Weltverständnisses des Menschen in der
Moderne verdrängt worden. Damit hat die Lebenskunst ihren philosophischen Sockel, ihr angestammtes konzeptuelles Gerüst verloren. Übrig blieben die philosophisch ungebundenen Schwebteile
des lebenspraktischen Wissens, die Ratschläge und Lebensweishei-
ten, die die Zeiten überdauern und immer wieder neu formuliert
werden können – heute im nahezu industriell produzierten Schrift-
tum der Lebensbewältigungspsychologie."[47]
   Der Ausfall anthropologischer Parametrik kann nicht durch die
Betonung einer „Ästhetik der Existenz" ausgeglichen werden, bei
der etliche Lebenskunstkonzepte Zuflucht nehmen.[48] Dass es kein
Zurück zur platonischen Anthropologie, zum aristotelisch-thomistischen Leib/Seele-Schema, zu metaphysisch-naturrechtlichen Spe-
kulationen über das Wesen des Menschen oder zu teleologischen
Bestimmungen seines Daseins gibt,[49] schließt umgekehrt nicht die
Unmöglichkeit einer Neukalibrierung des Verhältnisses von Ethik
und Anthropologie ein.[50] Ebenso wenig bleibt nur noch als Alter-

---

[47] W. Kersting, Die Gegenwart der Lebenskunst, 44.
[48] Vgl. W. Schmid, Lebenskunst als Ästhetik der Existenz, in: J. Schumer (Hg.),
Glück und Ethik, Würzburg 1998, 83–91.
[49] Zur Distanzierung von solchen Konzepten siehe J. Fischer, Philosophische
Anthropologie. Eine Denkrichtung des 20. Jahrhunderts, Freiburg/München
2009; R. Weiland (Hg.), Philosophische Anthropologie der Moderne, Wein-
heim 1995.
[50] Dass dies ein äußerst lohnendes, wenngleich in Ansatz und Ertrag stets auch
kontrovers diskutierbares Unterfangen darstellt, beweist R. Marten, Lebenskunst, München 1993. Zur Rezeption und Kritik dieses Ansatzes vgl. G. Löh-
rer u. a. (Hg.), Philosophische Anthropologie und Lebenskunst, München
2005. Zu diesem Themenkomplex siehe auch M. Endress/N. Roughley (Hg.),
Anthropologie und Moral. Philosophische und soziologische Perspektiven,
Würzburg 2000; J.-P. Wils (Hg.), Anthropologie und Ethik. Biologische, sozialwissenschaftliche und philosophische Überlegungen, Tübingen/Basel 1997.

native der ambitionierte Versuch einer vollständigen Naturalisierung des Menschseins, welche für die Kategorie eines unbedingten moralischen Sollens keine Verwendung mehr hat und als kategorischen Imperativ nur noch die evolutionäre Fitnessmaximierung im Dienste einer optimierten genetischen Reproduktion der menschlichen Spezies anerkennt.[51]

Ohne eine philosophisch geleitete Reflexion der anthropologischen, epistemologischen, handlungs- und rationalitätstheoretischen Bezüge ethischer Lebenskönnerschaft fehlt den Beratungs- und Hilfestellungsabsichten der Lebenskunstkonzepte die valide Basis. Dies gilt auch für die theologischen Varianten und Versionen der Lebenskunstliteratur. Ihre Autoren durchsuchen die Archive des Christentums nach veraltungsresistenten Beständen. Sie schöpfen aus dem Weisheitswissen der Bibel und der Kirchenväter, erinnern an bewährte Kloster- und Ordensregeln und versehen ihre Beschreibungen eines trotz aller Gefährdungen gelingenden Lebens mit einem Schuss Authentizität durch Einblicke in ihre eigene Biographie. Sie verstehen sich als Ratgeber und Lebensbegleiter, sie lassen Barmherzigkeit walten angesichts der Unzulänglichkeiten von Menschen guten Willens. In ihren Traktaten sagen sie selten etwas Neues, lieber renovieren sie Überkommenes. Sie brauchen keine argumentativen Absicherungen, sondern vertrauen auf die lebenspraktische Evidenz ihrer Empfehlungen. Was auf den ersten Blick nicht plausibel ist, wird mit einer Anleihe bei der Tiefen- und/oder Entwicklungspsychologie wettgemacht. Zuweilen haben sie den Hang zum Pathos oder gleiten ins Erbauliche ab. Sie schließen keine Überlegung ab, ehe sie eine passende Sentenz in der spirituellen Literatur gefunden oder eine eigene Formulierung zur Aphorismusreife gebracht haben.[52]

---

[51] Vgl. zur kritischen Auseinandersetzung mit diesen Versuchen etwa P. Janich (Hg.), Naturalismus und Menschenbild, Hamburg 2008.

[52] Repräsentativ für dieses Schreibmuster und zugleich mit großem Abstand die religiösen Bestsellerlisten anführend ist A. Grün, Lebensfragen. Orientierung und Sinn finden, Freiburg/Basel/Wien 2013; Ders., Das große Buch der Lebenskunst, Freiburg/Basel/Wien 2012; Ders., Einfach leben. Das große Buch der Spiritualität und Lebenskunst, Freiburg/Basel/Wien 2011; Ders., Das große Buch vom wahren Glück, Freiburg/Basel/Wien [2]2010.

Was diese Texte auszeichnet, ist ihr konsiliatorischer Gestus. Sie schlagen vor und raten an, vermeiden aber die Rhetorik der Verbote und Gebote. Sie entwerfen keine kategorischen Imperative, deren Erfüllung unterschiedslos von allen Subjekten verlangt wird. Vielmehr heben sie ab auf das Individuelle, Besondere, Einmalige menschlicher Existenz und ermutigen ein Subjekt dazu, genau das zu tun und aus sich zu machen, was niemand sonst vermag. Das Ideal des eigenen Lebens versehen sie mit der Zuspitzung: Das Eigene leben! Sie positionieren sich diesseits eines moralischen Sollens und setzen stattdessen auf ein Können, das auf dem spirituellen, ästhetischen und emotionalen Vermögen des Menschen beruht. Sie machen keine Vorschriften, sondern unterbreiten Sinnofferten, von denen Gebrauch machen kann, wer meint, dass sie für das Erreichen eigener Ziele hilfreich sind.[53]

Was diesen Ansätzen fehlt, ist Gegenstand der folgenden Kapitel: eine zeit- und sachgemäße Rekontextualisierung von Anthropologie und Ethik. Wer sich an viele Menschen wendet, muss das ihnen Gemeinsame im Blick haben. Ohne eine kritische Absicherung und breite anthropologische Fundierung kann die oft behauptete Lebensnähe von Lebenskunstentwürfen keine existenzielle Tiefe beanspruchen. Ohne die Anbindung an die Ethik bleiben meist nur Ratschläge im Rang von Kalendersprüchen und Binsenweisheiten übrig. Oder man stößt auf Anleitungen zu lustbetonter, fröhlicher Unbekümmertheit im Umgang mit den Widrigkeiten des Daseins. Sich über diese Hemmnisse elegant oder nonchalant hinwegzusetzen, ist keine Kunst, sondern Ausdruck eines Lebens, dessen alleinige Seins- und Handlungsebene die Oberfläche ist.

Das Leben ist zunächst keine Kunst, sondern eine Praxis, die wie jede andere Praxis auch besser oder schlechter ausgeübt werden kann. Und wie der Mensch bei jeder Praxis ein Wissen erwerben kann und muss, um sie gut und richtig auszuüben, bedarf es auch hier eines Wissens darüber, wie man richtig gut lebt. Aber dieses Wissen ist von besonderer Art. Es hat wenig gemein mit Re-

---

[53] Vgl. auf dieser Linie auch P. Bubmann/B. Sill (Hg.), Christliche Lebenskunst, Regensburg 2008; Th. Dienberg, Loslassen. Die christliche Lebenskunst, Stuttgart 2005.

zepten und Gebrauchsanweisungen. Es muss von Grund auf erworben werden und führt zur Kenntnis von Grundbedingungen
menschlichen Daseins. Eine solche Anstrengung stellt somit lediglich Grundwissen für „Lebenskönner" zur Verfügung. Aber ohne
dieses Fundament ist kein Handlungs- und Lebenswissen zu entwickeln. Erst auf dieser Ebene stellt sich ein Wissen um existenzielle und ethische Prinzipien ein. Allerdings ist auch zuzugeben: Prinzipien sind wie Licht und Liebe. Zwar kann man ohne sie nicht
leben, aber von ihnen allein auch nicht! Darum sind Prinzipien
notwendig, aber nicht hinreichend. Für das Verhältnis von Anthropologie und Ethik folgt daraus: Alltagstaugliche praktische Lebensweisheit und prinzipiell angelegte Daseinshermeneutik bedingen
und bedürfen einander.

II. Sich auf das Leben einlassen: Anthropologie als Existentialpragmatik

Menschen wollen nicht bloß und einfach *da* sein. Sie möchten in einer bestimmten Weise sein, was sie sind: zumindest ein eigener Mensch und ein freier Mensch. Aber nicht allen genügt das – manche möchten auf besondere Weise ein eigener Mensch sein. An diesem Besonderen machen sie ihre Bedeutung fest. Denn Menschen sind Wesen, die nach Bedeutung suchen. Sie möchten nicht bloß wissen, *was* und *warum*, *wie* und *wozu* etwas ist, sondern sie wollen auch herausfinden, *als was* etwas da ist. Dieses „als" ist selten unmittelbar gegeben. Es muss vielmehr eigens erschlossen werden. Es zählt nicht zum Vordergründigen, sondern wird offenbar in der Einstellung zu den Dingen, die den Menschen umgeben, und zu den Ereignissen, die ihm widerfahren. Es ergibt sich aus dem Verhältnis zu dem Schicksal, dem er ausgesetzt ist, und aus den Beziehungen zu anderen Lebewesen, mit denen er auf der Welt ist.

Der professionelle Ort solcher Erkundigungen ist die Anthropologie. Hier professionalisiert der Mensch sein Bedeutsamkeits- und Geltungsstreben. Hier macht er sich Gedanken über sich selbst als „animal interpretans".[1] Schließlich ist bei allem Deutungsbedarf von Dingen und Ereignissen die Frage nach der (Be)Deutung des menschlichen Daseins die wichtigste: Was hat es mit dem Dasein als Mensch überhaupt auf sich?[2] Dem an seiner Bedeutung interessierten Menschen genügt es jedoch nicht, als Antwort auf die Frage, was es heißt, „als" Mensch da zu sein, die Feststellung zu hören, das für ihn Bezeichnende sei schon, dass er frage, was es mit seinem

---

[1] Vgl. J. HÖRISCH, Bedeutsamkeit. Über den Zusammenhang von Zeit, Sinn und Medien, München 2009; B. LIEBSCH, Prekäre Selbst-Bezeugung. Die erschütterte Wer-Frage im Horizont der Moderne, Weilerswist 2012.

[2] Vgl. als informativen Einstieg in diese Erörterung auch M. HOFER (Hg.), Über uns Menschen. Philosophische Selbstvergewisserungen, Bielefeld 2010; R. RORARIUS, Was macht uns einzigartig? Zur Sonderstellung des Menschen, Darmstadt 2006.

Dasein auf sich habe. Er will über die Feststellung dieser „Fraglichkeit" hinauskommen.

Es ist dem Menschen zu wenig, dass bereits die Frage nach seiner Bedeutung für so bedeutend gehalten wird, um daran ein Proprium des Fragestellers zu erkennen. Denn die Faktizität der Frage ist ebenso unergiebig für eine Auskunft über seine Besonderheit wie das bloße Vorkommnis des Daseins. Wer mehr herausfinden will, muss anders fragen. „Was *macht* menschliches Dasein bedeutsam?" – Diese ein wenig variierte Frage deutet an, dass nicht schon das Faktum des Daseins und seiner Befragung die Bedeutsamkeit menschlichen Lebens ausmacht. Es scheint dem „nackten" Dasein hierfür etwas zu fehlen. Offenkundig wird menschliches Leben bedeutsam erst durch all das, „was der Mensch als tätiges Wesen aus den vorgefundenen Verhältnissen und dabei zugleich aus sich selber macht."[3]

Was zunächst nur als Anfangsverdacht geäußert wird, soll im Folgenden durch weitere Indizien erhärtet werden. Wenn der Mensch das Wesen ist, „das von seiner Konstitution gar nicht anders kann, als aus den vorgefundenen Verhältnissen und dabei aus sich selber etwas zu machen,"[4] dann ist damit auch der Nexus von Anthropologie und Ethik bestimmt. Allerdings bleibt zunächst offen, was diese Konstitution ausmacht und ob die Konstitution des Menschen nur vorgibt, *dass* der Mensch etwas aus sich machen muss. Wie kommt er zu der Erkenntnis, *was* er aus sich machen soll? Um beide Frage beantworten zu können, müssen eine Reflexionsstufe und eine Vorgehensweise gefunden werden, welche zur Ermittlung von Umständen und Voraussetzungen führen, unter denen es für den Menschen überhaupt erst möglich ist, etwas (Sinnvolles, Bedeutsames, Gutes, Vernünftiges) aus sich zu machen.

---

[3] B. RECKI, Der Mensch und die Kultur, in: M. Hofer (Hg.), Über uns Menschen, 34.
[4] B. RECKI, Der Mensch und die Kultur, 35. Vgl. hierzu auch DIES., Das Tier, das aus sich selber etwas macht, in: D. Ganten u. a. (Hg.), Was ist der Mensch?, Berlin/New York 2008, 209–211.

1. Dasein – Sprache – Vernunft:
Existentialpragmatische Anthropologie

Sich grundsätzlich der Bedeutung menschlichen Strebens nach Bedeutung zu vergewissern und dessen Erfolgsaussichten zu sondieren, ist eine zentrale Absicht der folgenden Überlegungen, die unter dem Titel *Existentialpragmatik* antreten. Dieser Titel deutet an, dass sie die elementaren Bedingungen, Ermöglichungs- und Vollzugsweisen des Menschseins identifizieren wollen: Was heißt es überhaupt, am Leben zu sein? Wie geht es eigentlich, ein Mensch zu sein? Darüber hinaus fragen sie auch nach einer möglichen Konvergenz von Existenz und Bedeutung. Und sie erkundigen sich danach, ob diese Bedeutung über den simplen Sachverhalt hinausgeht, dass es den Menschen überhaupt gibt und nicht vielmehr nicht. Bündeln lassen sich diese verschiedenen Aspekte in der Grundfrage: Was macht menschliches Dasein eigentlich bedeutsam?

Für die Erörterung dieser Frage genügt es nicht, jenen Fundus an Antworten zu inspizieren, den der Mensch abkürzend „Kultur" nennt. Hier manifestiert sich zwar sein Bedeutsamkeits- und Geltungsstreben.[5] Hier ist auch jener Zeichenvorrat zu entdecken, mit dem der Mensch seinen Bedarf an Deutungen und Bedeutungszuschreibungen deckt. Und nicht zuletzt ist die Tatsache dieses Repertoires an menschlichen „Lebenszeichen" bereits selbst ein Hinweis auf seine Bedeutsamkeit. Die Fähigkeit, in seinem Leben Bedeutsames zu erschließen und Bedeutendes zu vermitteln, zeichnet den Menschen gegenüber anderen Lebewesen aus und macht ihn selbst zu einem „Kulturwesen". Denn Kultur besteht in dem Vermögen, ein Reservoir von Bedeutung(en) anzulegen und Bedeutsames in Zeichen, Symbolen, Bild- und Sprachmedien über die Zeit hinweg zugänglich zu halten: Das Bild erinnert an das Abgebildete, die erzählte Geschichte hält das erlebte Geschehen lebendig, das Ritual verwandelt passive Zuschauer in aktive Mitspieler. In Kunst, Mythos und Moral zeigt sich auch, dass der Mensch auf einen Mehrwert aus ist – auf ein Mehr an Wert und Würde, als ihm

---

[5] Vgl. R. POSNER, Kultursemiotik, in: A. Nünning/V. Nünning (Hg.), Einführung in die Kulturwissenschaften, Stuttgart/Weimar 2008, 39–72.

die Kennzeichnung als biologisches Mängelwesen, als Reiz-Re-
aktions-Apparat oder als Reproduktionseinheit seiner Gene zuer-
kennt.[6] Dennoch reichen diese Befunde nicht aus, um die Fragen nach
den Erfolgsbedingungen menschlichen Geltungsstrebens und nach
Ermöglichungsbedingungen menschlicher Lebenskönnerschaft zu
beantworten. Hierzu bedarf es einer Konstitutionsanalyse der unhintergehbaren Formen, Situationen und Konstellationen menschlichen
Daseins, seiner Weltorientierung und Selbstverständigung, ohne die
keine Sinn- und Handlungsorientierung im Dasein möglich ist. Das
Unternehmen, die Ermöglichungsbedingungen menschlicher Lebenskönnerschaft existentialpragmatisch zu rekonstruieren, basiert
auf dieser Konstitutionsanalyse. Eine solche Reflexion muss sich in
zweifacher Weise auf der Höhe der Zeit bewegen. Sie muss zum einen
ihren besonderen Zeitindex kenntlich machen, der wesentlich von
der Ambivalenz moderner Individualisierungsprozesse gekennzeich-
net ist. Zum anderen muss sie sich derart präsentieren, dass erkennbar wird, wie sehr ihr Ansatz auch methodisch an der Zeit ist und
aktuellen Wissenschaftsstandards entspricht.

Die hierfür in Anschlag gebrachte *Existentialpragmatik* stellt sich
dieser doppelten Aufgabe. Ihr Ansatz ergibt sich zum einen aus dem
„pragmatic turn" der Philosophie des 20. Jahrhunderts, der die soziale Selbstkonstitution des Menschen im Kontext intersubjektiver
Lebens- und Handlungsformen zur Geltung gebracht hat.[7] Für die

---

[6] Siehe hierzu auch P. Bieri, Eine Art zu leben. Über die Vielfalt menschlicher
Würde, München 2013.
[7] Vgl. als Erstinformation zu den Klassikern (v. a. C. S. Peirce, G. H. Mead, J.
Dewey) H.-J. Schubert u. a., Pragmatismus zur Einführung, Hamburg 2010;
L. Nagl, Pragmatismus, Frankfurt/New York 1998. Zum „Neopragmatismus"
(u. a. R. Rorty, H. Putnam, H. Joas) siehe H. Joas/W. Knöbl, Sozialtheorie,
Frankfurt 2004, 687–725. Zur Vertiefung siehe M. Sandbothe (Hg.), Die Re-
naissance des Pragmatismus, Weilerswist 2000; M. Hampe, Erkenntnis und
Praxis. Studien zum Pragmatismus, Frankfurt 2006; A. Hetzel u. a. (Hg.),
Pragmatismus – Philosophie der Zukunft?, Weilerswist 2008; R. J. Bernstein,
The Pragmatic Turn, Cambridge/Malden 2010. Zum pragmatic turn in der
französischen Sozialtheorie (P. Bourdieu) siehe R. Diaz-Bone (Hg.), Soziologie
der Konventionen. Grundlagen einer pragmatischen Anthropologie, Frankfurt/
New York 2011.

Anthropologie bedeutet dieser „turn" die Abkehr von einer essentialistischen Definition des Menschen („*Was* ist der Mensch?"). Stattdessen geht es um die unabstreifbaren Umstände menschlichen Daseins, welche die Ermöglichungsbedingungen des Menschseins konfigurieren und einen philosophischen Zugang des Menschen zu sich selbst eröffnen:

– Wie steht es *um* den Menschen?
– Welche Bewandtnis hat es *mit* dem Menschsein?
– Wie *verhält* es sich, ein Mensch zu sein?
– Wie verhält man sich als Mensch am besten *zu* seinen Lebensverhältnissen?

Die mit diesem „turn" verknüpfte Weichenstellung für eine zeitgemäße Anthropologie schließt aber nicht aus, dass es an der Zeit ist, darauf noch eine weitere Kehre folgen zu lassen, für die eine erneuerte Form existentialen und transzendentalen Denkens steht. Hierbei wird eine Verklammerung von (transzendental-)existentialen und (transzendental-)pragmatischen Formbestimmungen menschlichen Daseins derart angestrebt, dass dabei deren jeweilige methodische Engführungen aufgehoben werden. Das Projekt einer existentialpragmatischen Anthropologie steht daher bewusst in der Tradition der existentialen Daseinsanalytik Martin Heideggers – wohl wissend, dass von Heidegger selbst erhebliche Bedenken gegen den Versuch vorgebracht wurden, aus seinem Projekt einer existentialen Analytik des Daseins eine existentiale Anthropologie abzuleiten oder beide miteinander zu identifizieren.[8] Nicht geringer ist Heideggers Zurückhaltung gewesen, seinen in „Sein und Zeit" ausgearbeiteten Ansatz für die Ethik anschlussfähig zu machen.[9] In der

---

[8] Vgl. M. HEIDEGGER, Die Metaphysik des Deutschen Idealismus (GA 49), Frankfurt 1991, 34. Dass man diesem „Selbstvorbehalt" zum Trotz durchaus ein solches Unternehmen starten kann, erwägt A. GETHMANN-SIEFERT, Anthropologie alternativ. Überlegungen zu einer existentialen Anthropologie, in: J.-Chr. Heilinger (Hg.), Individualität und Selbstbestimmung, Berlin 2009, 339–360. Vgl. ferner F.-W. v. HERRMANN, Fundamentalontologie – Metontologie und existentiale Anthropologie, in: R. Esterbauer/M. Ross (Hg.), Den Menschen im Blick, Würzburg 2012, 41–60.
[9] Vgl. dazu etwa R. BRANDNER, Warum Heidegger keine Ethik geschrieben hat, Wien 1992.

Tat ist die Versuchung groß, dass es dabei zu semantischen Plün-
derungen von Heideggers Werk kommt, um mit den Kategorien „Ei-
gentlichkeit, Selbstwahl, Gewissen, Entschlossenheit" eine derzeit
stark nachgefragte „Ethik der Authentizität" in Angriff zu nehmen.[10]
Vermeidbar ist dies am ehesten dadurch, dass es bei einer Orientierung am Paradigma existentialen Denkens bleibt und zugleich
an seiner Fortschreibung gearbeitet wird. Unter dieser Rücksicht
geht das Unternehmen „Existentialpragmatik" über das in der ersten Hälfte des 20. Jahrhunderts ausgearbeitete Format existentialer
Daseinsanalytik hinaus. Es sucht den Anschluss an transzendental-
pragmatische bzw. transzendental-semiotische Transformationen
der Erkenntnis-, Rationalitäts- und Handlungstheorie, die im Zentrum des philosophischen Werkes von Karl-Otto Apel stehen.[11]
Transzendental ist dieses Konzept insofern, als es die Unterstellung
bestimmter Elemente und Strukturen sprachvermittelter Vollzüge
als notwendige und unausweichliche Sinn- und Erfolgsbedingung
wahrheitsfähigen Denkens und rechtfertigungsfähigen Handelns
erweist. Pragmatisch bzw. semiotisch kann dieser Ansatz aufgrund
seines methodischen Leit- und sachlichen Grundprinzips genannt
werden, jene Universalien in der Reflexion auf die unverwerfbaren
und alternativenlosen Voraussetzungen für das Gelingen menschlicher Rede als kommunikativer Handlung bzw. diskursiver Argumentation zu identifizieren und dabei vor allem die Bedingungen
des Gebrauches von Sprachzeichen zu thematisieren, über den allein sich intersubjektiv gültige Erkenntnis einstellt.

Allerdings ist mit dieser Sprachzentrierung und einer Fokussie-
rung auf das logische Apriori der Argumentation bei Apel ein kon-
tinuierliches Abrücken vom „Existenzapriori" der Reflexion verbunden.[12] Es kommt zu einer methodischen „Existenzvergessenheit", da
unklar bleibt, inwieweit die „conditio humana" sich tatsächlich und

---

[10] Vgl. dazu etwa A. LUCKNER, Wie es ist, selbst zu sein, in: Th. Rentsch (Hg.),
Martin Heidegger: Sein und Zeit, Berlin 2007, 149–168.
[11] Vgl. K.-O. APEL, Paradigmen der Ersten Philosophie. Zur reflexiven –
transzendentalpragmatischen – Rekonstruktion der Philosophiegeschichte,
Berlin 2011; DERS., Auseinandersetzungen in Erprobung des transzendentalpragmatischen Ansatzes, Frankfurt 1998.
[12] Zur in der Werkbiographie Apels beobachtbaren zunehmenden Distanzie-

vollständig in der sprachpragmatischen Reflexion zureichend ausgelegt findet. Besonders markant tritt dieses Manko und das nur teilweise erfolgreiche Bemühen seiner Überwindung in Apels Diskursethik hervor.[13] Der Mensch ist eben nicht nur ein Wesen, das in der Lage ist, Diskurse zu führen, sondern er ist stets zugleich in Lebensverhältnisse eingelassen, die selbst keineswegs diskursiv verfasst sind. Es sind gerade die prädiskursiven Zusammenhänge seiner Lebenswelt, welche die Primärwelt seiner Selbstverwirklichung, Identitätsbildung und Interaktionen bilden. Das Beziehungs- und Bedingungsgefüge zwischen existentialen, lebensweltlichen und sprachpragmatischen Bestimmungen menschlicher Lebenspraxis präzise und konsistent zu bestimmen, ist ein Desiderat, dem die Transzendentalpragmatik bisher nicht nachgekommen ist.

Auf dieses Bedingungsgefüge müssen sich gleichermaßen Anthropologie und Ethik beziehen. Wie diese Bezugnahme genau erfolgen kann, ist Gegenstand einer existentialpragmatischen Basistheorie beider Disziplinen. Sie ist bestrebt, eine Korrelation zwischen den existentialen Konstellationen vernunftorientierter Welterschließung und den Parametern sprachvermittelter Handlungskoordination herauszuarbeiten. Mit Karl-Otto Apels Transzendentalpragmatik verwandt ist dieser Ansatz aufgrund seines Leitprinzips, diese Konstitutiva zugleich als Parameter vernunftorientierter Welterschließung und sprachvermittelter Handlungskoordination zu identifizieren und sie als Existentiale eines via Sprache „vergesellschafteten" Daseins auszuweisen. Er richtet sich dabei nicht auf Voraussetzungen, die ein als einsam vorstellbares Vernunftsubjekt für seine Erkenntnis und Weltbegegnung unterstellen muss. Vielmehr soll gezeigt werden, dass auf der Basis einer unhintergehbaren Grundkonstellation von Ermöglichungsbedingungen menschlichen Daseins auch Strukturen und intersubjektive Relationen vernunftgeleiteter Daseins-

---

rung von den Einflüssen Heideggers auf sein Denken siehe K.-O. APEL, Auseinandersetzungen, 461–568.
[13] Vgl. K.-O. APEL, Diskurs und Verantwortung, Frankfurt 1998; DERS./M. NIQUET, Diskursethik und Diskursanthropologie, Freiburg/München 2002. Zur Evaluation dieses Ansatzes siehe u. a. N. GOTTSCHALK-MAZOUZ, Diskursethik. Theorien, Entwicklungen, Perspektiven, Berlin 2002; DERS. (Hg.), Perspektiven der Diskursethik, Würzburg 2004.

führung und -deutung identifizierbar werden.[14] Es ist also nicht zuerst eine isolierte existentiale Daseinsanalytik zu entwerfen, die
nachträglich durch eine Theorie pragmatischer Lebensführung zu
ergänzen wäre. Ebenso wenig führt eine Umkehrung dieser Reihen-
folge zum Ziel. Vielmehr soll gezeigt werden: Die Struktur rationaler
Lebensführung ist ebenso existential grundiert, wie diese Existentiale
nur sprachlich zugänglich und relational verfasst sind.

Vor diesem Hintergrund kann auch das Verhältnis der Vernunft
zum Projekt der „Lebenskönnerschaft" präzisiert werden. Denn
wenn der Mensch als das Wesen zu begreifen ist, das „etwas aus
sich machen" muss, dann ist in der Moderne damit stets gemeint:
Er ist das Wesen, das etwas Vernünftiges aus sich und seinem Leben
machen soll. Für die einzelnen Schritte dieser Verknüpfung von
Daseinsanalytik, Handlungs- und Rationalitätstheorie sind somit
folgende Fragen leitend:

– Was macht menschliches Dasein aus, d. h. von welchen Voraussetzungen und Möglichkeitsbedingungen her lässt sich rekonstruieren, was es für den Menschen heißt, am Leben zu sein,
  sein Leben zu führen? Welche Grundkonstellation bestimmt
  das Dasein eines jeden Menschen stets und ständig?

– Wodurch zeichnet sich eine vernunftbestimmte Lebenspraxis
  aus, d. h. was sind rationale Grenz- und Zielmarken menschlicher Daseinsbewältigung?

– Was ergibt sich daraus für das Projekt der Ethik als Anleitung
  zur vernunftorientierten Lebenskönnerschaft?

---

[14] Dabei lasse ich mich auch inspirieren von Th. RENTSCH, Die Konstitution
der Moralität. Transzendentale Anthropologie und praktische Philosophie,
Frankfurt [2]1999; DERS., Negativität und praktische Vernunft, Frankfurt 2000;
H. EBELING, Selbsterhaltung und Selbstbewusstsein. Zur Analytik von Freiheit
und Tod, Freiburg/München 1979; DERS., Freiheit, Gleichheit, Sterblichkeit.
Philosophie *nach* Heidegger, Stuttgart 1982; DERS., Vernunft und Widerstand.
Die beiden Grundlagen der Moral, Freiburg/München 1986; DERS., Neue Subjektivität. Die Selbstbehauptung der Vernunft, Würzburg 1990; J. HEINRICHS,
Handlungen. Das periodische System der Handlungsarten (Philosophische Semiotik I), München/Moskau 2007, bes. 19–110; H. ROMBACH, Strukturanthropologie. „Der menschliche Mensch", Freiburg/München [3]2012.

Der sukzessiven Beantwortung dieser Fragen wird zunächst die Grundthese einer Existentialpragmatik zur relationalen Konstitution menschlichen Daseins vorangestellt, die es mittels einer „Verhältnisontologie" zu verdeutlichen gilt. Relationalität ist dabei nicht nur eine in methodischer Hinsicht zentrale Kategorie, sondern benennt auch die ontologische Struktur der Grundsituation menschlichen Daseins. Insofern richtet sich die existentialpragmatische Analyse auf invariante Strukturen, Umstände und Grundkonstellationen relationalen Daseins, die in den Vollzügen sprach- und handlungsfähiger Subjekte als deren Ermöglichungsbedingungen wiederkehren. Diese elementaren Bezüge sind daseins- und identitätskonstitutiv, anstatt – wie in der klassischen Substanzmetaphysik angenommen – bloß daseins- und identitätskonsekutiv zu sein.[15] In den existentialen Daseinsverhältnissen „geht vor" und „geht auf", was Dasein und Leben genannt wird, d. h. sie sind glei-

---

[15] Dort galt der Vorrang der Kategorie „Substanz" vor der Kategorie „Relation": Das Substanzielle hat sein Sein „in sich", existiert zunächst „für sich" und bezieht sich dann erst auf anderes (Substanzielles). Das „Wesen" und die „Substanz" eines Seienden bleiben das „hinter" diesen Beziehungen Stehende, d. h. diese zwar bestimmend und ermöglichend, aber von ihnen real verschieden. Die Beziehungen können wechseln, das Wesen bzw. das Substanzielle aber bleibt. Relationen bezeichnen etwas, das einer Substanz zufallen mag – sie sind buchstäblich etwas Zufälliges – oder auch wieder entfallen bzw. fortfallen kann, um durch ein anderes Akzidens ersetzt zu werden. Die Relationen werden durch die Substanz bestimmt, aber die Substanz wird nicht durch Relationen definiert. Darum ist die sichtbare Erscheinung eines Seienden bzw. die Beziehung, die es mit anderen Seienden eingeht, eine wandelbare Beigabe oder Zutat. Seine Substanz hingegen steht für einen unwandelbaren „Wesenskern" bzw. für einen Selbstbezug, der ohne Bezugnahme auf Anderes auskommt. Volle „Seiendheit" lässt sich darum nur dem In-sich-Stehenden, dem Selbständigen, dem In-sich-Ruhenden zusprechen. Nur solches hat Bestand und kann wegen dieser Beständigkeit Träger von Identität sein. Existentialpragmatisch ist eine solche Auffassung unhaltbar. Wer sich dennoch ihres Vokabulars bedienen will, wird sagen müssen: Menschen sind derart „Substanzen", dass für sie die Relationen zu sachhafter und personaler Andersheit nicht bloß „akzidentell" sind, sondern ihr „Wesen" ausmachen. Es ist für sie konstitutiv, dass sie ohne solche Relationen nicht zu ihrem Selbstsein in der Lage sind. Insofern ist die ontologisch korrekte Grundbestimmung des Menschen: „subsistente Relation", d. h. eine Substanz, die nur in und als Relation besteht. Der Mensch begibt sich nicht in Verhältnisse oder nimmt Beziehungen auf, sondern „subsistiert" in seinem Bezogensein und das Bezogensein macht seine Existenz aus. – Zu diesem Para-

chermaßen ontologisch und epistemologisch belangvoll. Der
Mensch ist nicht durch ein relationsloses „Selbst" bestimmt, zu
dem Beziehungen nachträglich hinzutreten, sondern bis in sein
„Selbst" hinein relational definiert. Nimmt man die existentialen
Bezüge menschlichen Daseins weg, ist kein menschliches „Selbst"
mehr identifizierbar. Verhältnis- und Beziehungslosigkeit beschreiben nicht Schwundstufen des Selbst- und In-der-Welt-Seins, sondern sind Umstandsbestimmungen des Nichtseins – und des
Nichtwissens.

2. Was es heißt, in der Welt zu sein: Existenz und Relation

Arbeiten zur philosophischen Anthropologie, die in der Tradition
des Pragmatismus stehen, stimmen trotz unterschiedlicher Akzent-
setzungen in einer Grundthese überein: Der Mensch ist derart am
Leben, dass er sein Leben führen muss im Umgang mit dem, was
mit ihm in seiner Welt wirklich und möglich ist. Er bringt dies jedoch nicht in monologischer Selbstbezüglichkeit zustande, sondern im Horizont einer sozio-kulturell imprägnierten Lebenspraxis. Trans- und intersubjektive Verhaltensrelationen strukturieren
die Formen seines In-der-Welt-Seins.

Im Vorgriff auf eine ausführliche Begründung lautet die Kern-
these zur genuin existentialpragmatischen Bestimmung menschlichen In-der-Welt-Seins und seiner Grundsituation: Dasein heißt
ein sprachvermitteltes Verhältnis haben (in Beziehung stehen) zu
dem, was
– in der objektiven Gegenstandswelt bzw. Außenwelt (Natur) der
  Fall sein kann,
– der Innenwelt, die einem Individuum bevorzugt zugänglich ist,
  zuzurechnen ist (Bewusstsein),
– in der personalen Mitwelt zur Interaktion fähig ist (Gesellschaft),

---

digmenwechsel vgl. auch D. Kraschl, Relationale Ontologie. Ein Diskussions-
beitrag zu offenen Fragen der Philosophie, Würzburg 2012.

– zeitlich datierbar ist, d. h. Ereignischarakter in Vergangenheit, Gegenwart und Zukunft besitzt (Zeit).

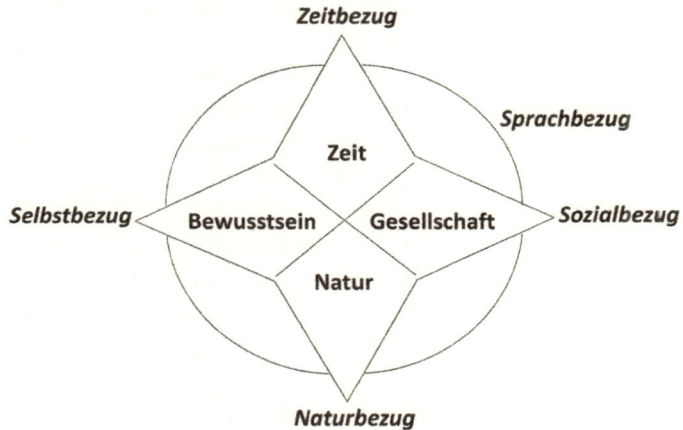

Zwischen diesen Bezügen besteht ein Verhältnis der wechselseitigen Implikation und gegenseitigen Bedingung. Sie sind ebenso unabdingbar für eine Antwort auf die Frage: Was heißt es für den Menschen, am Leben zu sein? Die kürzeste Antwort auf diese Frage muss lauten: Der Mensch ist buchstäblich eine „Bezugsperson". Das Bei-sich-Sein eines Subjekts ist nicht ablösbar von seinem Bezogensein auf naturale und personale bzw. soziale Andersheit innerhalb eines bestimmten Zeithorizontes. Sich derart *zur* Welt zu verhalten, ist konstitutiv dafür, wie der Mensch *in* der Welt und er *selbst* ist. Am Leben sein heißt aber für den Menschen nicht nur, in Zeit und Raum ein Verhältnis haben zu sich und in Beziehungen stehen zu naturaler, personaler und sozialer Andersheit. Vielmehr zeichnet ihn aus – wie noch zu zeigen ist –, sich zu diesen Beziehungen nochmals in vielfacher Weise in ein Verhältnis setzen zu können.

2.1 Elementar:
Selbst und Andersheit

Wer dem Dasein des Menschen auf den Grund gehen will, muss den Weg dorthin angeben können. Dies gilt auch für eine existentialpragmatisch ausgerichtete Anthropologie, welche der Frage nach den Grundbestimmungen des Daseins eine spezifische Wendung gibt. Gefragt wird nicht nach dem Ursprung oder dem Herkommen des Menschen – weder in einem evolutionsbiologischen noch in einem historisch-genetischen Sinn. Das Interesse gilt vielmehr jenem Prinzipiellen, das man nicht hinter sich lassen kann, wenn man vorankommen will. Hier geht es um das Grundlegende, das zu jeder Zeit gilt, und um eine Voraussetzung, von der ein Mensch immer wieder ausgehen muss, wenn er selbst etwas Neues und Eigenes angehen will.

Unter dem Eindruck der Erklärungskraft evolutionstheoretischer Denkansätze sind Arbeiten zur philosophischen Anthropologie zunehmend dem Leitgedanken verpflichtet, menschliches Dasein als emergent aus seinen gattungsgeschichtlich bzw. soziobiologisch beschreibbaren Konditionen und Konstellationen zu bestimmen. Zwar wird auf diesem Weg auch herausgestellt, dass es sich dabei um eine Herkünftigkeit handelt, die der Mensch nie abstreifen kann. Denn seine evolutionäre (Vor)Geschichte mitsamt ihrem Erbe hat der Mensch nicht bloß „hinter" sich, sondern stets auch „in" sich. Was Menschsein prinzipiell ermöglicht und ausmacht, wird hierbei aber abgeleitet aus den initialen, konditionalen und prozeduralen Aspekten der Menschwerdung.[16] Wer aber im Anschluss daran die Frage stellt, wie es prinzipiell (gut) gehen kann, ein Mensch zu sein, erhält in der Regel die Antwort, dass auch diese Frage (und ihre bisherigen Antworten) in evolutionärer Perspektive zurückverfolgt werden müsse, wobei sich zeige, „dass der evolutive Prozess in der Tat der Prozess ist, in dem sowohl die ontischen als auch die ontologischen Strukturen hervorgehen. Der evolutive Prozess ist selbst von wahrhaft onto-logischer Art. In ihm bilden sich von Anfang an nicht

---

[16] Vgl. exemplarisch das imposante Werk von W. Welsch, Homo mundanus. Jenseits der anthropischen Denkform der Moderne, Weilerswist 2012.

nur sukzessive neue ontische Typen, sondern ineins damit auch die für diese Typen charakteristischen neuen Verhaltensweisen bzw. Regeln und Gesetze, Seins- und Gesetzestypen gehen mit- und aneinander hervor."[17] Was aneinander und miteinander entstanden ist, muss dennoch nicht aufeinander rückführbar sein. Eine Neukalibrierung des Verhältnisses von Anthropologie und Ethik, die evolutionstheoretisch fundiert ist, droht sonst die Unterscheidung von Genese und Geltung, Sein und Sollen zu unterlaufen oder einzuebnen. Zudem gerät eine solche Schlussfolgerung in einen Widerspruch zu der von manchen Vertretern dieses Ansatzes selbst artikulierten Kritik an „einer ungerechtfertigten Gleichsetzung von Zugangs-Bedingungen mit Geltungsbedingungen ... Zugangsbedingungen haben zwar eröffnende Funktion für die Geltung von Gehalten – aber damit nicht eo ipso konstitutive Funktion für die Eigenart der Gehalte als solcher, sie machen diese nicht einfach. Die Gleichsetzung von Zugangsbedingungen mit Geltungsbedingungen ist, logisch gesehen, falsch".[18]

In einer evolutionären Perspektive erschließt sich zweifellos das Gewordensein des Menschen. Sie repräsentiert die Zugangsbedingungen für die Erkenntnis menschlicher Daseinskonditionen: Alles, was ist, ist von seinem Werden her zu verstehen. Dies gilt auch für elementare Aussagen über das Sein des Menschen. Allerdings wird dadurch eine transzendentale Frage nach den Geltungsbedingungen von Aussagen über das, was für menschliches Dasein über die Zeit hinweg konstitutiv ist, nicht überflüssig. Der evolutive Prozess mag nicht nur physische Entitäten, sondern auch die Gesetzmäßigkeiten ihrer Daseinsvollzüge hervorgebracht haben. Damit ist aber noch nicht zureichend das Gesetzmäßige dieser Gesetzmäßigkeiten erklärt. Die Gültigkeit logischer Denkgesetze ergibt sich nicht aus dem Umstand, dass sie aus einem evolutiven Fitnessoptimierungsprozess hervorgegangen sind und demjenigen evolutionäre Vorteile bieten, der sie korrekt anwendet. Logisch korrekte Operationen mögen zugleich überlebensrelevant sein, aber ihre Überlebensrelevanz begründet nicht ihre logische Richtigkeit.

---

[17] W. WELSCH, Homo mundanus, 853.
[18] Ebd., 28.

Wer den Unterschied zwischen (evolutionstheoretisch rekonstru-
ierbaren) Zugangsbedingungen zur Beschreibung der „conditio humana" mit einer prinzipientheoretischen Reflexion der Sinn- und
Geltungssphäre menschlichen Wollens und Tuns verwischt, bleibt
zudem zurück hinter Immanuel Kants Unterscheidung zwischen
dem, „was die Natur aus dem Menschen macht", und dem, „was er
als freihandelndes Wesen aus sich selber macht, oder machen kann
und soll."[19]

Eine Anthropologie in existentialpragmatischer Hinsicht fragt
im Anschluss an diese Unterscheidung, was der Mensch aus dem
machen kann, was die Natur aus ihm gemacht hat. Dabei geht sie
insofern prinzipiell vor, wie sie im Rekurs auf die Ermöglichungsbedingungen menschlicher Selbstvollzüge zugleich nach der Sinn-
und Geltungssphäre dieser Vollzüge fragt. Der methodische Leit-
gedanke der Existentialpragmatik besteht somit in der Ermittlung
von Bedingungen, die insofern „transzendental" sind, wie sie un-
verzichtbar und unabdingbar sowohl für jeden Vollzug menschlichen Daseins als auch für dessen Reflexion bleiben. Dabei muss
es sich um Bedingungen und Gegebenheiten handeln, die ohne
Selbstwiderspruch weder bestritten noch ohne Voraussetzung ihrer
selbst deduktiv begründet werden können; es darf für sie auch keine funktionalen Äquivalente geben.[20]

Als eine solche erste Gegebenheit erscheint der Dual von Vollzug und Gehalt, mit dem jegliches menschliches Verhalten einher-
geht. Dieser Dual stellt eine nicht mehr aufspaltbare Einheit von

---

[19] I. KANT, Anthropologie in pragmatischer Hinsicht, in: Ders., Schriften zur
Anthropologie, Geschichtsphilosophie, Politik und Pädagogik. Bd. 2 (WW
XII), Frankfurt 1977, 399. Ein interessantes „update" der kantischen Unterscheidung stammt von G. BÖHME, Anthropologie in pragmatischer Hinsicht,
Bielefeld/Basel 2010.
[20] Die folgenden Überlegungen greifen zurück auf die Grundlegung einer Existentialpragmatik in: H.-J. HÖHN, Zeit und Sinn. Religionsphilosophie postsäkular, Paderborn/München/Wien/Zürich 2010, 114–147. Ihre wichtigsten
Passagen werden im Folgenden stark gerafft wiedergegeben und zugleich erweitert um Reflexionen zur verhältnisontologischen und existentialsemiotischen
Bestimmung menschlichen Daseins. Weitere Präzisierungen ergeben sich aus
Bezugnahmen auf zeitgenössische Arbeiten zur philosophischen Anthropologie
und Ethik.

Verschiedenem dar. Jeder Vollzug *(x tut y − x will y)* meint zwar
etwas anderes, als er selbst ist (*etwas* tun, *etwas* erstreben), kann
aber nur darin er selbst sein. Anders gewendet: Die ursprüngliche
und nicht mehr zu hintergehende Grundstruktur menschlichen
Denkens und Verhaltens ist definiert durch das wechselseitige Be-
dingungsverhältnis von *Vollzug* und *Gehalt:* „Vollzug" meint jede
Tätigkeit in ihrer Ereignishaftigkeit als Erkennen, Wollen und Handeln. „Gehalt" bezeichnet den Inhalt, den Gegenstand oder das Ziel
dieser Vollzüge, d. h. das Gesagte, Besprochene, Erkannte, Gewollte
und Bewirkte. Beide Aspekte können nicht voneinander getrennt
werden wie Nuss und Schale. Sie haben vielmehr einzig miteinander Bestand und Sinn, d. h. sie bedürfen einander, um jeweils sie
selbst sein zu können. Von sinnhaften Vollzügen kann daher nur
bei solchen Vollzügen gesprochen werden, in denen sich eine durch
den Gehalt vermittelte Inhalts- und Zielbestimmung manifestiert
(z. B. einen Wunsch *äußern,* ein Bild *sehen,* ein Werkzeug *verwenden,* einer Norm *folgen*).

Mit der Einheit von Vollzug und Gehalt sind zugleich die elementaren Konstitutiva des Handelns gegeben. Die Identifikation
dieser Elemente ergibt sich unmittelbar aus einer Reflexion auf
die Architektonik von Sinnvollzügen. Sie zeichnet sich zunächst
aus durch die polare Spannung von „Woher" (Subjekt) und „Woraufhin" (Objekt) eines Vollzuges.[21]

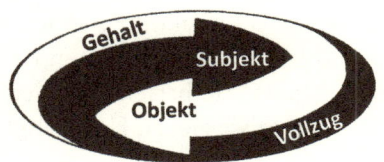

An der noch unspezifischen Objektseite, für die der Gehalt eines Ak-
tes steht, können zwei Grundgestalten unterschieden werden: sachhafte und subjektive bzw. personale Andersheit. Hinter diesem Dual
steht die Unterscheidung von „Subjekten" und „Objekten", wie er

---

[21] Für eine ausführliche Erläuterung dieser Struktur von Sinnvollzügen sei ver-
wiesen auf J. HEINRICHS, Handlungen, 39–53.

sprachpragmatisch hervortritt als Unterscheidung zwischen solchen Anderen, die sich (zumindest potentiell) ihrer selbst bewusst sind und sich intentional artikulieren können, und solchem Anderen, das sich gegenüber solchen Vollzügen nur passiv verhalten kann. Personale Andersheit kommt nicht nur als antwortfähiger Adressat, sondern prinzipiell auch selbst als aktiver Träger von Sinnvollzügen in Frage, während sachhafte Andersheit lediglich als deren Inhalt, Ziel oder Gegenstand anzutreffen ist. Die einen kann man *an*sprechen, das andere nur *be*sprechen. Über beide kann man reden, aber nur mit personaler Andersheit kann man sich verabreden. Darum ist es auch nicht statthaft, personale mit sachhafter Andersheit gleichzusetzen oder als besondere Form des einem Subjekt „Entgegenstehenden" (Objekt) zu deuten. Vielmehr steht personale Andersheit für die positive Ermöglichung von Kommunikation. Nur mit personaler Andersheit ist es möglich, sich auszutauschen. Ebensowenig darf die grundsätzliche Unterscheidung von Subjekt und Andersheit als Möglichkeit der Abscheidung missverstanden werden. Wie die Einheit von Vollzug und Gehalt nicht aufspaltbar oder hintergehbar ist, so gilt dies auch für die Beziehung von Subjekt und Andersheit. Hier besteht ein gegenseitiges Bedingungs- und Ermöglichungsverhältnis für das Zustandekommen von Sinnvollzügen.

Die Doppelung von Vollzug und Gehalt verweist auf jenen Dual, der für Handlungen ontologisch kennzeichnend ist. Sie sind zweidimensionale Entitäten, d. h. sie sind nicht nur das, was sie ereignishaft beobachtbar macht (Faktum), sondern zeichnen sich auch durch das aus, als was sie gemeint waren (Intention). Handlungen sind Ereignisse „plus" sie begleitende Gedanken des Handelnden, welche diese Ereignisse erst zu Handlungen machen.[22] Be-

---

[22] Diese These präjudiziert nicht die Annahme einer mentalen Verursachung physischer Ereignisse. Sie besagt zunächst nur, dass Handlungen erst dann zureichend verstanden sind, wenn sie als Vorkommnisse beschrieben werden, welche in sich Eigenschaften sowohl physischer als auch mentaler Ereignisse vereinen. Inwiefern das intentional-mentale Moment selbst wiederum physische Ereignisse voraussetzt oder mit ihnen gekoppelt ist, spielt für die Frage, was Handlungen von (bloßen Körperbewegungen als) physikalischen Ereignissen (z. B. Schluckauf oder Nießen) unterscheidet, keine entscheidende Rolle. Zum Problem der psycho-physischen Interaktion siehe B. BECK, Ein neues Men-

obachtbar sind etwa Arm- und Beinbewegungen eines Akteurs, an denen man noch nicht ablesen kann, als was sie gemeint sind und als was sie verstanden werden wollen. Erst die Intentionalität dieser Bewegung („ich fliehe vor einem Bienenschwarm – ich simuliere Skilanglauf – ich tanze – ich trainiere für einen 100m-Lauf") klärt darüber auf, dass sie eine Handlung und nicht ein motorischer Reflex ist. Da Handlungen zweidimensional sind, d. h. weil an ihnen Faktum und Intention unterschieden werden können, zeichnet sie ebenfalls aus, dass sie hinsichtlich ihrer Konsonanz oder Dissonanz von Faktum und Intention beurteilt werden können („Wenn Du einmal ein Rennen bestreiten willst, musst Du im Training schneller laufen!"). Wenn nun die Zweidimensionalität menschlichen Handlungen inhärent ist, dann gehört auch die Möglichkeit, die Konsonanz oder Dissonanz von Faktum und Intention zu erörtern, der Handlungslogik selbst an und ist nicht Zutat eines interpretierenden Beobachters. Vielmehr ist dieser darauf angewiesen, sich die Bedeutung von Handlungen von ihrer Zweidimensionalität her zu erschließen.

2.2 Unabstreifbar:
Zeit und Raum

Eine weitere nicht mehr hintergehbare Dimension von Sinnvollzügen wird mit der temporalen Verfassung der Beziehung von Subjekt und Andersheit, von Vollzug und Gehalt deutlich. Für jeden Sinnvollzug ist das Moment der zeitlichen Erstreckung und befristeten Dauer sowie der Unterscheidung „vorher/nachher" bzw. „früher/später" kennzeichnend. Für die Bestimmung dieser Erstreckung bieten sich die Fragen nach Situation („wann") und Ablauf („wie lange") an. In den Zeitbegriff gehen somit ein: das „Währen" eines Vorgangs und die (messbare) Quantität dieses „Währens". Er bezieht sich auf einen Ablauf, innerhalb dessen etwas vorgeht, und zugleich auf das Vergehen dessen, was abläuft.

---

schenbild? Der Anspruch der Neurowissenschaften auf Revision unseres Selbstverständnisses, Münster 2013, 60–102.

Während sachhafte und personale Andersheit über die Reflexion auf den Gehalt eines Vollzuges hervortreten, zeichnet sich
das Element „Zeit" über eine Reflexion auf die Besonderheit des
Vollzugsmomentes aus. „Zeit" bezeichnet jene Formbestimmung
von Sinnvollzügen, in der sich die Dynamik und Vergänglichkeit
des Prozesscharakters menschlichen Daseins offenbart[23] und die
zugleich vom Menschen als eine Koordinate bei der Organisation
seiner Lebenspraxis genutzt wird.[24]

Die Zeit als eine eigene existentiale Formbestimmung zu bezeichnen, bedeutet nicht, sie zu einer ontologisch eigenständigen
Größe zu erheben. Zwar wird daran festgehalten, dass sie nicht
unter andere Kategorien subsumiert werden kann: Sie ist weder
etwas quasi Materielles oder Naturales, noch ist sie etwas Mentales; sie ist weder Subjekt von Eigenschaften, noch Eigenschaft eines Subjekts. Man kann Zeit nicht wie ein Objekt bearbeiten,
ebenso wenig ist sie selbst aktiv wie ein Subjekt – auch wenn
sprachliche Substantivierungen dies immer wieder insinuieren
(z. B. „Die Zeit heilt alle Wunden!"). Zeit ist weder unabhängig
von diesen Größen bestimmbar, noch kann sie auf diese zurückgeführt werden. Aber eben dies macht ihre Besonderheit aus und
rechtfertigt, sie als gleichursprüngliches Bestimmungsmoment der
existentialen Grundsituation des Menschen auszuzeichnen.[25]

In ähnlicher Weise lässt sich die Größe „Raum" als existentiale
Formbestimmung des Daseins charakterisieren. Die Kopplung von
Vollzug und Gehalt und die Relation zwischen Selbst und Andersheit weisen nicht nur einen prozessualen Aspekt auf, sondern
zeichnen sich auch durch das Moment der Extension aus, kraft
dessen ein Gehalt das Woraufhin eines Vollzuges sein kann und
Selbst und Andersheit sich begegnen können. An dieser Extension

---

[23] Vgl. hierzu u. a. die Beiträge von W. KERSTING, K. DÜSING und D. STURMA,
in: Zeiterfahrung und Personalität (hg. vom Forum für Philosophie Bad Hom-
burg), Frankfurt 1992.
[24] Vgl. D. RUSTEMEYER, Sinnformen. Konstellationen von Sinn, Subjekt, Zeit
und Moral, Hamburg 2001 sowie G. DUX, Die Befindlichkeit in Sein und Zeit,
in: H.-J. Bieber u. a. (Hg.), Die Zeit im Wandel, Kassel 2002, 19–47; J. RÜSEN,
Die Kultur der Zeit, in: Ders. (Hg.), Zeit deuten, Bielefeld 2003, 23–53.
[25] Vgl. hierzu auch K. GLOY, Zeit. Eine Morphologie, Freiburg/München 2006.

scheint die Ermöglichungsbedingung für das Gegebensein von Gehalten in Vollzügen und für die Antreffbarkeit von Andersheit für
das Subjekt auf. „Raum" meint keinen eigenständigen Sachverhalt
im Dasein, sondern betrifft die Formatierung des Daseins im Ganzen.[26] Man kann Gegenstände, Sachverhalte und Ereignisse im Dasein orten, nicht aber für das Dasein selbst einen Großraum oder
verschiedene Nebenräume als Behälter identifizieren, innerhalb deren nicht nur etwas antreffbar ist, sondern die ihrerseits lokalisier-
bar sein sollen. Die Kategorie „Raum" meint nicht etwas seinerseits
Vorhandenes oder Zuhandenes, sondern eine Ermöglichungsbedingung jeder Vorhanden- und Zuhandenheit. Sie steht zwar in
enger Korrelation zur Leiblichkeit des Subjekts bzw. personaler Andersheit und zur Materialität sachhafter Andersheit.[27] Sie bezeichnet jedoch weder Materielles oder Naturales, noch etwas Mentales.
Der Raum ist kein Subjekt von Eigenschaften, noch kann man ihn
wie ein Objekt bearbeiten – auch wenn sprachliche Wendungen
dies gelegentlich nahelegen (z. B. im Sport: „Wir müssen der geg-
nerischen Mannschaft die Räume eng machen!"). Wofür die Größe
„Raum" mit der Konnotation der Ausgedehntheit (Extensität)
steht, ist weder unabhängig von den übrigen Polen von Sinnvollzügen bestimmbar, noch darauf zurückführbar.

2.3 Unabdingbar:
Sprache und Bedeutung

Dass überhaupt ein Gegenstand zum Objekt sinngeleiteter personaler und sozialer Handlungen werden kann, wird durch eine
weitere Größe ermöglicht – durch die Sprache als logisches Apriori

---

[26] Zum „spatial turn" der Philosophie, der diesem Sachverhalt Rechnung trägt,
siehe J. DÖRING/T. THIELMANN (Hg.), Spatial Turn. Das Raumparadigma in den
Kultur- und Sozialwissenschaften, Bielefeld 2008; St. GÜNZEL (Hg.), Raum. Ein
interdisziplinäres Handbuch, Stuttgart 2010. Die ethische Relevanz dieses turns
sondiert M. SCHNEIDER, Raum – Mensch – Gerechtigkeit. Sozialethische Reflexionen zur Kategorie des Raumes, Paderborn/München/Wien/Zürich 2012.
[27] Siehe hierzu Th. FUCHS, Leib, Raum, Person. Entwurf einer phänomenologischen Anthropologie, Stuttgart 2000.

und geschichtlich-soziales Medium von (Inter)Aktion und Kommunikation.[28] Jede Erfahrung, in der etwas als etwas erfahren wird,
ist sprachlich imprägniert, so dass ein sinngeleiteter außersprach-
licher Zugriff auf Nicht-Sprachliches und dessen Bedeutung unmöglich ist. Damit wird nicht behauptet, dass Sprache als exklusive
Ressource von Sinn und Bedeutung anzusehen ist. Vielmehr ist sie
unabdingbar für die Erschließung aller Ressourcen.

Wie sehr existentiale und sprachliche Bezüge ineinander greifen, lässt sich auch schon phänomenologisch erkennen: In den Bezügen zur Außen- und Innenwelt, zur Umwelt und Mitwelt erscheint dem Subjekt *etwas* und begegnet *als* etwas Bestimmtes; es
erscheint als etwas *für* jemanden und es zeigt sich jemandem *durch*
etwas als etwas. Sich derart *zur* Welt zu verhalten, ist konstitutiv
dafür, wie der Mensch *in* der Welt ist. Dasein heißt für den Menschen stets, ein sprachvermitteltes Verhältnis haben zu dem,
– was in der objektiven Gegenstandswelt bzw. Außenwelt in seiner
    Gegenständlichkeit als etwas gegenständlich *Bezeichenbares* ma-
    nifest wird;
– was für ein Individuum als bedeutsam bzw. in irgendeiner Weise
    als signifikant erfasst werden kann (Bewusstsein), da ihm selbst
    der Charakter des *Bezeichnenden* zukommt;
– was in der personalen Mitwelt (Gesellschaft) *Interpretation* und
    Kommunikation ermöglicht bzw. Subjekte zu Beteiligten am Ge-
    schehen sozialer Interaktion macht;
– was Ereignischarakter in Vergangenheit, Gegenwart oder Zu-
    kunft besitzt (Zeit) und hinsichtlich seiner *Bedeutung* über die
    Zeit hinweg tradiert werden kann. Sofern zeitlich Datierbares
    wirklich ist, ermöglicht die Grammatik der Sprache, es als Ge-
    wesenes (Vergangenheit), Seiendes (Gegenwart) und Werdendes
    bzw. einmal (in Zukunft) gewesen Seiendes auszusagen und da-
    ran auch seine Bedeutsamkeit festzumachen.

Diesen Strukturmerkmalen des In-der-Welt-Seins entsprechen die
vier semiotischen Dimensionen der Sprache, über die zugänglich

---

[28] Vgl. K.-O. APEL, Das Apriori der Kommunikationsgemeinschaft, in: Ders.,
Transformation der Philosophie II, Frankfurt 1976, 220–240, 358–435.

ist, wie menschliches Dasein vollzogen und verstanden werden
kann. Anders formuliert: In den semiotischen Dimensionen der
Sprache spiegeln sich die existentialen Strukturen des Daseins und
zugleich die Ermöglichungsbedingungen für die bedeutungsgene-
rierenden Vollzüge des Menschen. Im Einzelnen sind dabei zu unterscheiden[29]

– die *Bezeichnungsdimension* qua Zeigefunktion der Sprache: Subjekte beziehen Zeichen auf Objekte, Sachverhalte und Ereignisse
  und machen sie dadurch benennbar und sprachlich vorzeigbar.

– die *Bedeutungsdimension* der Sprache: Subjekte beziehen sich
  mittels Zeichen auf die Bedeutung dessen, das ihnen *als* etwas
  erscheint, begegnet oder gezeigt wird.

– die *Beziehungsdimension* der Sprache: Subjekte beziehen sich
  mittels Zeichen aufeinander, deuten anhand eines gemeinsamen
  Zeichencodes etwas *(mit)einander* bzw. nehmen in einem gemeinsamen Code *füreinander* Deutungen vor und kommunizie-
  ren darüber.

– die *Regulierungsdimension* der Sprache: Subjekte bewegen sich
  innerhalb eines Zeichensystems und nehmen dabei Bezug auf
  Verknüpfungsregeln, welche die Beziehungen der Zeichen *zueinander* (bzw. ihre Verwendungs- und Verknüpfungsmöglich-
  keiten) innerhalb eines gemeinsamen Codes strukturieren und
  dadurch erst auf Dauer Kommunikations- und Traditionsvor-
  gänge ermöglichen.

Vor diesem Hintergrund kann gesagt werden: In den existentialen
Formen des „Am-Leben-Seins" und in der Weise des sprachlichen
„In-Form-Bringens" des Daseins spiegelt sich dieselbe Daseinsverfassung des Menschen. In einem Zeichenereignis bzw. in der Ver-
sprachlichung des In-der-Welt-Seins wird bestimmt, *als* was etwas

---

[29] Diese Zuordnung ist inspiriert von J. HEINRICHS, Sprache (Philosophische
Semiotik II). 5 Bde., München/Moskau 2008–2009. Anders als K.-O. APEL,
Paradigmen der ersten Philosophie, 21–53, der an der Dreistelligkeit der Zei-
chenrelationen festhält, unterscheide ich neben der Beziehungs- und
(Selbst)Regulierungsdimension (Pragmatik und Syntaktik) auch zwischen der
Bedeutungsdimension (Semantik) und der Zeige- bzw. Benennungsdimension
(„Deiktik") der Sprache.

für wen und *von* wem *in* welchen Codes *durch* welche Bezeichnungen bzw. Zeichenträger *über* welche Verknüpfungsregeln bedeutsam und hinsichtlich seiner Bedeutung tradierbar wird. Was den Menschen als sprachbegabtes Lebewesen auszeichnet, wie er etwas aus sich macht und wie er dabei Bedeutsames hervorbringt, kann daher auch transparent gemacht werden durch eine semiotische Rekonstruktion zeichenvermittelter Verständigungsprozesse, zu denen die existentialen Bezüge von Selbst und Andersheit in einer Entsprechungsrelation stehen.

2.4 Unhintergehbar: Existentiale relationalen Daseins

Es gehört zu den Verlegenheiten sprachlicher Verständigung, dass nur in einem zeitlichen Nacheinander besprochen werden kann, was im logischen Sinn als gleichzeitig anzuerkennen ist. Dies gilt auch für die bisher ermittelten Kategorien zur Erfassung der existentialen Grundsituation menschlichen Lebens. Für die auf dem Weg einer reflexiven Rekonstruktion entdeckten Größen besteht kein logisches oder temporales Nacheinander, sondern eine Beziehung der Gleichursprünglichkeit.

Ein Subjekt ist sich seiner selbst nur im gleichzeitigen Bezug auf Andersheit bewusst. Allen gegenständlich-materiellen bzw. naturalen Sachverhalten begegnet es immer auch im Kontext zwischenmenschlicher Beziehungen, im Medium der Sprache und im Horizont der Zeit, wie ebenso alle interpersonalen Bezüge stets im Zusammenhang naturaler bzw. materieller Verhältnisse stehen und zugleich zeitlich-räumlich konfiguriert sind. Somit ergeben die bisher ermittelten Elemente in ihrer unablösbaren Verwiesenheit das *ontologische Substrat menschlicher Lebensverhältnisse.*

Der Nachweis der Vollständigkeit der Elemente von Sinnvollzügen ist mit dem Aufweis ihrer Gleichursprünglichkeit verbunden. Hier besteht eine strikte Korrelation. Dieser Ansatz erweist darum auch jede Vermutung als unhaltbar, wonach das Selbstbewusstsein als eine abhängige Variable der Interaktion aufzufassen wäre. Zwar muss in existentialpragmatischer Sicht die Ich-

Identität als ein durch sachhafte, personale und soziale Andersheit vermittelter und – wie noch zu zeigen ist – von den Modi der Zeit beanspruchter Selbstbezug begriffen werden. Jedoch kommt dabei das Ich so zu sich selbst, dass es zu einem Du kommt, welches seinerseits seinen Selbstbezug nur im gleichzeitigen, sprachlich vermittelten Bezug auf ein „alter ego" realisieren kann. Wie das Ich am Du, so findet das Du über das Geschehen der Kommunikation am Ich zu sich und die Sprache selbst aktualisiert sich nur im Dialog zumindest zweier Gesprächspartner.

Alle weiteren möglichen und denkbaren Momente, die für Daseinsvollzüge mit-konstitutiv sind, lassen sich hinsichtlich dieser Bedeutung von den bisher ermittelten Elementen her bestimmen und erklären. Dieses „In-der-Welt-Sein" des Menschen weist bei genauerem Hinsehen eine Struktur von vier Weltbezügen auf. Dabei handelt es sich um Weisen der Bezugnahme und des Sich-Verhaltens eines Subjekts zur Gesamtheit dessen, was in der sachhaften Umwelt der Fall sein kann, was seiner subjektiven Innenwelt zuzurechnen ist, was in der personalen Mitwelt zur Interaktion fähig ist und was zeitlich datierbar ist bzw. Ereignischarakter in Vergangenheit, Gegenwart und/oder Zukunft hat.

Diese Bezüge sind keine beiläufigen (akzidentellen) Bestimmungen eines bereits „in sich" oder „für sich" konstituierten Subjekts. Sie kommen ihm nicht nachträglich zu oder werden nicht erst nach einem Akt der Selbstkonstitution aufgenommen. Vielmehr konstituiert sich menschliches Dasein nur mittels dieser Bezüge. Sie können darum auc als *Existentiale relationalen Daseins* bezeichnet werden. Vorgängig zu ihnen gibt es kein Selbstsein, kein Selbstverhältnis. Ein beziehungsloses Dasein denken zu wollen, bedeutet, den Tod des Menschen denken zu müssen. Der Tod ist definiert als Ereignis unaufhebbarer Verhältnislosigkeit. Der Unterschied von Leben und Tod besteht darin, dass der Mensch Zeit seines Lebens nur in identitätsermöglichenden *Verhältnissen* existieren kann. Damit ist nicht bloß eine psychologische oder soziologische Einsicht verbunden, sondern auch eine ontologische These verknüpft. Dasein heißt für den Menschen: immer schon in Verhältnissen stehen und sich zu diesen Verhältnissen verhalten. Insofern ist seine Existenz relational grundiert. Auch für diese Grammatik der Existenz gibt die Grammatik der Sprache einen wichtigen Hinweis. Für die relational verfasste *Grund*situation menschlichen Daseins stehen in der Sprache bestimmte Präpositionen. Am Leben sein heißt: *bei* sich sein, *mit* anderen sein, *gegenüber* anderem sein, *während* andere und anderes ebenfalls raum-zeitlich situiert sind.

Vor diesem Hintergrund können als Existentiale relationalen Daseins – Individualität, Naturalität, Sozialität, Temporalität – jene interdependenten Formbestimmungen des Menschseins angesprochen werden, die elementare Bezüge formatieren, ohne die es nicht möglich ist, als Mensch am Leben und in der Welt zu sein. Sie verweisen zugleich auf die unabstreifbaren Umstände des konkreten Daseins: *Individualität* als Je-Meinigkeit der Weltbezüge, *Sozialität* als Selbstsein-im-Mitsein, *Naturalität* als Gebundensein an einen „Stoffwechsel" mit der Umwelt, *Temporalität* als Vektor des Daseinsverlaufs bzw. -ablaufs.

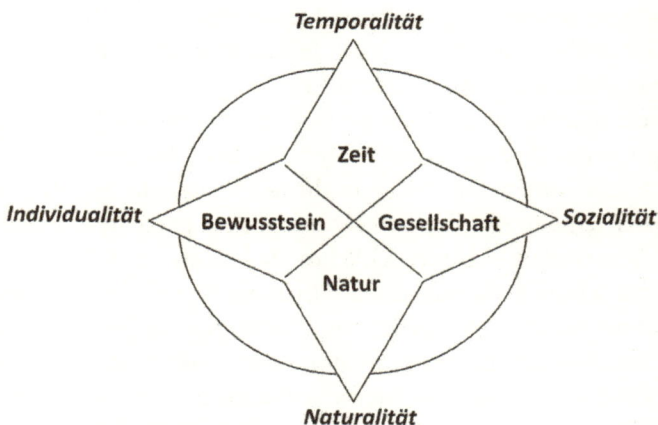

Die Je-Meinigkeit von Sinnvollzügen und Weltbezügen (Individualität) wird grammatisch mit der Unterscheidung von „ich" und „es" zum Ausdruck gebracht: In den Bezügen auf Andersheit ist sich ein Subjekt seiner selbst gewahr und gewiss, dass *es* ist. Aber im Wissen um sich selbst erfasst sich das Subjekt nicht als ein „es", sondern als ein „ich". Nichts anderes und kein anderer kann an

Stelle des Subjekts „ich" sagen. Nichts und niemand kann seine Stelle einnehmen – weder sprachlich noch existenziell. Alle anderen können das, was ein Subjekt von sich sagt, nur in indirekter Rede aufnehmen und weitergeben. Immer wenn ein Subjekt „ich" sagt, manifestiert es seine Unvertretbarkeit. Kein anderes Subjekt vermag durch seine Augen in die Welt zu sehen oder sich in die Leiblichkeit seiner Existenz einzufühlen.

Die je-meinige Leiblichkeit des Menschen ist zum einen auf jenen Metabolismus zu beziehen, der zwischen der äußeren und inneren Natur des Menschen abläuft und seine Vitalfunktionen aufrechterhält. Zum anderen meint sie den Körper des Menschen als leibliches Ausdrucksmedium seines Selbstseins.[30] Diesem Doppelaspekt entsprechen nicht zuletzt mentale Zustände bzw. innere Erlebnisqualitäten eines Bewusstseins, die einer Beobachterperspektive nicht zugänglich sind. Zwar lässt sich objektiv eine Angst-, Ekel- oder Schmerzreaktion aufzeichnen, aber wie es sich für einen Menschen anfühlt, Schmerzen zu haben, sich zu ängstigen oder zu ekeln, ist eine Erfahrung, die nur für den jeweils Betroffenen möglich ist.[31] Zugleich wird dem Subjekt gerade in seiner Unvertretbarkeit gewahr und gewiss, dass es „eines unter vielen" ist, dass es in eine mit anderen geteilte Umwelt schaut (Naturalität) und dass es zu sich „ich" sagt in einer Sprache, die es sich nicht selbst beigebracht hat (Sozialität – Sprachlichkeit).

Sprach- und handlungsfähige Subjekte werden nicht bereits durch eine genetische Anlage zu dem, was sie sind und tun, sondern erst dadurch, dass sie als Mitglieder einer besonderen Sprachgemeinschaft in eine intersubjektiv geteilte Lebenswelt hineinwachsen. Die wachsende Selbstbestimmung des Subjekts ist ebenso

---

[30] Zur Sondierung des semantischen Feldes menschlicher „Leiblichkeit, Körperlichkeit, Naturalität" siehe auch G. Böhme, Leibsein als Aufgabe. Leibphilosophie in pragmatischer Hinsicht, Kusterdingen 2003, 55–72; Ders., Ethik leiblicher Existenz, Frankfurt 2008, 119–162.
[31] Vgl. hierzu u. a. H.-D. Heckmann/S. Walter (Hg.), Qualia, Paderborn ²2006). Vor allem in der Erfahrung des Schmerzes geht dem Menschen auf, wie sehr es um ihn selbst geht, wenn ihm zugleich die Möglichkeit der Selbstverfügung genommen ist. Niemals spürt ein Mensch sich intensiver und ist er sich seiner selbst deutlicher bewusst als in jenem Moment, in dem der Schmerz jede Kontrolle über ihn selbst und seine Vitalfunktionen aufhebt.

verschränkt mit der Vernetzung seiner sozialen Bezüge wie unablösbar von der Verschränkung seiner Leiblichkeit mit der Materialität seiner Lebenswelt.[32]

Die Temporalität des Daseins nötigt dazu, sämtliche Weltbezüge nicht ohne ihre Dynamik zu denken. Sie wird bewusst in der Erfahrung des Vergehens, das die Kohärenz und die Kontinuität des Selbst- und Miteinanderseins in Frage stellt. Dynamik und Vergänglichkeit des Daseins werden zeitlich erfasst durch eine Verschränkung zweier Erfahrungsweisen des Kommens und Gehens bzw. des Aufhörens und Anfangens. In einem abstrakt-linearen Zeitverhältnis werden Ereignisse und Dinge, die vergehen, zueinander und im Blick auf ihren Beobachter im Verhältnis von „früher als", „gleichzeitig mit" und „später als" positioniert. Im Selbstverhältnis des Beobachters korreliert dieses Zeiterleben mit der Wahrnehmung seines Daseins als ein gewesenes, gegenwärtiges und künftiges Selbstsein. Die Begriffe „Vergangenheit", „Gegenwart" und „Zukunft" stehen unter dieser Rücksicht für bestimmte Modalitäten menschlichen Daseins- und Zeiterlebens.[33]

Als das seiner Selbstverfügung Vorausgehende bleibt das Vergangene dem Menschen zugleich unverfügbar. Geschehenes lässt sich nicht mehr verändern, es ist unwiderruflich. In vergangenes Geschehen kann der Mensch nicht mehr handelnd eingreifen. Was nicht mehr ist, lässt sich vom Gegenwärtigen und Zukünftigen in seinem Gewesensein nicht verändern. Was noch nicht ist, bleibt dagegen gegenüber dem, was ist und war, das Ausständige, das in seinem Dasein Mögliche und insofern Beeinflussbare. Seine Herkunft kommt dem Menschen als Vorgabe und ebenso als Aufgabe zu. Denn die Vergangenheit stellt an ihn den Anspruch, gedeutet und

---

[32] Vgl. weiterführend R. Kögerler/F. Gruber/M. Dürnberger (Hg.), „Homo animal materiale". Die materielle Bestimmtheit des Menschen, Linz 2008.
[33] Für eine Bestimmung der Modi der Zeit und des Existentials der Zeitlichkeit ist noch immer maßgebend M. Heidegger, Der Begriff der Zeit (1924), Tübingen 1989; Ders., Sein und Zeit, Tübingen [15]1979 (bes. §§ 45ff., §§ 61–71). Vgl. hierzu auch die Beiträge von M. Heinz und Th. Rentsch in: Th. Rentsch (Hg.), Martin Heidegger: Sein und Zeit, 169–228, Th. Rentsch, Heidegger und Wittgenstein, Stuttgart 2003, 214–237, 252–261, 408–410; E. Tugendhat, Zeit und Sein in Heideggers Sein und Zeit, in: Ders., Aufsätze 1992–2000, Frankfurt 2001, 185–198.

angenommen zu werden. Im und mit dem Leben mag man gelegentlich Neues anfangen können, aber es ist unmöglich, das Leben noch einmal zu beginnen. Kein Mensch kann seinen Lebensanfang wiederholen. Hier heißt es wohl oder übel: weitermachen mit dem Angefangenen. Wer versucht, sich auf den Weg an einen neuen Daseinsanfang zu machen, kommt nicht weit.

In der Vergegenwärtigung des Vergangenen und in der Vergegenwärtigung des Kommenden konkretisiert der Mensch die Zeitlichkeit seines Daseins – und ist darin selbst gegenwärtig, ganz da und bei sich. Die Gegenwart des Menschen liegt im Hier und Jetzt, wo er bei sich und am Leben ist. Sein Dasein vollzieht er handelnd, erleidend, entscheidend, zurück- und vorausblickend. Am Leben ist er in der Übernahme seines Gewesenseins, im unabweisbaren Gegenüber zu dem, was hinter ihm liegt, sowie in der Offenheit für das Kommende, das er vor sich sieht oder als ein Vorhaben sich vornimmt. Dieses Kommende steht auch für das, als was der Mensch schon angefangen hat zu sein, was er aber noch nicht ist. Seine Gegenwart ist die Koinzidenz des Auf-sich-Zukommens aus bisher nichtrealisierten Möglichkeiten mit seinem bisherigen Gewesensein, so dass er in der Gegenwart Vergangenheit und Zukunft bei sich hat. Gegenwärtigsein ist nur möglich in bewusster Stellungnahme zu dem, was der Mensch *hinter* sich, *bei* sich und *vor* sich hat.

2.5 Unabweisbar:
Gefühle und Stimmungen

Gegen die bisherigen Ausführungen lässt sich einwenden, dass sie eine Weise des Weltbezuges übersehen, die für den Menschen nicht weniger erkenntniskonstitutiv und handlungsleitend ist als die sprachvermittelte Erschließung der Wirklichkeit: Was es heißt, ein Mensch zu sein, bekommen wir zu spüren – in unseren Gefühlen. Und was es heißt ein eigener Mensch zu sein, sagen uns ebenfalls unsere Gefühle. Kein anderer Mensch kann an meiner Stelle fühlen, was ich gerade fühle. Aber jeder kann sagen, was ich sage, und jeder kann tun, was ich tue. Im Sagen und Tun sind wir ersetzbar – im

Spüren und Fühlen nicht. Spüren und Fühlen kann man nicht delegieren oder stellvertretend ausüben. In diesen Vollzügen entdeckt der Mensch, was es heißt: am Leben zu sein und ein eigener Mensch zu sein. Darum kommt man in der Anthropologie am Thema „Gefühle" auch nicht vorbei. Man versteht solange nichts vom Menschsein, wie man nichts von seinen Gefühlen versteht.[34]

Das Wort „Gefühl" ist allerdings ein Containerbegriff, der eine Vielzahl unterschiedlicher Phänomene menschlicher Selbsterfahrung umgreift. Gemeinsam ist ihnen, dass sie unterschiedliche Weisen und Intensitäten des In-der-Welt-Seins darstellen. In diesen Phänomenen meldet sich etwas an, das den Menschen spürbar angeht und ihm merklich nahegeht. In diesem Angehen und Nahegehen, im Spüren und Fühlen geht dem Menschen zugleich sein Subjektsein auf. Denken wir die Gefühle weg, „so wäre alles in gleichmäßige, neutrale Objektivität abgerückt. Sogar der Einzelne für sich selbst wäre dann nur ein Objekt unter Objekten."[35] Sortiert man dieses spürbare Angehen und merkliche Nahegehen nach Subjektreferenz, Intensität und Dauer, wird folgende Gliederung möglich:

- Empfindungen stellen physiologische Erregungsmuster dar, die sich körperlich am Subjekt manifestieren („jucken", „frösteln").
- Affekte zeigen sich als situativ begrenzte, willentlich schwer kontrollierbare, körperlich manifeste Erregung des Subjekts („Erschrecken – Jähzorn").
- Gefühle zeichnen sich durch eine sinnlich vermittelte Gemütsregung des Subjekts mit evaluativ-selbstreflexiver Note aus („ich fürchte mich vor x").
- Leidenschaften beschreiben eine habituelle Affektion mit hoher Persönlichkeitsrelevanz/-signifikanz („passionierter Fußballfan").

---

[34] Zum Ganzen siehe M. Hartmann, Gefühle. Wie die Wissenschaften sie erklären, Frankfurt/New York ²2010 (Lit.); Ch. Demmerling/H. Landweer (Hg.), Philosophie der Gefühle. Von Achtung bis Zorn, Stuttgart 2007; S. A. Döring (Hg.), Philosophie der Gefühle, Frankfurt 2009; E.-M. Engelen, Gefühle, Stuttgart 2007; H. Hastedt, Gefühle. Philosophische Bemerkungen, Stuttgart 2005; H. Landweer (Hg.), Gefühle – Struktur und Funktion, Berlin 2007; A. W. Müller/R. Reisenzein, Emotionen – Natur und Funktion, Göttingen 2012.
[35] H. Schmitz, Leib und Gefühl, Paderborn 1992, 107.

– Stimmungen beziehen sich auf eine nicht objektbezogene, atmosphärische Situations- bzw. Selbstwahrnehmung des Subjekts („heiter").

Wenn im Folgenden von Gefühlen gesprochen wird, sind jene am und im Menschen erlebbaren Regungen gemeint, in denen ihm aufgeht, was ihn als Subjekt angeht. Er wird sich dessen inne, dass ihn etwas bewegt, dessen Bedeutung sich nicht darin erschöpft, ihn physisch oder sinnlich zu erregen. Was mit ihm „etwas macht", ist zugleich etwas, mit dem er selbst etwas machen kann, wenn er sich von ihm zu Handlungen motivieren lässt. Dass der Mensch ein „animal emotionale" ist, heißt darum, dass er ein „bewegter Beweger" ist. Diese Einsicht hat pragmatische und epistemische Bedeutung. Der Mensch kann, indem er sich bewegen lässt, etwas bewegen. Und er kann im Spüren seiner Gemütsregungen sich selbst auf die Spur kommen.

Unter dieser Rücksicht scheinen Gefühle durchaus von existentialem Rang zu sein und einen Weltbezug sui generis zu ermöglichen.[36] Der Mensch ist nicht allein in der Lage, sich erkennend, intellektuell verstehend und handelnd auf die Welt zu beziehen, sondern sich auch affektiv und evaluativ zur Welt zu verhalten. Kraft dieses affektiven Weltbezuges erfasst der Mensch die Bedeutsamkeit von Begebenheiten in der Welt und wird sich darin zugleich seiner selbst gewahr. Er wird konfrontiert mit dem, was ihn freut oder ängstigt, erzürnt oder ekelt, was ihn traurig oder stolz macht. Gefühle machen situativ Bedeutsames erlebbar und motivieren vermittels der im Erlebten verspürten Qualität des dem Menschen Wohltuenden oder ihm Abträglichen, des Gefallens oder Missfallens, des Anziehenden oder Abstoßenden entsprechende Reaktionen.

Gefühle sind daher nicht bloß hirnimmanente Ereignisse, mit denen es nichts anderes auf sich hat, als dass sich darin die Aktivität feuernder Neuronen manifestiert. Gefühle vermitteln auch

---

[36] Das Folgende bezieht sich auf J. Slaby, Gefühl und Weltbezug. Die menschliche Affektivität im Kontext einer neo-existentialistischen Konzeption von Personalität, Paderborn 2008; Ders. u. a. (Hg.), Affektive Intentionalität. Beiträge zur welterschließenden Funktion der menschlichen Gefühle, Paderborn 2011.

mehr, als dass wir durch sie erleben, wie es ist, Angst zu haben oder
Lust zu verspüren. Mit Gefühlen hat es auch mehr auf sich, als dass
sie Bewusstseinszustände in Abhängigkeit von der Architektur unseres Gehirns darstellen. Gefühle haben offenkundig eine mehr-
fache Referenz, d. h. sie spielen sich zwar „in" uns ab, erschöpfen
sich aber nicht in der Markierung einer Selbstreferenz, sondern beschreiben diese Selbstreferenz in der Bezugnahme auf eine externe
Andersheit des Subjekts. Gefühle weisen in zwei Richtungen: nach
innen und nach außen. „Vor" etwas Angst zu haben und „um etwas" Angst zu haben, ist nicht dasselbe. Wovor ich Angst habe,
zeigt mir der Außenbezug des Gefühls – ein bissiger Hund. Worum
ich mich ängstige, zeigt mir der Innenbezug – ich habe Angst um
mich selbst und meine Unversehrtheit.

Es ist genau dieser „Selbstbezug-im-Außenbezug", der Gefühle
auch existentialpragmatisch auszeichnet. Ihre Besonderheit liegt
darin, die Bedeutsamkeit jener Begebenheiten zu thematisieren,
die in die Bezüge des Subjekts auf sachhafte, personale und soziale
Andersheit eingelassen sind. Diese Bedeutsamkeit hat eine Innen-
und eine Außenreferenz: Gefühle drücken aus, *wie* jemandem ist,
wenn er/sie etwas *als* etwas erlebt oder erledigt. In und durch Gefühle beziehen sich Personen auf Begebenheiten in der Welt. In dieser Bezugnahme geht zum einen die Bedeutsamkeit der Begeben-
heit auf: etwas wird *als* etwas erlebt. Und es ist für das erlebende
Subjekt die Möglichkeit der Selbstdeutung gegeben: Eine Person
nimmt gefühlsmäßig wahr, wie es dabei um sie steht. Sie erlebt
am eigenen Leib, wie es ihr dabei geht. Unter dieser Rücksicht
kommt Gefühlen eine epistemische und intentional-evaluative Dimension zu. Sie erschließen einen Sachverhalt und zugleich die Dimension seiner Bewertbarkeit bzw. die evaluative Einstellung, die
diesem Sachverhalt entspricht – und dies in Relation zum Selbst-
erleben des Subjekts. In Gefühlen geht das vor, was einem Menschen (über sich selbst) aufgeht.

Offensichtlich weisen auch Gefühle eine semiotische Struktur
analog zu den semiotischen Dimensionen der Sprache auf. Unabweisbar ist für sie eine Bezeichnungs-, Bedeutungs- und Bezie-
hungsfunktion. Auch in den affektiven Bezügen zur Außen- und
Innenwelt, zur Umwelt und Mitwelt geht dem Subjekt *etwas* auf

und begegnet *als* etwas Bestimmtes; in Gefühlen erscheint etwas *für* jemanden und es zeigt sich *durch* Gefühle etwas als etwas. Sich affektiv *zur* Welt zu verhalten, ist offenkundig konstitutiv dafür, wie der Mensch *in* der Welt ist. Wenn Gefühlen derart eine eigene Intentionalität sowie eine epistemische, evaluative und handlungsmotivierende Funktion zukommt, dann ist an den Konstitutionsbedingungen bewussten In-der-Welt-Seins das Emotionale nicht weniger beteiligt als das Rationale. Muss man daher bei der Bestimmung des Verhältnisses von Gefühl und Vernunft umdenken? Vielleicht muss man die Gefühle gar nicht explizit zur Vernunft bringen, weil ihnen ein eigenes Potential dessen zukommt, was wir mit Rationalität verbinden?[37] Vielleicht sind sie ein stiller Teilhaber des Gesamtunternehmens bewussten Entscheidens und Handelns? Vielleicht stehen beide Größen zueinander im Verhältnis gegenseitiger Ermöglichung und Verwirklichung: Vernunft ohne Gefühl wird dann taub, Emotion ohne Ratio wird blind!?[38]

Allerdings können sich solche Folgerungen sehr rasch auch als Fehl- und Kurzschlüsse erweisen. Die Erfahrung zeigt nämlich die Ambivalenz der Gefühle. Hier regiert die Logik des „einerseits/anderseits". Zum einen werden wir immer wieder beherrscht von Gefühlen. Wir fahren aus der Haut, wenn man uns entsprechend reizt. Zum anderen können wir Gefühle beherrschen – anstand wütend mit der Faust auf den Tisch zu hauen, können wir dieselbe Faust auch in der Tasche ballen. Wir bewundern Menschen, die mit Leidenschaft für eine Sache eintreten. Aber wenn sich jemand ständig ereifert, heißt es irgendwann: Kannst Du nicht einmal ganz sachlich bei der Sache sein? Wer ständig außer sich ist, ist nie ganz bei sich – hat sich nicht wirklich im Griff. Und wer sich nicht wirklich im Griff hat, verfügt nicht über sich selbst – und kann somit nicht wirklich ein „eigener" Mensch sein. Wer uneins mit sich selbst ist, kann nicht über sich verfügen und kann kein autonomer Mensch sein. Starke Gefühle wollen wir trotzdem nicht missen. Sie

---

[37] Vgl. R. de Sousa, Die Rationalität der Gefühle, Frankfurt 1997.
[38] Siehe hierzu auch H. Bennent-Vahle, Mit Gefühl denken. Einblicke in die Philosophie der Emotionen, Freiburg/München 2013.

liefern den stärksten Antrieb für unser Tun – aber wer will auf Dauer ein von Gefühlen Getriebener sein?

Gefühle sind gleichsam die Türen zur Innenwelt des Menschen. Über sie gewinnt man Zugang zum Innersten des Menschen und durch sie äußert sich dieses Innerste. Man kann einem Menschen nicht näher kommen, als dass man seine Gefühle anspricht. Gefühlsregungen und deren Deutung können daher auch von außen generiert und moduliert werden. Es hängt zudem in nicht geringem Maß von sozio-kulturellen Umständen und Prägungen ab, welche Gefühle sich ein Subjekt erlaubt, in sich hochkommen lässt und zu welchen Deutungsmustern seiner affektiven Befindlichkeiten es greift.[39] Nirgendwo wird dies deutlicher als beim Phänomen der Scham oder der Stolzes. Aber auch andere Gefühlsregungen sind in hohem Maße kontextbedingt. Wer sich für einen Ausdruck der Empörung angesichts übermäßigen Geld- und Gewinnstrebens seines Nachbarn nicht Neid nachsagen lassen will, wird stattdessen ein eher akzeptiertes moralisches Interpretament – Gier – wählen, das die emotionale Färbung seiner Kritik rechtfertigt. Wer sich wegen eines eigenen Fehlverhaltens schämt, mag dies tun, weil er sich wegen eines Verstoßes gegen eine soziale Benimmregel blamiert sieht. Vielleicht steht dahinter aber auch die Tatsache, dass in seinem religiösen Umfeld moralische Fehltritte als Sünde qualifiziert werden, deren Vergebung von sichtbaren Zeichen der Reue und Scham abhängig gemacht wird.

Wegen ihrer sozialen Resonanz, aber vor allem wegen ihrer motivationalen Funktion sind Gefühle außerdem anfällig für Manipulation und Instrumentalisierung. Durch das Schüren von Gefühlen lassen sich Bereitschaftspotentiale für konkrete Handlungen aufbauen. Emotionen sind äußerst geeignete Aufputschmittel ideologischer Agitation. Wer sie gezielt einsetzt, kann rationale Steue-

---

[39] Auch Gefühle zählen zu den vergesellschafteten „essentials" menschlichen Daseins. Vgl. dazu eingehend Ch. v. SCHEVE, Emotionen und soziale Strukturen. Die affektiven Grundlagen sozialer Ordnung, Frankfurt/New York 2009; K. SCHERKE, Emotionen als Forschungsgegenstand der deutschsprachigen Soziologie, Wiesbaden 2007; A. SCHNABEL/R. SCHÜTZEICHEL (Hg.), Emotionen, Sozialstruktur und Moderne, Wiesbaden 2012; K. SENGE/R. SCHÜTZEICHEL (Hg.), Hauptwerke der Emotionssoziologie, Wiesbaden 2012.

rungsimpulse außer Kraft setzen. Und wer sich erfolgreich auf einen emotionalen Ausnahmezustand berufen kann, vermag hinsichtlich der Zurechnung von Verantwortung für eine Missetat den Eigenanteil erheblich zu reduzieren. Bei Affekthandlungen ist in der Regel die Zurechnungsfähigkeit des Täters signifikant eingeschränkt.

Wer Gefühle hat, kann aber auch sich und andere täuschen – zwar nicht hinsichtlich des Faktums der Gefühlsregung, aber hinsichtlich seiner Bedeutung. „Die Täuschung über ein Gefühl kann vielfältige Gründe haben. Wunschdenken, die Erwartungen anderer Menschen, Normen der Bewertung von Gefühlen, führen dazu, dass wir uns häufig andere Gefühle zuschreiben als die, die wir haben. Anders als beim Spiel oder im Zusammenhang mit der Heuchelei ist die Täuschung über ein Gefühl nichts, was absichtlich geschieht."[40] Dass Gefühle bereits wegen ihrer unmittelbaren Ausdrucks- oder Erlebnisqualität „wahr" sind und darum auch als verlässliche Sensorien des Wirklichkeitsbezuges gelten können, ist somit eine Annahme, die nicht aufrechterhalten werden kann. Die Authentizität – man artikuliert wahrhaftig, was man fühlt – macht ein Gefühl noch nicht „wahrheitsfähig". Bei einem „wahren" Gefühl stehen Erleben (z. B. Konfrontation mit einem freilaufenden Hund) und Deutung („Vorsicht bissiger Hund!") in einem Verhältnis der Korrespondenz und wechselseitigen Erhellung. Dabei muss der Geltungsanspruch der Deutung rational einlösbar sein, d. h. es muss angegeben werden können, unter welchen Bedingungen und Hinsichten der Geltungsanspruch der Deutung zu Recht besteht (weil es sich z. B. nachweislich um einen aggressiven Hund handelt).

Gefühle sind darum keineswegs etwas bloß Subjektives oder Intrapsychisches. In ihnen drücken sich Einstellungen und Wertungen aus, über die man durchaus rational streiten kann. Sie sind leibhaft spürbare Gestimmtheiten und Sensibilitäten, die sich intentional auf mögliche Ereignisse und Widerfahrnisse richten bzw. diese als real repräsentieren und bewerten. Für die Daseinsorientierung und Selbstwahrnehmung des Menschen sind sie unersetzlich.

---

[40] Ch. Demmerling, Echte und unechte Gefühle, in: Information Philosophie 37 (2009) Heft 4, 11.

Die rationale Beurteilung ihrer Wertungen können sie jedoch nicht ersetzen.[41]

3. Etwas aus sich machen: Limitationen des Daseins – Konturen der Vernunft

Wenn der Mensch zu bestimmen ist als jenes Wesen, das aus dem, was die Natur aus ihm gemacht hat, etwas Neues und Eigenes machen soll, dann ist damit in der Moderne die Idee verbunden, dass dieses Neue und Eigene zugleich etwas Vernünftiges sein soll. Es mag sein, dass in dieser Epoche die Biotechnologien dem Menschen erstmals einen Platztausch zwischen seiner „Essenz" und seiner „Existenz" ermöglicht haben,[42] so dass die menschliche Gattung nicht mehr an unbeeinflussbare Vorgaben eines menschlichen „Wesens" gebunden ist, sondern sich selbst ein Design ihres künftigen Daseins geben kann. Der Mensch kann sich fortan selbst programmieren und ist nicht mehr nur Schauplatz für den Ablauf eines metaphysisch festgelegten Programms.[43] Allerdings hebt dies den Anspruch nicht auf, dass das, was der Mensch aus sich und seiner Welt machen will, nicht Gegenstand von Willkür und Beliebigkeit sein darf, sondern Maß zu nehmen hat an den Maßstäben der Vernunft.

Was für die Vernunft ihrerseits maßgeblich ist, sind die existentialen Begrenzungen menschlichen Daseins. Deren Aufhebung

---

[41] Vgl. hierzu in diesem Band den Abschnitt „(K)eine Gefühlssache? Tugendethik und Lebenskunst" (III.2.4).

[42] Mit der Möglichkeit, in die Genstruktur des Menschen einzugreifen, ist jenes Wort in Erfüllung gegangen, mit dem J.-P. SARTRE, L'existentialisme est un humanisme, Paris 1946, die klassische Metaphysik auf den Kopf stellte: „L'existence précède l'essence" (17).

[43] Vgl. dazu u. a. Ch. COENEN u. a. (Hg.), Die Debatte über „Human Enhancement", Bielefeld 2010; H. LENK, Das flexible Vielfachwesen, Weilerswist 2010, 450–499; B. IRRGANG, Posthumanes Menschsein? Künstliche Intelligenz, Cyberspace, Roboter, Cyborgs und Designer-Menschen. Anthropologie des künstlichen Menschen im 21. Jahrhundert, Wiesbaden 2005. Siehe auch den Literaturbericht von K. BAYERTZ u. a., Künstliches Glück, in: Philosophischer Literaturanzeiger 65 (2012) 339–376.

kann allenfalls das Thema von Science-fiction-Romanen sein, in denen aus den Menschen technisch aufgerüstete „Cyborgs" (cybernetic
organisms) geworden sind, die die bisherigen physischen und kognitiven Kompetenzen des Menschen in ungeahntem Maße übertreffen
und ihn irgendwann als virtuelles, leibloses und unsterbliches Wesen
ablösen werden. Intellektuell reizvoll ist an diesen Phantasien die
Einladung zu einem Gedankenexperiment: An welchen Merkmalen
lässt sich festmachen, ob man es (noch) mit einer humanen Lebensform zu tun hat? Die existentialpragmatische Antwort lautet: Es
zeichnet die menschliche Lebensform aus, dass sie ans Limit geht.

3.1 Endlich:
Dasein am Limit

Mit den Limitationen des Daseins sind jene Einschränkungen gemeint, die beim Blick auf die *Existentiale* der Individualität, Naturalität, Sozialität und Zeitlichkeit hervortreten: Die psycho-physische
Bedingtheit des Subjekts, seine Verletzlichkeit und Verwundbarkeit
wird manifest im Gebundensein an einen Körper, „dessen Zerfall
das Ende des bewussten Lebens ankündigt und erzwingt, obwohl
die Dynamik, in der dieses Leben sich vollzieht, in keiner Weise erschöpft ist … Doch der Körper ist es auch, durch den sich jeder
Weltbezug des Menschen ausgestaltet und verwirklicht."[44] An ihm
wird ablesbar, was ebenso für den Bezug zur naturalen Umwelt gilt:
die Erschöpfbarkeit der Lebensressourcen. Um deren Nutzung ent-
brennt soziale Konkurrenz, deren Schärfe durch das Wissen um die
Befristung der (Lebens)Zeit bzw. die Ungewissheit ihres Endes ge-
steigert wird.
    An der Temporalität aller Weltbezüge in der Lebenspraxis des
Menschen ist vielleicht am deutlichsten jener limitative Grundzug
erkennbar, der ebenso alle übrigen Formbestimmungen menschlichen Daseins charakterisiert: Endlichkeit und Vergänglichkeit.
Gleichgültig welche Karriere ein Mensch einschlägt, die Hin-Rich-

---

[44] D. HENRICH, Denken und Selbstsein. Vorlesungen über Subjektivität, Frankfurt 2007, 151.

tung seines Lebens steht immer schon fest. Er kommt in eine Welt, in welcher der Tod auf ihn wartet.[45] Wenn er es in dieser Welt zu etwas bringen will, wird er im Erfolgsfall nicht allzu lange etwas davon haben. Sein Leben und alles, was sich in und mit ihm ereignet, ist limitiert.

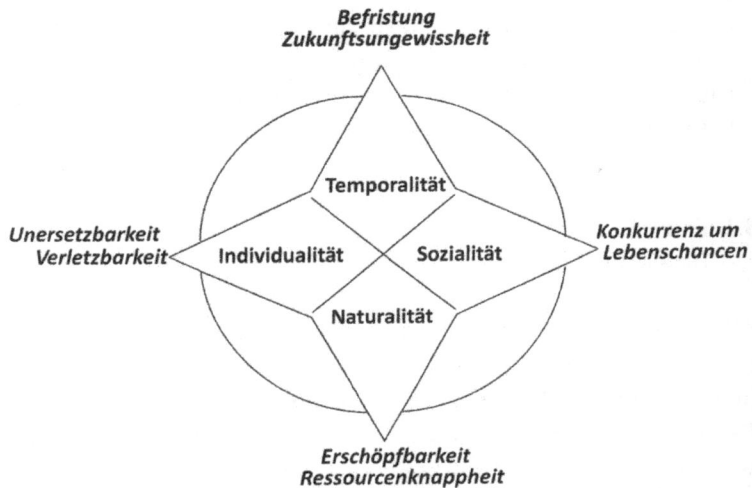

Im Blick auf die Zeitlichkeit des Daseins lässt sich darum sagen: Leben heißt, die Vergänglichkeit als Verlaufsform des eigenen Daseins wahrnehmen, anerkennen und sich zu dieser Vergänglichkeit in ein Verhältnis der Widerständigkeit setzen. Denn Dasein heißt auch, diese Zeitlichkeit als Gegensatz-Einheit von Leben und Tod realisieren. Um des Lebens willen muss der Mensch ein widerständiges Verhältnis zum Tod aufnehmen. Zeit seines Lebens muss er den Unterschied zum eigenen Nichtsein wahren – im Wissen darum, dass der Widerstand gegen den Tod jedoch nur auf Zeit sinnvoll ist. Da für jeden Menschen der Zeitpunkt seines Todes stets in der Zukunft liegt, muss er diese Zukunft hinauszögern, um mehr Lebenszeit und mehr vom Leben zu haben. Aber über solche Anstrengungen geht letztlich die Zeit hinweg. Wer am Leben bleiben

---

[45] Vgl. hierzu auch R. MARTEN, Endlichkeit. Zum Drama von Tod und Leben, Freiburg/München 2013.

will, muss mit der Zeit vergehen. Der Widerstreit von Leben und
Tod wird im Leben letztlich zugunsten des Todes ausgetragen.
Das Projekt der Vernunft ergibt sich nun aus dem Umstand,
dass die existentialen Limitationen den Weltbezügen des Menschen
Profil und Dynamik geben, aber auch ihre Eingriffstiefe und Reichweite begrenzen. Sie sind handlungsermöglichend, indem sie den
Gegenstandsbereich des Handelns ins Blickfeld rücken; sie ver-
gegenwärtigen aber ebenso unaufhebbare Einschränkungen des
Seinkönnens, indem sie bestimmte Verhaltensmöglichkeiten aus-
grenzen. Sie fundieren Strategien der bewussten Erfassung und
Verarbeitung von Welt- und Daseinskomplexität und schränken
zugleich den Radius der Wirkmöglichkeiten ein. Sie zu überschrei-
ten oder zu hintergehen, ist unmöglich bzw. führt zu illusionären
Weisen des Umgangs mit der Welt.
Im Blick auf diese Limitationen heißt Dasein daher: sich am Limit bewegen, d. h. umgehen mit den Grenzbestimmungen bewussten Seins (Verletzbarkeit, Ungewissheit, Konkurrenz, Knappheit).
Die Sache der Vernunft besteht nun darin zu zeigen, wie man bestmöglich ans Limit geht. Sie sondiert Möglichkeiten des Umgangs
mit den Limitationen des Daseins und will die jeweils besten Umgangsformen identifizieren.[46] Dabei muss sie eine Kriteriologie entwickeln, welche das jeweilige Optimum bestimmbar macht, d. h.
sie sucht nach der optimalen Formatierung von rationalen Umgangsformen mit den Limitationen des Daseins. Darauf drängen
auch die elementaren handlungsleitenden Interessen des Vernunftsubjekts, das Grenzen nicht einfach hinzunehmen bereit ist, sondern nach Möglichkeiten sucht, ihren Charakter der Einschränkung aufzuheben.[47]

---

[46] Zu Ansätzen einer limitativen Theorie der Rationalität siehe auch H. M.
BAUMGARTNER, Endliche Vernunft, Bonn 1991; P. KOLMER/H. KORTEN (Hg.),
Grenzbestimmungen der Vernunft. Philosophische Beiträge zur Rationalitäts-
debatte, Freiburg/München 1994.
[47] Zu einer phänomenologischen Exploration des menschlichen Umgangs mit
Grenzen vgl. S. RÜCKER, Das Gesetz der Überschreitung. Eine philosophische
Geschichte der Grenzen, München 2013; K. P. LIESSMANN, Lob der Grenze,
Wien 2012; J. STAGL/W. REINHARD (Hg.), Grenzen des Menschseins. Probleme
einer Definition des Menschlichen, Wien/Köln/Weimar 2005.

3.2 Basal:
Weltbezüge – Handlungsinteressen – Werte

Entlang den vier Weltbezügen lassen sich vier Idealtypen der Wirklichkeitsorientierung und handlungsleitender Interessen identifizieren. Sie repräsentieren Ausformungen des Bezugs auf die naturale Umwelt, die subjektive Innenwelt und die soziale Mitwelt, die mit fundamentalen temporalen Erfordernissen der Daseinssicherung und -gestaltung einhergehen.[48] Von ihnen gehen die elementaren Impulse aus, die zu absichtsvollem und zielstrebigem Handeln überleiten:

(1) Das *technisch-praktische* Interesse steht hinter Vollzügen, welche auf die Verfügung über die natürlichen Lebensgrundlagen zur Sicherung des physischen Überlebens ausgerichtet sind und aus instrumentellen Eingriffen in die naturale bzw. sachhafte Umwelt bestehen.

(2) Das *subjektiv-strategische* Interesse steuert Handlungen, in denen sich individuelle Wünsche und Wertsetzungen ausdrücken und die die Selbstbehauptung und -verwirklichung eines Individuums zum Thema haben. Diese Handlungen sind orientiert an der erfolgreichen Durchsetzung subjektzentrierter (d. h. in der subjektiven Innenwelt verankerter) Interessen im Umgang mit der sachhaften Umwelt und im Kontakt mit anderen Subjekten, die ebenfalls eigene Zwecksetzungen verfolgen und als Gegenspieler in der sozialen Mitwelt auftreten (können).

(3) Das *interaktiv-soziale* Interesse leitet Handlungen, die auf die Ausgestaltung von Kommunikationsmöglichkeiten zielen und als Ziel die Entfaltung menschlicher Beziehungen innerhalb nicht-repressiver sozialer Verhältnisse haben. Diese Handlungen sind verständigungsorientiert und zielen ab auf Beziehun-

---

[48] Unter dieser Rücksicht unternehmen die folgenden Überlegungen den Versuch einer existential*pragmatischen* Revision der bei M. HEIDEGGER, Sein und Zeit (§§ 39–44), existential*ontologisch* als „Sorge" bezeichneten Grundform menschlicher Daseinsorientierung. Sie bezeichnet dort jene Grundweise, das Leben tätig zustande zu bringen, die im Modus des „Sich-vorweg-seins – im In-der-Welt-sein – als Sein-bei-innerweltlich-Begegnendem" besteht. Vgl. dazu B. MERKER, Die Sorge als Sein des Daseins, in: Th. Rentsch (Hg.), Martin Heidegger: Sein und Zeit, 117–132.

gen der Kooperation und Kommunikation mit Subjekten, die in der sozialen Mitwelt als Mitspieler auftreten, bei der Realisierung von Zielen, deren Verwirklichung allseits vorteilhaft ist.

(4) Das *diachron-kulturelle* Interesse orientiert Handlungen, welche der sozialen bzw. geschichtlichen Identität von Subjekten und ihrer Gemeinschaft Kontur geben wollen. Im Zentrum steht die ‚Synchronisierung' der Identität der Handlungssubjekte und die Erhaltung der Kontinuität ihres sozialen Handlungsraumes bzw. -netzes in den Gezeiten der Zeit (Vergangenheit – Gegenwart – Zukunft).

Neben den handlungsleitenden Interessen spielen *Wertungen* und *Werte* eine entscheidende Rolle für die Motivation und Zielbestimmung menschlichen Handelns. Während die Handlungsinteressen die Antriebslage des Subjekts kennzeichnen, beziehen sich Werturteile und Werte auf die Einschätzung des Handlungsgegenstandes und -zweckes, auf die Erfassung von Andersheit in ihrer Bedeutung für ein Subjekt.

Für eine existentialpragmatische Bestimmung des Wertbegriffs ist es hilfreich, von seiner ursprünglich außermoralischen Bedeutung auszugehen.[49] Im Althochdeutschen steht „Werd" für „Preis" oder „Kaufsumme" und bedeutet im abgeleiteten Sinne dann auch „Wertschätzung" im Blick auf die Qualität einer Sache oder Handlung. Wertvoll ist jenes, worauf ein Mensch nichts kommen lässt, aber auch das, was er teuer verkauft. Vielleicht ist diesen Unschärfen die Tatsache zuzuschreiben, dass der Wertbegriff ein Spätankömmling in der philosophischen Ethik der Neuzeit ist. Zwar kennt die klassische Begrifflichkeit etliche sachverwandte Wörter, die eine Hochschätzung von Dingen und Personen, von Diensten und Leistungen ausdrücken. Aber einen genau abgrenzbaren ethischen Wertbegriff entwickelt sie nicht. Meist spricht sie von „Gütern", wozu alles gehören kann, was in der Lebenswelt einen „Bonus" verspricht, was erstrebenswert oder lobenswert erscheint: materielle Besitztümer (Haus und Hof), immaterielle soziale Aner-

---

[49] Vgl. A. Hügli, Art. „Wert", in: HWP XII, 556–558; K. Lichtblau, Art. „Wert/Preis", in: HWP XII, 586–591.

kennung (Ehre, Prestige, Autorität), kulturelle Reichtümer (Bildung) und religiöse Gesinnungen und Haltungen (Frömmigkeit). Den Rang eines wissenschaftlichen Leitbegriffs erhält „Wert" erst mit dem Ende einer Gesellschaft, in der sich Anstand und Sitte nicht mehr standestypisch eingrenzen lassen und sich verschiedene soziale Handlungsbereiche ausdifferenzieren. So wird der Begriff „Wert" zunächst in der politischen Ökonomie theoriefähig; erst nach der Wende vom 19. zum 20. Jahrhundert kommt er in den Fachbüchern der philosophischen Ethik an. Dort begegnet er meist als Sammelbegriff für grundlegende, Zustimmung einfordernde, gleichermaßen normierend wie motivierend wirkende Zielvorstellungen und Orientierungsmarken menschlichen Daseins. Von ihnen heißt es, dass sie sich in Bezug auf menschliche Grundbedürfnisse als unabweislich oder als zuträglich erwiesen haben, so dass sich individuelle wie kollektive Akteure von ihnen leiten lassen (sollen) bei der Wahl von Zwecken und Mitteln ihres Wollens und Tuns. Werte ermöglichen eine Auswahl aus der Fülle des dem Menschen Möglichen. Mit ihnen lassen sich Vorzugstabellen und Zielhierarchien aufstellen. Anhand von Werten artikuliert eine Person wie auch eine Gesellschaft all das, was ihr „lieb und teuer" ist.

In existentialpragmatischer Perspektive bestimmen Werte das volitive Moment eines Vollzuges und das attraktive Moment seines Inhalts bzw. Gegenstandes: Um überhaupt etwas tun zu wollen, muss man es unter irgendeiner Rücksicht als erstrebbar und qualitativ belangvoll erachten können.[50] Entsprechend den bereits skizzierten Weltbezügen und Handlungsinteressen lassen sich vier Wertstufen ausmachen:

(1) *Gebrauchswerte* sind durch objektive Mittel/Zweck-Zusammenhänge definiert, indem sie einem vom handelnden Subjekt erstrebten sachlichen Nutzen entsprechen (z. B. Brennstoff zum Heizen). Etwas ist in diesem Sinn wertvoll, sofern es hilft, einen materiellen Bedarf zu decken.

---

[50] Vgl. hierzu ausführlicher Ch. BREITSAMETER, Individualisierte Perfektion. Vom Wert der Werte, Paderborn/München/Wien/Zürich 2009 (Lit.); F. WERNER, Vom Wert der Werte. Die Tauglichkeit des Wertbegriffs als Orientierung gebende Kategorie menschlicher Lebensführung, Münster 2002.

(2) *Interessenwerte* korrespondieren den individuell verschiedenen
Bedürfnissen eines Subjekts. Ihr Rang bemisst sich nach ihrer
Bedeutung für die Durchsetzung persönlicher Pläne (z. B. Fit-
ness als sexuelle Attraktivitätssteigerung, akademische Titel als
Karrierebeschleuniger).

(3) *Kooperationswerte* sind im Bereich zwischenmenschlicher Beziehungen anzusiedeln. Etwas ist hier wertvoll, weil es gemeinsamen Interessen dient oder den Erhalt von Gemeinsamkeiten
fördert (z. B. Vertragstreue unter Kaufleuten).

(4) Als *Sinnwerte* können die für die Ausgestaltung einer sozialen
Lebenswelt bzw. für Ihren Erhalt und ihre Identität konstitu-
tiven und regulativen Ideale bezeichnet werden. Dazu gehören Ideale, die eine Gemeinschaft um keinen Preis aufgeben
will und die sie zum ökonomisch Unverrechenbaren, technisch Unverfügbaren und politisch Unabstimmbaren zählt.

Sache der Vernunft ist es, diese handlungsleitenden Interessen und
Wertpräferenzen jeweils für sich und ebenso als Ensemble so zu
koordinieren, dass sie zu einem bestmöglichen Umgang mit den Limitationen des Daseins führen und dieses Optimum rational ausweisbar ist. Dieser Ausweis muss wiederum kriteriologisch eindeutig
sein. Es bietet sich an, die rationale Formatierung des Umgangs mit
Limitationen des Daseins und des Verfolgens von Handlungsinteressen an der Elementarbestimmung des Rationalen, d. h. an der Logik
des Nichtwiderspruchsprinzips (NWP) auszurichten.[51] Gemäß die-

---

[51] Das Nichtwiderspruchsprinzip der klassischen Logik schließt aus, dass bei
der Beschreibung von Phänomenen ein Zugleich von einander ausschließenden
Gegensätzen auftritt. Vgl. hierzu ARISTOTELES, Metaphysik: „Es ist unmöglich,
dass eine Aussage und ihre Leugnung in bezug auf dasselbe zugleich wahr sei"
(Met., 6, 1011b, 15–17). Logische Widerspruchsfreiheit korreliert mit ontologischer Widerspruchsfreiheit: „Es ist unmöglich, dass dasselbe demselben und
unter derselben Hinsicht zugleich zukomme und nicht zukomme" (Met., 3,
1005b, 19f.). Es kann keinen Gegenstand geben, auf den eine in sich wider-
sprüchliche Aussage zuträfe. Insofern in der Realität ein Sachverhalt nicht
gleichzeitig und in derselben Hinsicht ein und dieselbe Eigenschaft besitzen
und zugleich nicht besitzen kann, muss ein Reden von dieser Realität, wenn es
mit dem Anspruch auf Wahrheit auftreten will, ebenfalls logisch widerspruchsfrei sein. Den Test auf ihre Geltungsfähigkeit bestehen Aussagen und Vollzüge,

ser Logik kann man nicht von demselben Sachverhalt zur selben Zeit und unter derselben Rücksicht etwas Bestimmtes behaupten und zugleich bestreiten. Ebenso wird ausgeschlossen, dass man einen Sachverhalt zur selben Zeit und unter derselben Rücksicht zugleich anstreben und ablehnen kann.

Wo man dem NWP nicht folgt, wird sinnvolles Sprechen und Handeln unmöglich. Es ist selbst nicht mehr begründungspflichtig und gilt insofern als „letztbegründet", da es sich ohne performativen Widerspruch nicht bestreiten lässt und nicht von einer anderen Größe ableitbar ist.[52] Mit diesem Prinzip kann jeweils auch getestet werden, welche Handlungen und welche Aussagen über das, was wirklich und wahr ist, im Recht sind. Objektiv „richtig" ist eine Handlung dann, wenn man bei dem Versuch, sich ihrer Ausführung zu entziehen bzw. ihrer Rechtfertigung zu widersprechen, selbst in Widersprüche gerät. Objektiv „richtig" ist eine Beschreibung der Wirklichkeit dann, wenn man sich bei der Weigerung, sich dieser Beschreibung anzuschließen, in Widersprüche verwickelt. Das Zulassen von Widersprüchen würde jene Bedingungen aufheben, von denen die Möglichkeit geltungsfähigen Handelns abhängt.

---

wenn deren Bestreitung einen logischen Widerspruch einschließt. Wer sich selbst widerspricht, widerruft seine Aussage und wird letztlich „nichts-sagend"; wer von ein und demselben Sachverhalt unvereinbare Eigenschaften aussagt, demonstriert ebenfalls eine Unvereinbarkeit zwischen Aussage und Inhalt, da er etwas „Untragbares" vorträgt. Von einem Sachverhalt einander „inkompatible" Eigenschaften auszusagen, ist nur dann statthaft, wenn für das Zugleichbestehen dieser Eigenschaften verschiedene Hinsichten angegeben werden können, welche sich nicht kontradiktorisch ausschließen. – Zur Interpretation des NWP siehe auch A. J. Schlick, Über den Satz des Widerspruchs im vierten Buch der aristotelischen Metaphysik, Würzburg 2011; H. A. Zwergel, Principium Contradictionis. Die aristotelische Begründung des Prinzips vom zu vermeidenden Widerspruch und die Einheit der Ersten Philosophie, Meisenheim/Glan 1972.

[52] Vgl. D. Böhler, Verbindlichkeit aus dem Diskurs. Denken und Handeln nach der sprachpragmatischen Wende, Freiburg/München 2013, 92–101. Zum Nexus von Nichtdeduzierbarkeit und Letztbegründung siehe ausführlich W. Kuhlmann, Unhintergehbarkeit. Studien zur Transzendentalpragmatik, Würzburg 2009, 7–148.

3.3 Regulativ:
Rationalitätstypen und Reflexionsstufen

Das NWP ist selbst unhintergehbar, weil es eine elementare Bedingung menschlichen Denkens und Handelns repräsentiert, die ohne Selbstwiderspruch weder bestritten noch ohne Voraussetzung ihrer selbst deduktiv begründet werden kann.[53] Für dieses Prinzip gilt daher: es macht selbst die Grundlage allen Begründens aus. Es bestehen für seine Funktion keine Äquivalente oder Alternativen; es gibt den Maßstab an, an dem alle anderen Maßstäbe zur Überprüfung der Geltung von Aussagen und der Rechtfertigung von Werten und Normen gemessen werden können, d. h. es bildet deren normierende Norm, ohne selbst einer externen Normierung bedürftig oder zugänglich zu sein.

Das NWP markiert daher auch den Grundsatz jeder Selbstgesetzgebung eines Vernunftsubjekts, seiner Willensbildung und Handlungsorientierung. Ausgehend von seiner Elementarlogik lassen sich jene Rationalitätstypen, -kriterien und Faustregeln bestimmen, welche existentialpragmatisch auf unterschiedlichen Reflexionsstufen zu bestmöglichen Umgangsformen mit den Limitationen des Daseins führen. Bezüglich der skizzierten Weltbezüge und Handlungsinteressen lassen sich folgende Grundmuster und Maximen eines vernunftgeleiteten, widerspruchsfreien An-die-Grenzen-Gehens darstellen, deren Gemeinsamkeit die Vermeidung von Kontraproduktivität ist:

(1) Prinzip der *Rentabilität* im Umgang mit der Knappheit von Ressourcen der sachhaften Umwelt (→ Zweck/Mittel-Rationalität): „Handle so, dass auf Dauer der Aufwand nicht höher ist als der erwartete Nutzen, und achte darauf, dass kurzfristige Nutzeneffekte nicht größere langfristige Gewinne vereiteln!"

(2) Prinzip der *Selbstreflexivität* beim strategischen Verfolgen von Eigeninteressen angesichts begrenzter individueller Einflussmöglichkeiten (→ strategisch-reflexive Rationalität): „Suche

---

[53] Vgl. K.-O. Apel, Rationalitätskriterien und Rationalitätstypen, in: A. Wüstehube (Hg.), Pragmatische Rationalität, Würzburg 1995, 29–64.

nach Deinem Vorteil, aber kalkuliere dabei ein, dass Du auch
den Kürzeren ziehen kannst. Verfolge Deine Interessen derart,
dass Du Dich auch als möglicher Unterlegener mit einer Nie-
derlage abfinden kannst!"

(3) Prinzip der *Gegenseitigkeit* beim Umgang mit knappen sozialen Gütern (→ kommunikative/partizipative Rationalität):
"Wandle Konkurrenz in Kooperation um! Suche nach Arrangements der Interessenverfolgung, die zum allseitigen Vorteil
der Beteiligten führen! Strebe ‚win/win-Situationen' an!"

(4) Prinzip der *Zeitgemäßheit* im Umgang mit den Limitationen
der Zeit: a) "Bedenke die Unwiederbringlichkeit des Vergangenen, aber lerne auch aus der Vergangenheit und begehe keinen
Fehler doppelt!" (→ anamnetische Rationalität); b) "Bedenke
die Ungewissheit des Künftigen und versuche eine Abschät-
zung der Konsequenzen, Neben- und Fernwirkungen Deines
Tuns! Bedenke, dass Du bei einem Fehlschlag Deiner Pläne unter den Folgen vielleicht selbst am meisten zu leiden haben
wirst!" (→ futurische Rationalität); c) "Bedenke die Flüchtig-
keit des Gegenwärtigen und tue an jedem Tag, der Dir bleibt,
wofür gerade dieser Tag hinsichtlich Deiner Pläne günstig ist!"
(→ kairologische Rationalität)

Der vernunftgemäßen Umgang mit diesen Rationalitätsformen
nachzuweisen, ist Aufgabe und Funktion des *diskursiven Rationa-
litätstyps*. Hier wird die Faustregel ausgegeben: "Weise durch den
zwanglosen Zwang des besseren Argumentes die Rationalität der
jeweiligen Umgangsform mit den Limitationen des Daseins
nach!" Diese Faustregel hat die Funktion einer regulativen Idee
zum einen hinsichtlich des Wissens um die Begrenztheit der jeweiligen Anwendungen und Umsetzungen des NWP, die sie
durch das Herbeibringen aller derzeit verfügbaren guten Gründe
zur Rechtfertigung des jeweiligen Wollens und Tuns möglichst
umfassend reduzieren möchte. Zum anderen stellt sie vor Augen,
dass der Anspruch auf allgemeine Gültigkeit, der mit jeder Anwendung des NWP verbunden ist, durch keinen Rationalitäts-
begriff expliziert werden kann, der nicht zugleich durch die Idee
der Rechtfertigung im Sinne der diskursiven Konsensfindung

einer unbegrenzten Argumentationsgemeinschaft expliziert werden könnte.[54]

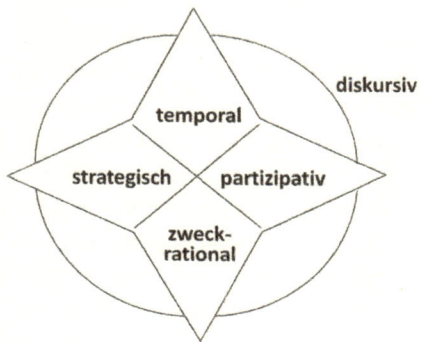

In den vier skizzierten Weltbezügen, Idealtypen der Wirklichkeitsorientierung und handlungsleitenden Interessen dürfen rückbli-
ckend die existentialpragmatischen „Quellen der Rationalität"
(fontes rationalitatis) erkannt werden. Was von ihnen an Vernunft-
impulsen und -energien ausgeht, fließt gleichsam im diskursiven
Rationalitätstyp zusammen, so dass dieser seine herausgehobene
Stellung nicht einer fundierenden, sondern einer integrativen
Funktion verdankt.

3.4 Normativ:
Ethische Reflexionslogik

Es mag vielleicht irritieren, dass im Ensemble der Rationalitätstypen bisher nicht ein Typus ethischer Rationalität eigens ausgewie-
sen wurde. Assoziiert man damit die Vorstellung, dass mit diesem
ein besonderes Verpflichtungsmoment menschlichen Denkens und
Tuns verbunden ist, so ist eigentlich mit der Profilierung des NWP
und seiner Bedeutung für die praktische Vernunft auch schon das

---

[54] Vgl. hierzu ausführlich K.-O. APEL, Die Vernunftfunktion der kommunikativen Rationalität, in: Ders./M. Kettner (Hg.), Die eine Vernunft und die vielen
Rationalitäten, Frankfurt 1996, 17–41.

Entscheidende gesagt. Wer nach einem „moral point of view" sucht und darunter einen Standort versteht, bei dem man nicht bloß *auf* Moral (d. h. auf Normen und Werte, Güter und Tugenden etc.) blickt, sondern der *selbst* ein moralischer Standpunkt ist (d. h. von dem her Normen und Werte als allgemein verbindlich gerechtfertigt werden können), ist bereits am Ziel, wenn er angesichts des NWP die Erfahrung eines unbedingten Sollens macht, dessen Beachtung zu den Sinnbedingungen menschlichen Denkens und Handelns gehört und dieses Denken und Handeln vor Willkür, Beliebigkeit und fremdbestimmenden äußeren Einflüssen bewahrt.[55]

Ein anderes, die Logik dieses Prinzips formal überbietendes moralisches Sollen gibt es nicht, weil kein anderes Format von Unbedingtheit und Verpflichtung an seine Stelle treten kann. Seine moralische Qualität erhält dieses Sollen erst und vor allem durch seinen Gegenstandsbezug und seine materiale Formatierung, d. h. wenn es jene „mores" (Sitten, Bräuche, Konventionen, Wertsetzungen) auf ihre rationale Vertretbarkeit testet, von denen es heißt, dass es sich für den Menschen ziemt, sie zu beachten und auf sie nichts kommen zu lassen.[56]

Folgt nun daraus, dass moralische Normen ihre Geltung und Verbindlichkeit ausschließlich dem Umstand verdanken, dass sie dem aufgeklärten Selbstinteresse von Individuen entsprechen und/oder aus entsprechenden sozialen Konventionen hervorgehen?[57] Gibt es demnach gar keinen eigenen moralischen Rationalitätstyp neben den bisher skizzierten Formaten? Besteht das Moralische nur in dem geschickten Arrangieren der in den einzelnen Rationalitätstypen eingelassenen Ansprüche des NWP?

---

[55] Auf dieser Linie argumentiert auch W. Korff, Norm und Sittlichkeit. Untersuchungen zur Logik der normativen Vernunft, Mainz 1973, 51, 62ff.

[56] „Das lateinische Wort *mores* ist die auf Cicero, De fato 1, zurückgehende Übersetzung des griechischen Wortes *ethos* (Aufenthaltsort, Gewohnheit, Brauch, Charakter), das von Aristoteles, wo er die Entstehung der ethischen Tugend erläutert (NE II 1), zurückgeführt wird auf ethos: … Es bezeichnet die Verhaltensweisen, in denen eine Gruppe von Menschen aufgrund einer alten, seit Generationen gelebten und überlieferten Gewohnheit übereinstimmt", F. Ricken, Allgemeine Ethik, Stuttgart [3]1998, 13.

[57] In diese Richtung geht N. Hoerster, Ethik und Interesse, Stuttgart 2003; Ders., Was ist Moral?, Stuttgart 2008.

Sucht man nach dem „Moralischen der Moral", d. h. nach einem Moment des Kategorischen, Indisponiblen und Nichtrelativierbaren, dann kann es in der Tat nur in der Unbedingtheit jenes Sollens gefunden werden, das den Menschen unter den Anspruch des NWP stellt. Dieser Anspruch bewahrt den Menschen davor, sich auf Unvertretbares zu verlegen oder sich an Unhaltbares zu halten; er ist selbstevident, d. h. er leuchtet aus sich selbst ein und ist weder relativierbar noch überbietbar.[58] Unter dieser Rücksicht sind die zweckrationale und strategische Vernunft nicht weniger moralisch belangvoll als die diskursive Vernunft. Sie unterstehen je für sich und miteinander den Ansprüchen des NWP.

Soll es darum gehen, das Moralische der Vernunft in einer besonderen Weise auszuzeichnen, dann kann es lediglich darin bestehen, dass hier eine spezifische Einstellung eingenommen wird zu jenen Einstellungen von Subjekten zu ihren Weltbezügen, Handlungsinteressen und Wertpräferenzen, die bereits von den skizzierten Rationalitätstypen geformt wurden. Zu den Eigenschaften, die ein „moral point of view" aufweisen muss, gehört nicht zuletzt seine „Überpar-

---

[58] Für eine theologische Begründung eines „moral point of view" sowie für die Versuche einer theologischen Letztbegründung des NWP qua Moralprinzip bleibt vor diesem Hintergrund kein Anknüpfungspunkt und kein Anlass. Wenn der Sollensanspruch des NWP als selbstevident, unhintergehbar, alternativenlos und unüberbietbar identifizierbar ist, bestehen weder Notwendigkeit noch Möglichkeit, mit einem Rekurs auf die Größe „Gott" eine zusätzliche Rechtfertigung dieses Anspruchs zu versuchen. Ein solcher Versuch ist ebenso überflüssig wie entbehrlich. Gleichwohl wird immer wieder versucht, für die Lösung ethischer Grundfragen einen „Gottesbezug" als relevant aufzuweisen. Hinter solchen Versuchen steht meist der Gedanke, dass ein unbedingtes Sollen einen Referenzpunkt („Woher") seiner Unbedingtheit braucht, der nicht ein vielfach bedingtes Subjekt sein könne. Wo soll in einer vielfach bedingten Welt ein unbedingtes Sollen herkommen, wenn nicht aus der Sphäre des Unbedingten? Das Wort „unbedingt" wird jedoch missverstanden, wenn man es auf eine metaphysische Hinterwelt bezieht oder mit einem religiösen Transzendenzbezug ausstattet (vgl. W. WEIER, Gott als Prinzip der Sittlichkeit. Grundlegung einer existentiellen und theonomen Ethik, Paderborn 2009). Die Unbedingtheit des NWP ist bereits dadurch hinreichend erwiesen, dass seine Geltung als logisch unhintergehbar und seine Bestreitung oder Relativierung als Ausdruck eines performativen Widerspruchs aufweisbar ist. Vgl. hierzu auch in diesem Band den Abschnitt „Prekäre Beziehungen: Religion und moralische Autonomie" (IV.1.1).

teilichkeit" und Neutralität gegenüber den leitenden Interessen der handelnden Subjekte und gegenüber ihren Einstellungen zur Wirklichkeit. „Moralisch" ist demnach ein Verhältnis zweiter Ordnung zu den Lebensverhältnissen des Menschen. Hier geht es um eine besondere Umgangsform mit den Formen, vernünftig mit den Limitationen des Daseins umzugehen. Dieses Verhältnis kann nachträglich thematisiert werden, es ist aber immer schon mit im Spiel der Vernunft. Wenn ein Mensch eine Gewissenserforschung oder eine „revision de vie" vornimmt, begibt er sich in genau jenes Verhältnis: Er fragt sich, ob er bei dem Bemühen, im Alltag alles richtig zu machen, alles richtig gemacht hat bzw. ob es richtig war, auf Handlungsmuster zu vertrauen, die ihm signalisierten, man könne nichts falsch machen, wenn man sie anwendet. Diese Reflexion unter einem „moral point of view" vorzunehmen, verlangt jedoch, dabei von subjektiven Zwecken, Interessen und Präferenzen abzusehen und den Test durchzuführen, ob die Maxime des eigenen Handelns auch von allen anderen Vernunftsubjekten in vergleichbaren Situationen als Richtschnur ihres Handelns akzeptiert werden könnte.

Dieser Test ist letztlich nur intersubjektiv durchführbar und kann nicht der individuellen Urteilskraft des Vernunftsubjekts überlassen werden. Allein vor dem Forum der kommunikativ-diskursiven Vernunft ist eine rationale Rechtfertigung der allgemeinen Vertretbarkeit und Zumutbarkeit von Umgangsformen mit den Limitationen des Daseins möglich. Die intersubjektive Relations- und Reflexionslogik, die das „Moralische der Moral" kennzeichnet, ergibt sich auch aus dem Umstand, dass das NWP seinen Ort in den semiotischen Dimensionen der Sprache hat, denen ihrerseits eine intersubjektive Logik eingeschrieben ist. Verbunden sind damit Verbindlichkeiten, die in die Bezeichnungs-, Bedeutungs- und Beziehungsdimensionen sprachlicher Verständigung eingelassen sind. Zu den Ermöglichungs- und Gelingensbedingungen sprachlicher Interaktion gehören aber auch moralisch belangvolle Präsuppositionen.[59] Mit jeder sprachlichen Äußerung (Behauptung,

---

[59] Vgl. hierzu ausführlich W. KUHLMANN, Beiträge zur Diskursethik, Würzburg 2007, bes. 9–74; DERS., Sprachphilosophie – Hermeneutik – Ethik, Würzburg 1992, 9–50, 150–207; D. BÖHLER, Verbindlichkeit aus dem Diskurs, 262–324.

Empfehlung oder Kritik) erhebt ein Sprecher gegenüber sich und seinen Gesprächspartnern einen Geltungsanspruch (z. B. dass seine Aussage *wahr,* seine Empfehlung *aufrichtig* und *hilfreich* und seine Kritik *berechtigt* ist). Er würde sich in einen Selbstwiderspruch begeben, wenn er das, worauf sich seine Äußerung bezieht, was sie benennt und bedeutet, nur in einem Selbstgespräch als zutreffend behaupten würde. Sofern er mit seiner Wortmeldung die Erwartung verknüpft, dass die Anderen auf seine Rede eingehen, gibt er zugleich die Bereitschaft zu erkennen, die für seine Äußerung erhobenen Geltungsansprüche der Wahrheit, Wahrhaftigkeit, Angemessenheit und Vertretbarkeit auf Nachfrage zu rechtfertigen. Insoweit erkennt er allen anderen Gesprächspartnern das Recht zu, seinen Geltungsanspruch zu prüfen. Sich selbst verpflichtet er, an dieser Prüfung durch die Rechtfertigung seiner Position mittels Beibringen zustimmungswürdiger Gründe mitzuwirken. Zustimmungswürdig sind jene Argumente, bei denen man sich in Widersprüche verwickelt, wenn man ihnen widerspricht. Der Geltungsanspruch eines sinnvollen Argumentes ist also notwendig der Anspruch, dass alle konsistent Argumentierenden ihn als begründet einsehen, so dass auf Dauer, wenn alle Gründe vorgebracht wurden, die diesen Geltungsanspruch stützen, ein Konsens zu erwarten ist.

Damit ist bereits die Ethik im Spiel der Kommunikation impliziert: Die Anerkennung der Urteilsfähigkeit des Anderen als eines argumentationsfähigen Subjekts, als eines kompetenten Prüfers und kritischen Fragers, seine Anerkennung als gleichberechtigter Diskussionspartner, die gegenseitige Unterstellung wahrhaftigen Sichäußerns und die Bereitschaft zu kooperativer Wahrheitssuche sind logisch-normative Voraussetzungen für sinnvolles Sprechen und Argumentieren. Eine Diskussion kann nur dann sinnvoll durchgeführt werden, wenn die Argumentierenden einander als gleichrangige, zurechnungs- und wahrheitsfähige Gesprächspartner anerkennen und dies im Austausch ihrer Argumente auch zum Ausdruck bringen.

Der rationale Diskurs erweist sich hier als jene Umgangsform mit den übrigen Formen, wie Menschen mit sich selbst, miteinander und mit ihrer Umwelt umgehen, in der sowohl deren Rationalitätspotential erhoben wird als auch ein kritischer Maßstab an die

Konsensfähigkeit der aus diesen Formen resultierenden Folgen und Nebenwirkungen angelegt wird.[60] Hier wird praktiziert, was die Einnahme eines „moral point of view" charakterisiert: ein auf Unparteilichkeit gegründetes und hinsichtlich seines Ergebnisses auf allgemeine Zustimmungsfähigkeit ausgerichtetes Verfahren der rationalen Evaluation von Umgangsformen mit den Limitationen des Daseins.[61]

Ausgehend vom NWP, seiner Ortung in den semiotischen Dimensionen der Sprache und seiner dynamischen Fassung im Diskursprinzip lässt sich auch näher bestimmen, worin weitere elementare ethische Ansprüche im Blick auf die vernunftorientierten Umgangsformen mit den Weltbezügen und Handlungsinteressen des Menschen bestehen. Sie konvergieren in der Forderung, nur solchen Maximen zu folgen, die verallgemeinerbar sind, d. h. im Blick auf einen intersubjektiven „moral point of view" gerechtfertigt werden können: Sie müssen 1. jederzeit zugleich als Prinzip einer allgemeinen Verhaltensorientierung gelten können, d. h. sie müssen jedem Vernunftsubjekt zumutbar sein (Universalisierungsprinzip); 2. zu Entscheidungen bzw. Maßnahmen führen, die jedes Subjekt auch dann akzeptieren würde, wenn es unter ihren Auswirkungen am meisten zu leiden hätte (Fairnessprinzip); 3. auf Dauer und im Ganzen jene Güter und Werte nicht zerstören oder beeinträchtigen, deren Realisierung sie beabsichtigen (Nachhaltigkeitsprinzip).[62]

---

[60] Hierbei lautet die entscheidende Frage, ob „die Folgen und Nebenwirkungen, die sich jeweils aus ihrer *allgemeinen* Befolgung für die Befriedigung der Interessen eines *jeden* einzelnen (voraussichtlich) ergeben, von *allen* Betroffenen akzeptiert (und den Auswirkungen der alternativen Regelungsmöglichkeiten vorgezogen) werden können"; J. HABERMAS, Philosophische Texte. Bd. 3: Diskursethik, Frankfurt 2009, 16.

[61] Darum kann es auf die Frage, warum man moralisch sein soll, auch keine bessere Antwort geben als zu sagen: weil man sonst unvernünftig wird! Vgl. H. WITTWER, Ist es vernünftig, moralisch zu sein?, Berlin/New York 2010; K. BAYERTZ, Warum überhaupt moralisch sein?, München ²2006; DERS. (Hg.), Warum moralisch sein?, Paderborn 2002.

[62] Bei N. HOERSTER, Ethik und Interesse; DERS., Was ist Moral?, werden diese drei Prinzipien ausgeblendet. Ohne ihre Beachtung bleiben jedoch alle Konventionen von Vernunftsubjekten zur Wahrung ihrer je eigenen Interessen ethisch defizitär. Vgl. zur Kritik an Hoerster auch Th. BRANDECKER, Wodurch sind moralische Normen begründet?, in: StZ 138 (2013) 166–178; St. ERNST/Th. BRAN-

3.5 Operativ:
Praktische Vernunft und vernünftige Praxis

Im NWP sind die moralisch belangvollen Basiskategorien des theoretischen und praktischen Vernunftgebrauchs angelegt bzw. grundgelegt: Wahrheit, Gerechtigkeit, Freiheit, Verantwortung. Hier wird deutlich, was der Mensch kategorisch soll: des *Anspruchs* der Widerspruchsfreiheit *gewahr* werden, ihm *gerecht* werden und aus *freien* Stücken das Richtige sagen bzw. Verantwortbare tun. Das in diesem Anspruch offenbar werdende Sollen als Grund, Maß und Zielbestimmung menschlichen Denkens und Handelns ist vergleichbar einem Licht, das auf etwas fällt bzw. in dem alles zu sehen ist.[63] Es ist ein unvordenklicher, vom Menschen nicht ausgedachter Anspruch, der an den Menschen ergeht und dem er zu entsprechen hat. Dieser Sollensanspruch provoziert die Freiheit und Verantwortung des Menschen: Ein derartiges Sollen ist kein Müssen, d. h. es beansprucht, aber zwingt nicht. Sein Anspruch richtet sich an den Menschen mit der Frage, ob er ihm aus freien Stücken entsprechen will. Ein solches Sollen verdient ein „moralisches" Sollen genannt zu werden.[64]

Das NWP ist ein Ausdruck der Autonomie der Vernunft, d. h. im Bedenken des Denkens, im Selbstvollzug der Vernunft wird es als Gesetzmäßigkeit der Vernunft entdeckt bzw. hervorgedacht, aber nicht ausgedacht.[65] Die Vernunft erweist sich dabei selbst als

---

DECKER, Ist Ethik allein durch subjektive Interessen zu begründen?, in: MThZ 59 (2008) 137–158.

[63] Vgl. auch B. de SPINOZA, Die Ethik nach geometrischer Methode dargestellt, Teil II, Lehrsatz 43: „Wahrlich, wie das Licht sich selbst und die Finsternis offenbart, so ist die Wahrheit die Richtschnur ihrer selbst und des Falschen."

[64] Zu abweichenden Versuchen, ein moralisches Sollen zu bestimmen, siehe etwa C. F. GETHMANN, Warum sollen wir überhaupt etwas und nicht vielmehr nichts?, in: P. Janich (Hg.), Naturalismus und Menschenbild, Hamburg 2008, 138–156; G. DUX, Die Moral in der prozessualen Logik. Warum wir sollen, was wir sollen, Weilerswist 2004; Ch. FEHIGE, Soll ich?, Stuttgart 2004; U. WOLF, Das Problem des moralischen Sollens, Berlin/New York 1984.

[65] Der mit dem NWP verbundene Sollensanspruch bzw. das Bewusstsein dieses Anspruchs ist ein Faktum der Vernunft, „weil man es nicht aus vorhergehenden Datis der Vernunft ... herausvernünfteln kann, sondern weil es sich für sich selbst uns aufdrängt". I. KANT, Kritik der praktischen Vernunft § 7. Vgl. hierzu

Erkenntnismedium ihrer Selbstgesetzlichkeit und auch als Ort der
Autonomie des Vernunftsubjekts. Die ethische Autonomie des
Menschen besteht daher auch nicht darin, dass er machen kann,
was er will, sondern im selbstbewussten Sich-bestimmen-Lassen
von Handlungsmotiven und -gründen, deren Befolgung mit die-
sem Prinzip kompatibel ist.[66] Die Rede von einer „autonomen
Moral" bzw. von der „Autonomie der Moral" meint die logische
Selbständigkeit dieser Selbstbestimmung der Vernunft und die
Selbstevidenz des NWP als Basis des moralischen Sollens.[67]

Das NWP konstituiert das gesamte Vernunftvermögen des
Menschen sowie sämtliche Spielarten, von ihm Gebrauch zu machen. Aus ihm gewinnt menschliches Erkennen und Handeln un-
geachtet der Motive und Umstände, die es sonst noch beeinflussen
mögen, nicht nur den Charakter des logisch Unbeliebigen, sondern
zugleich die jeweilige Berechtigung seiner konkreten Ausführung.
Dies schließt nicht aus, dass auf den Wegen der Vernunft auch Un-
vernünftiges begegnet. Es ist auch möglich, dass es zwar bei den
einzelnen Rationalitätstypen jeweils mit rechten Dingen zugeht,
aber ihre isolierte Anwendung aufs Ganze zu prekären Resultaten
führt. Die Erfahrung zeigt, dass die Vernünftigkeit eines jeden Ra-

---

M. WOLFF, Warum das Faktum der Vernunft ein Faktum ist, in: DZPh 57
(2009) 511–549. – Zur kantischen Version, ein unbedingtes Sollen bzw. ein Moralprinzip mit der Selbstbezüglichkeit der (reinen praktischen) Vernunft in Beziehung zu setzen, siehe K. STEIGLEDER, Kants Moralphilosophie, Stuttgart/
Weimar 2002, 59–128. – Mit dem Hinweis auf ein „Faktum der Vernunft" ist
kein Sein/Sollen-Fehlschluss verbunden. Vielmehr geht es um die Unhintergehbarkeit einer Bedingung sinn- und geltungsfähigen Sprechens und Handelns,
der der Mensch immer schon ausgesetzt ist und deren Verbindlichkeit weder
sinnvoll bestritten noch von einer anderen Größe abgeleitet werden kann. Zur
Rezeption und Relevanz dieser Denkfigur in einem transzendentalpragmatischen Denkhorizont siehe K.-O. APEL, Transformation der Philosophie. Bd. II,
Frankfurt 1973, 397–435; DERS., Auseinandersetzungen in Erprobung des
transzendentalpragmatischen Ansatzes, Frankfurt 1998, 221–280.

[66] Daher ist ebenso auf die Autonomie der praktischen Vernunft wie auf die
Moralität dieser Autonomie zu achten. Vgl. dazu D. HENRICH, Ethik der Autonomie, in: Ders., Selbstverhältnisse, Stuttgart 1982, 6–56.

[67] Daher bedarf es unter dieser Rücksicht keiner weiteren metaphysischen Absicherung dieses Sollens. Vgl. dazu auch G. PATZIG, Ethik ohne Metaphysik,
Göttingen ²1983.

tionalitätsformats immer dann in Frage steht, wenn seine spezifische Logik jeweils isoliert zum Austrag kommt oder unvermittelt neben den anderen Formaten behauptet wird. Die ökologische Krise darf als dramatischste Folge einer Ausblendung anderer Rationalitätsformate zugunsten des zweckrationalen Formats betrachtet werden.[68] Auf solche Verengungen muss und kann die Vernunft mit ihren eigenen Mitteln hingewiesen werden. Ihre relational-reflexive Verfassung bietet dazu alle Möglichkeiten.

Wenn Dasein für den Menschen heißt, etwas Vernunftgemäßes aus dem zu machen, was die Natur aus ihm gemacht hat, und wenn zum Dasein ebenso gehört, in Beziehungen und Verhältnissen zu existieren, zu denen man nochmals ein Verhältnis einnehmen kann, dann gilt dieses reflexive Moment auch für die skizzierten Weltbezüge und Rationalitätstypen und deren Verhältnis zueinander. Auch daraus lässt sich etwas machen.

Möglich ist etwa, die Ausgestaltung von Weltbezügen nach den Kriterien der Zweckrationalität zu formatieren. „Leben" heißt dann: in den Bezügen zu Natur, Gesellschaft und Zeit unter Knappheitsbedingungen zu existieren und diese Bezüge gemäß dem optimalen Verhältnis von Aufwand und Ertrag zu gestalten und kontraproduktive Zweck/Mittel-Arrangements zu vermeiden. Zu dieser Deutung und Ausformung der elementaren Daseinsbezüge kann man nun wiederum unterschiedliche Einstellungen haben. Denkbar ist zum Beispiel, die Anwendung der Zweck/Mittel-Rationalität in eine „kairologische" Perspektive einzubringen und sich zu fragen, welche einmalige Gelegenheit für die Realisierung eines bestimmten Vorhabens gerade besteht, das darum nicht vertagt werden darf, auch wenn stattdessen ein anderes, zweckrational ebenso wohlkalkuliertes Projekt nicht realisiert wird. Die Orientierung an einem „kairos" des Handelns kann aber auch einer zweckrationalen Überlegung unterworfen werden – wenn man sich fragt, wieviel teurer es für einen Akteur kommt, wenn er die Realisierung eines im Augenblick günstigen Vorhabens auf einen späteren Zeitpunkt verschiebt. Im ersten Fall wird die Zweckrationalität des

---

[68] Vgl. H.-J. HöHN, Ökologische Sozialethik. Grundlagen und Perspektiven, Paderborn/München/Wien/Zürich 2001, 35–42.

Tuns kairologisch gegengelesen, im zweiten Fall geht es um die zweckrationale Auszeichnung eines „kairos".
Solche wechselseitigen Bezugnahmen und Aufstufungen lassen sich mit allen Rationalitätsmustern vornehmen. Wie etwa die Logik der Nachhaltigkeit in das Kalkül der instrumentellen Vernunft eingebracht werden kann, so kann dieses wiederum zum Gegenstand einer partizipativ-kommunikativen Evaluation werden. Demnach wäre die Aufforderung, beim strategischen Verfolgen eigener Interessen auch Aufwand und Ertrag des Mitteleinsatzes auf Dauer nicht auseinanderklaffen zu lassen, erst dann rational, wenn auch der Gedanke einer Folgenabwägung zum Tragen käme: Lässt sich für die voraussehbaren Handlungsfolgen hinsichtlich ihrer Zumutbarkeit bei allen davon Betroffenen eine Zustimmung finden?

Unter Beobachtung einer wechselseitigen Bezugnahme der Rationalitätsformate aufeinander ist die Vernunft fähig zur Vernunftkritik und kann möglichen Ambivalenzen des Vernunftgebrauches auf die Spur kommen. Geschieht dies in der notwendigen Sensibilität für vernunftbasierte Realisierungen des Vernunftwidrigen, wird sie damit auch in die Lage versetzt zu verhindern, dass sie selbst zur Verwirklichung des Un- und Widervernünftigen beiträgt.[69] Vermeidbar ist Vernunftwidriges kaum anders, als dass man sich zu den jeweiligen Rationalitätstypen auf unterschiedlichen Reflexionsstufen in ein vernunftgemäßes Verhältnis setzt. Dazu gehört jeweils auch, den Anforderungen eines „moral point of view" gerecht zu werden und die Kriterien der Universalisierbarkeit (von Handlungsmaximen), der Fairness (hinsichtlich der Verteilung von Vor- und Nachteilen der Handlungsfolgen) und der Nachhaltigkeit (bezüglich der langfristigen Realisierung von Gütern und Werten) zur Geltung zu bringen.

Jenseits der iterativen und reflexiven Anwendung des NWP gibt es keine Meta-Vernunft. Auch der Diskursrationalität kommt ein solcher Status nicht zu. Sie kann keines der übrigen (instrumentel-

---

[69] Zur Debatte um die Reichweite und Grenzen einer Rationalität, die nur an der optimalen Relation von Zwecken und Mitteln orientiert ist, siehe Ch. HALBIG/ T. HENNING (Hg.), Die neue Kritik der instrumentellen Vernunft, Berlin 2012.

len, strategischen, kommunikativen, temporalen) Rationalitäts-
muster ersetzen, sondern muss auf sie zurückgreifen, wenn es um
die Ermittlung und Prüfung triftiger Gründe bei der Verhandlung
von Geltungsansprüchen geht. Sie sind unersetzbar beim Versuch
des optimalen Umgangs mit den Limitationen des Daseins.[70]
Wenn das Format der Diskursrationalität gleichwohl besonders
herausgehoben wird, so kann dies nicht mit einer Überbietung
der anderen, ihm vorangehenden Anwendungen des NWP gerechtfertigt werden. Das Verfahren diskursiver Prüfung hat vielmehr die
Feststellung einer allgemeinen Übereinstimmung hinsichtlich der
Berechtigung dieser Anwendungen in bestimmten Handlungskon-
stellationen zum Ziel. Hierüber soll ein Konsens erzielt werden,
von dessen Rationalität alle Beteiligten aus denselben guten Gründen überzeugt sind. Sie machen sich diese Gründe zu eigen und
stellen dies gemeinsam fest. Anders formuliert: Auch die Diskursrationalität ist relational verfasst; sie steht in Korrelation zu den
Mustern instrumenteller (zweckrationaler), strategischer, kommunikativer (partizipativer) und temporaler Rationalität. Und diese Muster stehen ihrerseits in Korrelation zur existentialen Grundsituation des Menschen.

Mit diesen Erörterungen zu den Merkmalen praktischer Vernunft und vernünftiger Praxis ist allerdings noch nicht die Frage
beantwortet, wie das Vernünftige tatsächlich operativ wirksam
sein kann. Ist seine Operationalisierbarkeit daran gebunden, dass

---

[70] Bei R. PFALLER, Wofür es sich zu leben lohnt. Elemente materialistischer Philosophie, Frankfurt [3]2013, 148–159, findet sich das Plädoyer für einen vernünftigen Umgang mit der Vernunft, der von Zeit zu Zeit um der Vernunft und der
Lebensqualität willen auch einmal Ausnahmen vom Regime der Vernunft erlaubt: „Wenn man ein Leben haben will, das seinen Namen verdient, dann
darf man nicht unentwegt vernünftig oder erwachsen sein. Man muss vielmehr
imstande sein, sich auch kleine Verrücktheiten oder kindische Dummheiten zu
gönnen" (148). Andernfalls wird die Vernunft „leicht zu etwas Maßlosem, Gna-
denlosem und Irrationalem, das sein vermeintlich Anderes mit unerbittlicher
Härte verfolgt und es total auslöschen will" (149). Allerdings muss auch nach
Pfaller die Erlaubnis zu dieser Ausnahme bzw. die Einsicht in ihre Berechtigung
wiederum von der Vernunft selbst kommen und ist insofern Ausdruck ihrer
Anwendung auf sich selbst bzw. Ergebnis einer vernünftigen Reflexion der
Grenzen der Vernunft.

aus Gründen des Wollens auch Ursachen des Handelns werden? Können Gründe überhaupt auf der Ebene des Physischen wirksam werden? Oder begeht diese Frage bereits einen Kategorienfehler, da sie übersieht: Ursachen haben ihren Ort in physischen Kausal- und Konditionalzusammenhängen, Gründe stehen dagegen in logisch-argumentativen Rechtfertigungskontexten. Gründe sind daher etwas kategorial anderes als Ursachen. Muss darum ihre Wirksamkeit auch anders gefasst werden als die Kausalität physischer Faktoren oder von „Wenn/dann"-Konstellationen? Oder wird der Unterschied beider Größen umgriffen von einer je größeren Gemeinsamkeit? Denn das Erwägen von Gründen kann nicht erfolgen, ohne dass auf physischer bzw. neuronaler Ebene beim Menschen Prozesse ablaufen, deren Kausalität und Konditionalität der Wirkweise von Ursachen entspricht. Wenn nun aus logischen Erwägungen heraus keine Identität von Gründen und Ursachen angenommen werden darf oder aus ontologischen Überlegungen heraus die eine Größe nicht auf die andere reduziert werden kann, muss es offensichtlich ein „missing link" geben, das dafür sorgt, dass Gründe handlungsleitend werden. Auf jeden Fall scheint es unumgänglich zu sein, die Möglichkeit einer „mentalen Verursachung" von Handlungen anzunehmen – sei es, dass man eine mentale „top down"-Kausalität annimmt, oder sei es, dass in Vermeidung eines ontologischen Dualismus Ursachen und Gründe als zwei Seiten einer Medaille aufgefasst werden.[71]

---

[71] Aus existentialpragmatischer Sicht ist dies eine einstweilen offene Frage, deren weitere Erörterung vom Fortgang der Diskussion zwischen Philosophie und Neurobiologie abhängig ist. Vgl. dazu u. a. M. ESFELD, Mentale Verursachung und die neue Reduktionismus-Debatte, in: P. Spät (Hg.), Zur Zukunft der Philosophie des Geistes, Paderborn 2008, 25–40; S. WALTER, Mentale Verursachung: Standortbestimmung und Ausblick, in: ebd., 41–59; DERS., Mentale Verursachung, Paderborn 2006; J. KIM, Mental Causation, in: B. McLaughlin u. a. (Hg.), The Oxford Handbook of Philosophy of Mind, Oxford 2009, 29–52.

3.6 Emergent:
Natur – Kultur – Daseinsakzeptanz

In etlichen Beiträgen zur zeitgenössischen philosophischen Anthropologie begegnet eine erhebliche Skepsis gegenüber Versuchen, das für das Menschsein Wesentliche bestimmen zu können.[72] Angesichts der vielfachen Aufhebung vermeintlicher Exklusivmerkmale des Menschen, die sich im Fortgang der neuzeitlichen Wissenschaft ergeben hat, ist in der Tat Vorsicht angebracht. Dies gilt auch für die Bestimmung des Menschen als „animal rationale". Nicht selten wird übersehen, dass diese Bezeichnung auch auf manche Spezies im Tierreich anwendbar ist, und ebenso oft wird die Geschichtlichkeit und sozio-kulturelle Bedingtheit sowohl der „animalitas" als auch der „rationalitas" des Menschen übergangen. In der Gefahr, evolutionäre Verläufe der Entwicklung des Menschen und seiner Besonderheiten auszublenden, scheint auch ein existentialpragmatischer Zugang zu den Weltbezügen und Idealtypen der Wirklichkeitsorientierung, zu den handlungsleitenden Interessen, Rationalitätsmustern und Reflexionsstufen des bestmöglichen Umgangs mit den Limitationen menschlichen Daseins zu stehen. Zum Teil ist dies der Absicht geschuldet, nicht den Hervorgang elementarer Bestimmungen menschlichen In-der-Welt-Seins zu rekonstruieren, sondern das Prinzipielle dieser Bestimmungen zu erfassen und zu systematisieren. Noch einmal: Es geht hier primär um die Frage, wie der Mensch aus dem etwas machen kann, was die natürliche Evolution aus ihm gemacht hat.[73]

---

[72] Vgl. etwa G. Keil, Was ist der Mensch? Anmerkungen zu einer unwissenschaftlichen Frage, in: D. Ganten u. a. (Hg.), Was ist der Mensch?, Berlin/New York 2008, 139–146.

[73] Auf die Frage, was die Evolution aus dem Menschen gemacht hat, konzentriert sich W. Welsch, Homo mundanus, bes. 613–852. – Ch. Illies, Philosophische Anthropologie im biologischen Zeitalter. Zur Konvergenz von Moral und Natur, Frankfurt 2009, vertritt die These, dass der Mensch „gerade für ein Verhalten gemäß derjenigen Werte und Normen evolutionär angelegt zu sein scheint, die auch von unserer Vernunft als gültig und richtig angesehen werden können. Unsere ... Anlagen und Dispositionen befähigen uns, in der Weise zu handeln, die wir vernünftigerweise für moralisch halten ... Die natürlichen An-

Hauptanliegen des existentialpragmatischen Ansatzes ist es, der relationalen Verfassung menschlichen Daseins sowohl hinsichtlich seines Gewordenseins als auch hinsichtlich seines Werdenkönnens gerecht zu werden.[74] Vielleicht macht ihn seine Basisthese, dass sich darin die „conditio humana" zeigt, der Hypostasierung dieser Relationalität verdächtig. Allerdings spricht dagegen, dass die ermittelten Existentialien relationalen Daseins das Ergebnis einer reflexiven Bezugnahme auf Daseinskonstellationen bilden, die ontologisch als Verhältnisse zu bestimmen sind. Damit dürfte weitgehend die Gefahr gebannt sein, die „conditio humana" unabhängig von sprachlich grundierten und sozio-kulturell imprägnierten Lebensumständen beschreiben zu wollen.[75]

Dass der existentialpragmatische Ansatz sensibel für die Grenzen seiner Kompetenz sein muss, ist zudem kein ihm von außen abzuringendes Eingeständnis. Er praktiziert selbst durchgängig eine Grenzreflexion: Die Vernunft mit ihrer Aufgabe der Optimierung von Daseinsverhältnissen bewegt sich stets innerhalb der existentialen Grundkonstellation menschlichen Daseins und hat daran theoretisch wie praktisch ihre Grenze in einem doppelten Sinn: zum einen hinsichtlich dessen, was man nicht hintergehen kann, und zum anderen hinsichtlich dessen, worüber man nicht hinauskommt.[76] Eine „Horizonterweiterung" menschlichen Daseins ist zwar prinzi-

---

lagen des Moralwesens Mensch und die Forderungen der Vernunftmoral ... konvergieren in dem moralisch handelnden Menschen" (14).

[74] Insofern steht der existentialpragmatische Ansatz auch nicht in Opposition zu Konzeptionen, welche Kultur als Emergenzphänomen der naturgeschichtlichen Evolution rekonstruieren. Vgl. dazu G. Dux, Historisch-genetische Theorie der Kultur. Instabile Welten. Zur prozessualen Logik im kulturellen Wandel, Weilerswist ³2007. Aber auch wenn Sprache und Kultur in der Evolution zu den „Spätankömmlingen" zählen, bleibt es doch dabei, dass die Welt des Menschen eine Welt ist, deren Bedeutsamkeit ihm erst über Sprache zugänglich und über Kultur beeinflussbar ist. Dem evolutionsgeschichtlich „Späteren" (Sprache, Vernunft) kommt das hermeneutische und epistemische „Prius" zu, um das ihm Vorausgehende (Natur, Evolution) erkennen und bestimmen zu können.

[75] In dieser Gefahr standen und stehen Ansätze, die auf eine metaphysische „Natur" des Menschen abheben. Vgl. dazu kritisch K. Bayertz (Hg.), Die menschliche Natur. Welchen und wieviel Wert hat sie?, Paderborn 2004.

[76] Vgl. hierzu auch H. Schnädelbach, Grenzen der Vernunft?, in: W. Hogrebe (Hg.), Grenzen und Grenzüberschreitungen, Berlin 2004, 283–295.

piell derart möglich, dass man die bis dato unverfügbaren Voraussetzungen menschlichen Handelns in Folgen menschlichen Tuns verwandelt. Aber auch diesem Bestreben ist ein Limit gesetzt. Die existentiale Grundkonstellation steht selbst nicht zur Disposition. Sie ist
selbst nicht veränderbar oder erweiterbar. Veränderungen und Erweiterungen gibt es nur innerhalb dieser Konstellation. Aus dieser
Limitation führt auch eine reflexive Aufhebung bzw. iterative Stu-
fung der einzelnen Rationalitätsformate der Weltgestaltung nicht hinaus. Aber im Horizont dieser Limitationen sind durchaus beträcht-
liche Daseinsoptimierungen möglich.

Wenn es dem Menschen darum geht, aus dem etwas zu machen, was die Natur aus ihm gemacht hat, so steht dahinter die
Überzeugung, dass es um ihn besser stehen kann, wenn er nicht
bei dem stehen bleibt, wohin ihn die Evolution geführt hat. „Grie-
chischer Etymologie zufolge ist der Mensch der Aufrechte. Sein
Name *anthropos* stammt vom Verb *anatrepein:* etwas in die Höhe
bringen, emporheben,"[77] etwas aus der Waagrechten in die Senk-
rechte versetzen. Das Selbstverständnis des Menschen scheint sich
ebenfalls an der Vertikalachse auszurichten: Menschen sind
Aufsteiger – Wesen, die hoch hinaus wollen und obenauf sein wollen. Erst wenn sie eine „Hochform" erreichen, sind sie zufrieden.
Um nach oben zu kommen, muss man sich auf die Hinterbeine
stellen. Erst dann beginnt der aufrechte Gang, an dem man den
Menschen erkennen kann.[78] Erst wer auf eigenen Füßen steht, hat
sich selbständig gemacht (und ist ein *Autostatiker*). Um diese Stellung zu behalten, muss man sich *behaupten*. Dazu muss man den
eigenen Kopf durchsetzen. Der Kopf ist jene Region, die den Menschen im Ganzen repräsentiert. Worauf es ankommt, muss man im
Kopf haben. Von hier aus gewinnt man Übersicht und Eigenstand.
Darum ergeht der kategorische Imperativ „Kopf hoch!". Wer ihn
hängen lässt, setzt aufs Spiel, worin die Griechen die Besonderheit
des Menschen sehen: die *Autokephalie* (Selbstbehauptung).

---

[77] H. Timm, Von Angesicht zu Angesicht. Sprachmorphische Anthropologie,
Gütersloh 1992, 13. Zum Folgenden vgl. ebd., 13–20.
[78] Vgl. K. Bayertz, Der aufrechte Gang. Eine Geschichte des anthropologischen Denkens, München 2012.

Zur Selbstbehauptung gehört, dass man nicht mehr alles mit sich geschehen und machen lässt, was von Natur aus geschieht. Darum strebt der Mensch nach der Überwindung einer von „Naturzwecken" regierten Welt in einer von ihm selbst hergestellten Ordnung seiner Lebensverhältnisse, die ihm ein selbstbestimmtes Dasein ermöglichen. Denn die vorgefundene, natürliche Welt ist für den Menschen noch nicht gut genug, um mit ihr einverstanden zu sein. In einer nur von „Naturzwecken" bestimmten Welt, in der nichts anderes gilt als das Gesetz der biologischen Reproduktions- und Überlebensoptimierung, ist ein solches Optimum, das die Evolution verfolgt, noch kein hinreichend guter Grund für die Akzeptanz dieser Welt. Im Gegenteil: Wenn ein Mensch bei der Lotterie der Gene schlecht abgeschnitten hat, wird er die Welt für unannehmbar halten müssen, wenn sie nichts Besseres verspricht als Reproduktions- und Überlebensvorteile, die für ihn dank seiner schlechten genetischen Grundausstattung unerreichbar bleiben. Er kann seine Hoffnung nur darauf setzen, dass es möglich ist, mit den Mitteln der Vernunft seine Lebensumstände und -verhältnisse so zu verändern, dass ein Leben in und mit dieser Welt auch für ihn annehmbar wird. Daseinsakzeptanz ist demnach eine noch ausstehende Folge menschlichen Handelns. Es ist eine Frage der richtigen Praxis, ob und dass entsprechende Weltverbesserungen zu Weltakzeptanzsteigerungen führen.

Für dieses Projekt steht der Begriff der „Kultur". In existentialpragmatischer Sicht lässt sich dieses Projekt präzisieren, indem man erneut auf die Vierfachheit von Weltbezügen, Handlungsinteressen, Wertpräferenzen und Rationalitätsmustern zurückgreift, die aus der Struktur der existentialen Grundsituation des Menschen hervorgeht. Differenziert man nach dieser Vierfachheit den Kulturbegriff, so lassen sich folgende Spezifizierungen vornehmen:[79]

---

[79] Vgl. auf dieser Linie auch J. HEINRICHS, Kultur in der Kunst der Begriffe, München/Moskau 2007, 31–108. Vgl. ferner O. SCHWEMMER, Die kulturelle Existenz des Menschen, Berlin 1997. Einen instruktiven Gesamtüberblick bieten M. BÖSCH, Art. „Kultur", in: NHPhG II, 1357–1370; H. BUSCHE, Was ist Kultur?, in: Dialektik 1 (2000) 69–90; Dialektik 2 (2001) 5–16.

(1) *Kultivierung der Natur,* d. h. Verbesserung der naturalen Lebensverhältnisse und Optimierung der Umweltanpassung des Menschen: Die Kultivierung der Natur beginnt mit einer Ausnutzung unbeeinflussbarer Rhythmen und Zyklen von Wachstums- und Erntezeiten, wobei die soziale Evolution noch abhängig ist und begrenzt bleibt von der biologischen Evolution. Darauf folgt die Phase der produktiven Naturtransformation, in der soziale Evolution in Rückkopplung mit der biologischen Evolution erfolgt. Die natürliche Umwelt erschließt sich dem Menschen nicht mehr als bloß Vorgegebenes, sondern auch als Veränderbares; sie wird zum Objekt der (agrar)technischen Aneignung, Verwertung und Umgestaltung. In der Phase der technischen Reproduzierbarkeit der Natur kann der Mensch Natur herstellen, die Natürliches herstellt. Das biologische Evolutionsgeschehen wird nicht mehr nur durch Rückkopplung zwischen sozio-kultureller und genetisch-biologischer Evolution beeinflusst, sondern durch gezielte Eingriffe in die Erbinformation gesteuert. Natur, natürliche Substanzen (z. B. Insulin) und Organe (z. B. menschliche Haut) sind nicht mehr das von sich aus Gegebene, sondern das durch menschliche Herstellung Mögliche.[80]

(2) *Kultivierung persönlicher Fähigkeiten,* d. h. Selbstoptimierung des Menschen über die bewusste Ausbildung und Vervollkommnung bereits vorhandener Potentiale zwecks Erhöhung der individuellen Lebensführungskompetenz: Hier geht es um die Steigerung der Tauglichkeit des Menschen, mit den Wechselfällen des Lebens, mit den Potentialen und Grenzen seiner Begabungen produktiv umzugehen, das eigene Leben als Selbstvollzug und nicht bloß als Ausführung naturaler Dispositionen, als Spielball anderer Subjekte oder nur als Erfüllung eigener, stets wechselnder Bedürfnisse, Interessen und Empfindlichkeiten zu realisieren. Dazu sind unterschiedliche

---

[80] Vgl. hierzu ausführlicher J. Radkau, Natur und Macht. Eine Weltgeschichte der Umwelt, München 2000; R. P. Sieferle, Rückblick auf die Natur. Eine Geschichte des Menschen und seiner Umwelt, München 1997; G. Böhme, Natürlich Natur. Über Natur im Zeitalter ihrer technischen Reproduzierbarkeit, Frankfurt 1992.

Lern-, Bildungs- und Reifungsprozesse notwendig, über die
ein Mensch entdecken kann, was in ihm steckt, was er aus
sich machen kann und wie er ein „Könner" wird im Umgang
mit den Herausforderungen, die das Leben an ihn stellt.[81]

(3) *Kultivierung der sozialen Beziehungsformen*, d. h. Ausbau von
Verständigungsmedien und -codes, die ein Sich-zurecht-Fin-
den im Raum des Sozialen ermöglichen und den Transfer
der Bedeutung bedeutsamer Begebenheiten in der Welt er-
leichtern:[82] Hier geht es um den jedem individuellen Lebensvollzug vorgegebenen Vorrat an Orientierungswissen und die
Möglichkeiten seiner medialen Kommunikation. Auch diesen
Bereich kennzeichnet eine enorme Dynamik des quantitativen
Ausbaus und der permanenten Steigerung von Effizienz und
Qualität, bei der raum-zeitliche Beschränkungen rasant abge-
baut werden.[83]

(4) *Kultivierung der Ausdrucksformen kultureller und geschichtlicher
Identität*, d. h. Konstruktion eines sozio-kulturellen Referenzsys-
tems zur Verständigung über die Bedeutung aller „Weltereignis-
se": Hier geht es um die sozio-kulturelle Matrix menschlichen
Miteinanders und sozialer Identität in synchroner und diachro-
ner Perspektive. Dazu zählen vor allem die materialen und for-
malen Ausdrucksformen der (Feststellung einer) Übereinstimmung sozio-kultureller Gemeinsamkeiten. In traditionellen und
weltanschaulich geschlossenen Gesellschaften repräsentieren
Mythos und Religion jene „großen Erzählungen" (Jean-François
Lyotard), die kollektiv identitäts- und sinnstiftend sind und an
eine gemeinsame Herkunft ebenso erinnern wie sie eine gemeinsame Zukunft vor Augen stellen. Dagegen wird es in modernen,

---

[81] Vgl. ausführlicher V. GERHARDT, Selbstbestimmung. Das Prinzip der Individualität, Stuttgart 1999; DERS., Individualität. Das Element der Welt, München
2000.
[82] Vgl. J. HÖRISCH, Bedeutsamkeit. Über den Zusammenhang von Zeit, Sinn
und Medien, München 2009; M. PIETRASS/R. FUNIOK (Hg.), Mensch und Medien. Philosophische und sozialwissenschaftliche Perspektiven, Wiesbaden
2010.
[83] Vgl. J. HÖRISCH, Der Sinn und die Sinne. Eine Geschichte der Medien,
Frankfurt 2001.

weltanschaulich pluralen Gesellschaften immer schwieriger, gemeinsame Grund- und Letztwerte auszumachen, die über die Minima moralia eines Ethos der Menschenwürde oder der Menschenrechte hinausgehen. Im globalen Maßstab ist nur ansatzweise erkennbar, dass ein interkultureller oder interreligiöser bzw. transreligiöser Konsens sich in gemeinsamen Symbolen und Riten, ästhetischen oder ethischen Ausdrucksformen der Zusammengehörigkeit oder Konvivenz ausbilden wird.[84] Und ebenso wird es immer schwieriger, Visionen, Ideale und Utopien vom Lauf der modernen Welt zu finden, die auch für ein Ziel der sozio-kulturellen Evolution stehen.[85]

Was die Kultur der Moderne seit der Aufklärung für und von ihren Verfechtern will, lässt sich im Rückblick auf vier Anliegen bringen. Sie will a) aus einem blinden Natur- und Geschichtszusammenhang heraustreten, b) sich über die Bedingungen der eigenen Existenz autonom und in Freiheit klar werden, um einen Prozess in Gang zu setzen, welcher c) auf der gesellschaftlichen Verwirklichung der subjektiven Freiheit aller Vernunftsubjekte und ihres Selbstbestimmungswillens insistiert und darum c) die Legitimität und Autorität staatlicher Ordnung an die Achtung unveräußerlicher Grund- und Menschenrechte bindet. Die Moderne will sich dabei nicht einer höheren Autorität unterstellen, sondern dafür sorgen, dass alle Autorität von der Vernunft ausgeht. Allein unter den Imperativen der Vernunft soll eine Gestalt gesellschaftlicher Existenz entstehen, der jeder Mensch aus freien Stücken zustimmen kann.[86] Die Modernität sozialer Verhältnisse, Strukturen und

---

[84] Vgl. hierzu H. KÜNG, Handbuch Weltethos. Eine Vision und ihre Umsetzung, München/Zürich 2012.
[85] Siehe P. U. MERZ/G. WAGNER (Hg.), Kultur in Zeiten der Globalisierung, Frankfurt 2005; B.-C. HAN, Hyperkulturalität. Kultur und Globalisierung, Berlin 2005.
[86] „Das Projekt der Moderne, das im 18. Jahrhundert von den Philosophen der Aufklärung formuliert worden ist, besteht nun darin, die objektivierenden Wissenschaften, die universalistischen Grundlagen von Moral und Recht und die autonome Kunst unbeirrt in ihrem jeweiligen Eigensinn zu entwickeln, aber gleichzeitig auch die kognitiven Potentiale, die sich so ansammeln, aus ihren esoterischen Hochformen zu entbinden und für die Praxis, d. h. für eine ver-

Institutionen bemisst sich danach, inwieweit sie willens und fähig sind, sich einem permanenten Wandel (zum Besseren) zu unterziehen. Das impliziert ein Bewusstsein der Kontingenz von Gegenwart und Vergangenheit sowie eine Orientierung am Zukünftigen als dem erhofften Besseren.[87] Dieses Bessere ist nicht bloß Gegenstand menschlichen Hoffens, sondern zugleich auch Resultat seines Wollens und Tuns. Aber die Moderne wagt es kaum noch, nach einem Ziel und Sinn der Geschichte im Ganzen zu fragen.[88] Sie begnügt sich damit, aus den Umständen des Daseins, die dem Menschen bisher unverfügbar waren, Folgen seines Tuns zu machen, die er steuern und beherrschen kann. Im Rahmen des Verfügbaren kann der Mensch sein Dasein dann so gestalten, dass es ihm am Ende derart zusagt, dass er es gut findet.

---

nünftige Gestaltung der Lebensverhältnisse zu nützen"; J. HABERMAS, Die Moderne – ein unvollendetes Projekt, in: Ders., Kleine Politische Schriften I–IV, Frankfurt 1981, 453 (444–464).

[87] Vgl. G. UERZ, ÜberMorgen. Zukunftsvorstellungen als Elemente der gesellschaftlichen Konstruktion der Wirklichkeit, München 2006.

[88] Würde sie sich dieser Frage stellen, müsste sie auch derer gedenken, die ihr Leben in das Fortschreiten auf dieses Ziel hin investierten, ohne es zu erreichen. Und sie müsste das Gedenken an jene wachhalten, die totalitären Geschichtsideologien geopfert wurden. Vgl. dazu C. HEINRICH, Grundriß zu einer Philosophie der Opfer der Geschichte, Wien 2004. Siehe ferner J. ROHBECK, Zukunft der Geschichte. Geschichtsphilosophie und Zukunftsethik, Berlin 2013.

III. Ein eigener Mensch sein:
Ethik der Lebenskunst

Der Mensch ist ein ausgesprochen beziehungsfähiges und beziehungsreiches Wesen. Über gelingendes und gekonntes Menschsein wird man darum nur reden können, wenn man präziser angeben kann, wie diese Beziehungen lebendig erhalten werden können und was einer tödlichen Beziehungslosigkeit entgegenzusetzen ist. Hierfür bietet die Existentialpragmatik zwar ein Koordinatensystem an, innerhalb dessen sie sagen kann, wie es geht, ein Mensch zu sein. Aber ihr eigenes Begriffs- und Methodenrepertoire reicht nicht aus, um angeben zu können, wie es gut (aus)geht, ein Mensch zu sein. Aus dem existentialpragmatisch rekonstruierten Ensemble von Weltbezügen, Handlungsinteressen und Rationalitätsformen sowie aus der Rekonstruktion eines „moral point of view" ergeben sich lediglich Beurteilungskriterien für Daseinsorientierungen, Wertsetzungen und Verhaltenserwartungen. Allerdings lässt sich aus diesen Kriterien keine material gehaltvolle Ethik ableiten.

Die einleitend postulierte Rekontextualisierung von Anthropologie und Ethik und die angestrebte Wiedergewinnung einer ethisch-anthropologischen Parametrik erreichen erst dann ihr Ziel, wenn die Existentialpragmatik zeigen kann, dass sie auch resonanzfähig ist für alltagsweltlich verortete Lebensführungspraktiken bzw. diesen eine normativ-kritische Orientierung geben kann. Dazu ist es unumgänglich, geschichtlich gewordene und sozio-kulturell bedingte Vorstellungen gelingenden Lebens in den ethischen Diskurs einzubringen. Ob die Existentialpragmatik als Basistheorie für eine Ethik der Lebenskunst taugt, wird sich wesentlich daran erweisen, inwieweit sie möglichst umfassend deren existenzielle Ressourcen zu erschließen und deren lebensweltliche Umstände zu reflektieren vermag.

1. Perspektivenwechsel: Ethik im *cultural turn*

Wenn ein Theorieentwurf die konkreten Umstände seiner Entstehung und Rezeption nicht eigens im Blick hat, arbeitet er an der Fiktion eines Standortes, von dem aus zeitlos gültige Einsichten gewonnen werden. „Zeitlos" bedeutet dann meist: Es gibt keine Zeit, in der die jeweiligen Einsichten lebenspraktisch relevant werden. In einer solchen Gefahr stehen auch Ansätze, die mit dem Begriffs- und Methodenrepertoire transzendentalen und existentialen Denkens arbeiten. Ihre offenkundige Distanz zu Geschichte, Gesellschaft und Lebenswelt als zwar nicht unhintergehbare, aber für menschliches Dasein nicht weniger bestimmende Wirkgrößen kann eine existentialpragmatisch fundierte Ethik am ehesten überwinden durch einen Mitvollzug jenes „cultural turn", der in den letzten Jahren die Geistes- und Gesellschaftswissenschaften intensiv beschäftigt hat.[1]

Gemeint ist damit eine spezifische Wendung bei der Beschreibung sozialer und kultureller Phänomene. Hierbei schlägt der Forschungsfokus von der Gegenstandsebene auf die Ebene von Analysekategorien, -perspektiven und -konzepten um und wird selbst zum Medium von Erkenntnis. So geht es beim „iconic turn" nicht mehr nur darum, Bildbetrachtungen vorzunehmen, sondern dafür zu sensibilisieren, dass man anhand von Bildern betrachten kann, was es heißt, etwas zu betrachten. Bilder wollen nicht nur etwas zeigen, sondern das Zeigen zeigen und zeigen, wie man etwas sehen kann. Zu jedem Bild gehört ein Blick, den es wecken will, und nicht bloß ein Motiv bzw. einen Gegenstand, den es abbildet. Beim „cultural turn" steht die Leitvorstellung einer Konstruktion der Wirklichkeit in bzw. über kulturelle Codes im Zentrum.[2] Menschliches

---

[1] Vgl. hierzu etwa A. RECKWITZ, Die Transformation der Kulturtheorien. Zur Entwicklung eines Theorieprogramms, Weilerswist ²2012; D. BACHMANN-MEDICK, Cultural Turns. Neuorientierungen in den Kulturwissenschaften, Reinbek 2006 (Lit.).

[2] Diese Leitvorstellung verzweigt sich in Theorie und Praxis der Kulturwissenschaften in zahlreichen Varianten, die von den „gender studies" über „performative studies" bis hin zu „space studies" gehen und dabei jeweils einen eige-

Verhalten erscheint dabei eingebettet in kollektive „symbolische" Strukturen und Sinnwelten, denen entsprechende Lebensformen und -welten zuzuordnen sind. Von dieser Imprägnierung jeder Praxis kommen auch jene Subjekte nicht los, die fernab sozio-kultureller Voreingenommenheiten ihr Wissenschaftsterrain aus der Beobachterperspektive angehen wollen.[3]

Für das Konzept einer normativen Ethik bedeutet dies: Um Handlungen orientieren zu können, muss sie sich ihrerseits orientieren an lebensweltlichen Prozessen und Praktiken, in denen Verhaltensorientierungen ausgehandelt werden. Die Aufmerksamkeit gilt somit nicht bloß den Prinzipien und Kriterien ethischer Urteilsbildung, Güterabwägung und Konfliktregulierung. Denn es geht nicht allein darum, tragfähige Prinzipien und verlässliche Kriterien zu entwickeln, sondern um die Reflexion der Umstände und Bedingungen, unter denen sie angewandt werden sollen, sowie vor allem um die Rekonstruktion der Praktiken, mit denen sie entwickelt und umgesetzt werden.[4] Im Zentrum steht dabei nicht nur die Frage: Welche Operationalisierungs- und Implementierungsbedingungen stehen

---

nen „turn" vollziehen. Vgl. hierzu ausführlich St. MOEBIUS (Hg.), Kultur. Von den Cultural Studies bis zu den Visual Studies, Bielefeld 2012.

[3] Dass die Existentialpragmatik per se nicht in dieser Gefahr steht, ergibt sich aus den zahlreichen Gemeinsamkeiten mit den philosophischen Innovationen des 20. Jahrhunderts, die in den „cultural turn" eingeflossen sind: „Einen ersten sozialphilosophischen Hintergrund des cultural turn liefern die Phänomenologie und die daran anschließende moderne Hermeneutik, die in verschiedene Versionen einer ‚interpretativen', am Sinnverstehen des Bewußtseins oder der lebensweltlichen Praxis ansetzenden Kulturtheorie, Methodologie und Wissenschaftstheorie münden. Eine zweite Wirkungslinie geht vom Strukturalismus und der Semiotik aus … und reicht bis zu den verschiedenen Versionen eines kulturwissenschaftlichen Neo- und Poststrukturalismus, für den die sinnhafte Produktion der Welt in symbolischen Differenzsystemen zentral ist. Eine dritte sozialphilosophische Wurzel des cultural turn ist in der um die Frage der ‚Lebensformen' und deren ‚Sprachspiele' kreisenden Spätphilosophie von Ludwig Wittgenstein zu suchen … Viertens schließlich geht der cultural turn auch auf die Philosophie des amerikanischen Pragmatismus und deren Konzeptionen der symbol- und zeichengeleiteten Handlungspraxis zurück"; A. RECKWITZ, Die Transformation der Kulturtheorien, 21.

[4] Vgl. A. RECKWITZ, Die Moderne und das Spiel der Subjekte: Kulturelle Differenzen und Subjektordnungen in der Kultur der Moderne, in: Th. Bonacker/ Ders. (Hg.), Kulturen der Moderne, Frankfurt/New York 2007, 97–118.

der Reflexion auf die Plausibilitätsbedingungen ethischer Prinzipien und Kriterien menschlicher Lebenskönnerschaft gegenüber? Beim „cultural turn" geht es um mehr als um das Anlegen kritischer Maßstäbe an bestimmte Leitbilder und Modelle ethischer Lebens-kunst. Diese sind vielmehr darauf zu befragen, inwiefern sie selbst eine Partitur darstellen, Lebenskönnerschaft zu erwerben und aus-zuüben. Gerade in den klassischen Entwürfen einer Tugendethik werden nicht nur Tun und Sollen, sondern vor allem Tun und Kön-nen zusammengebracht. Hier kann man lernen, dass man schon et-was kann und was man noch tun muss, damit man das, was man kann, auch gekonnt ausführt. Dies gilt auch für die theoretische Be-schäftigung *mit* Tugenden: Man kann sich nicht mit ihnen befassen, ohne bereits zu praktizieren, was Tugenden ausmacht, wie man auch eine Partitur nur so angemessen interpretieren kann, dass sie dabei zum Klingen gebracht wird. Dies impliziert keineswegs die Aufgabe einer kritischen Einstellung zum Gegenstand der Reflexion und In-terpretation. Im Gegenteil: Gerade die „performance" einer Partitur ermöglicht eine kritische Analyse ihrer Wirkung. Gerade in der Ethik bedingen und ermöglichen sich performative und reflexive Einstellungen zu ihrem Gegenstand und Auftrag gegenseitig. Zu ih-rem Auftrag gehört nicht zuletzt eine kritische Reflexion jener Um-stände, unter denen Partituren eines guten, glückenden und/oder ei-genen Lebens aufgeführt werden (sollen).

2. Mensch sein können: Existentialpragmatik – Tugendethik – Lebenskunst

In modernen Gesellschaften ist es um das Projekt des „eigenen Le-bens"[5] paradox bestellt. In ihm drückt sich eine Nötigung der Frei-heit aus. Diese Nötigung folgt aus einem Prozess, der schicksalhafte oder überkommene sozio-kulturelle Vorgaben der Lebensführung weitgehend aufhebt und die parallel dazu anwachsenden Aufgaben der persönlichen Lebensführung zu wahl- und entscheidungs-

---

[5] Vgl. U. Beck/U. Erdmann Ziegler, Eigenes Leben. Ausflüge in die unbe-kannte Gesellschaft, in der wir leben, München 1997.

abhängigen Leistungen des Individuum macht. Dabei ist kaum noch zu unterscheiden, ob es sich um neue Spielräume individueller Freiheit oder um gesellschaftlich produzierte Individualisierungszumutungen handelt.[6] Ein eigener Mensch im Sinne einer selbstbestimmten Lebensführung kann jetzt nur noch sein, wer versiert ist im Umgang mit Situationen und gesellschaftlichen Vorgaben, die sich weitgehend der eigenen Kontrolle entziehen. Dazu zählen vor allem marktförmig strukturierte und konkurrenzbasierte Abläufe von (Aus)Bildung und Arbeitsleben sowie Flexibilitäts- und Mobilitätsanforderungen im Privatleben.

Es ist schnell klar, welche Könnerschaften hier gefragt sind: Der Mensch muss sich gut verkaufen können, wenn er sich in diesem Kontext behaupten will. Sein Eigenwert ist nicht unerheblich von seinem Marktwert bestimmt. Marktfähig ist, was man verkaufen kann. Zur Not muss man sich eben selbst verkaufen. Besser ist es, wenn man Waren und Dienstleistungen unter die Leute bringen kann. Am besten ist es, wenn man dabei auch eine gute Figur macht. „Wenn über jemanden gesagt wird, er verkaufe sich gut, so ist das meist als Lob gemeint, in bestimmten Zusammenhängen sogar als höchstes Lob. Es genügt nicht mehr, nur ‚gut' zu sein, also den Anforderungen eines Wertsystems zu genügen, sondern man muß sich auch noch ‚gut verkaufen' – sonst wird man keinen Erfolg haben. Und manchmal genügt es sogar, sich nur gut verkaufen zu können, auch wenn man sonst nichts kann – zumindest hat man so größere Aussicht auf Erfolg, als wenn man nur ‚gut' ist".[7]

In einer marktförmig organisierten Gesellschaft können nur diejenigen etwas gewinnen, die etwas zu bieten haben. Nur wer über Geld oder ökonomisches Leistungspotential verfügt, hat Zu-

---

[6] Zur ausführlichen Rekonstruktion freiheitsverbürgender und -einschränkender Umstände in der Sphäre persönlicher Beziehungen, des marktwirtschaftlichen Handelns und der politischen Öffentlichkeit siehe A. HONNETH, Das Recht der Freiheit. Grundriß der demokratischen Sittlichkeit, Berlin [2]2013, 221–624. Honneth geht es dabei „weder nur um die Analyse faktischer Verhältnisse noch um die Herleitung idealer Grundsätze, sondern um das schwierige Geschäft einer Freilegung derjenigen Verhältnisse sozialer Praktiken, die am ehesten geeignet sind, als Gestalten einer Realisierung intersubjektiver Freiheit zu dienen" (230).

[7] F. MÜLLER/M. MÜLLER (Hg.), Markt und Sinn, Frankfurt/New York 1996, 11.

gang zum Markt, nicht aber diejenigen, die nur ihre Haut zu Markte tragen können in der Hoffnung, dass dafür irgendjemand Verwendung hat. Nur wer hat, dem wird im und vom Markt etwas gegeben. Wer nichts hat, dem werden sogar die Marktchancen genommen.[8] Vom alten Versprechen der Moderne, sie ermögliche endlich ein eigenes Leben, bleibt hier wenig übrig. Das Individuum muss sich den „homo oeconomicus" zum Vorbild nehmen und sich die Schlüsselqualifikationen der Marktfähigkeit zulegen, wenn es von seinem Leben etwas haben will. Wenn es in und mit seinem Leben mehr oder etwas anderes erreichen will als seine optimale Selbstvermarktung, erkennt es, was „eigenes Leben" in der Moderne auch heißen kann: Es sieht sich damit allein gelassen, sich ein Vermögen zu erarbeiten, das eigene Leben als Selbstvollzug und nicht bloß als Ausführung sozio-ökonomischer Funktions- oder Rollenerwartungen zu realisieren. War dies gemeint, als die Moderne von der Autonomie des Subjekts als Sinnbedingung eines eigenen Lebens sprach?[9]

In der Verlegenheit, auf diese Frage eine nicht bloß ökonomiekompatible Antwort zu geben, stehen auch jene Individuen, die sich immer wieder die Frage stellen: „Was soll ich und was will ich *eigentlich*? Was kann ich selbst dafür tun, um zu erreichen, was ich will?" Wenn man diese Frage nur wenig variiert, wird deutlich, dass hier ein zentrales Motiv der klassischen Tugendethik wiederkehrt: „In welcher Verfassung muss ich sein, um tun zu können, was ich soll und will? Wie bringe ich mich dazu am besten in Form? Wie finde ich zur Bestform, damit ich auf bestmögliche Weise realisieren kann, was ich mir vornehme?"

Zugleich deutet sich in dieser Frage jenes Existenzverständnis an, das für eine existentialpragmatische Erörterung der Gelingensbedingungen menschlichen Daseins anschlussfähig ist: Gelingendes Leben verlangt eine gehörige Portion Eigenbeteiligung. Hier geschieht nichts von selbst. Wenn etwas gelingen soll, bedarf es des

---

[8] Zur begrenzten sozialen Inklusionsfähigkeit des Marktes siehe G. Dux , Warum denn Gerechtigkeit. Die Logik des Kapitals. Die Politik im Widerstreit mit der Ökonomie, Weilerswist 2008.
[9] Siehe hierzu auch B. Rössler, Autonomie, Glück und der Sinn des Lebens, in: K. P. Liessmann (Hg.), Die Jagd nach dem Glück, Wien 2012, 238–270.

richtigen Tuns – und des eigenen Zutuns. Dieses Zutun kann vorzugsweise in die Ausbildung von Eigenschaften und Kompetenzen investiert werden, die nach traditioneller Auffassung als Tugenden zu bezeichnen sind: Sie dienen der „Lebensertüchtigung", d. h. sie wollen die Tauglichkeit des Individuums, sein Leben gut führen zu können, erhöhen. Sie ermöglichen jene Lebenskönnerschaft, für die der Mensch wiederum selbst etwas kann.[10]

Für ein existentialpragmatisches Ethikkonzept, das die für eine *Ethik der Lebenskunst* benötigten epistemischen, anthropologischen und handlungstheoretischen Parameter ermitteln will, ist es naheliegend, den in der Philosophie und Theologie ausgiebig geführten Tugenddiskurs nach relevanten Anregungen zu durchsuchen.[11] Allerdings ist ein solcher Versuch nicht unumstritten – und auch nicht risikolos. Für manche Zeitgenossen stellt die traditionelle Rede über Tugenden und Untugenden eher eine Erschwernis als eine Anregung für Sprechversuche über die Gelingensbedingungen menschlichen Daseins dar.

---

[10] Wofür ein Mensch etwas kann, sind aber auch die Laster, die ihm zunächst einen Gewinn an Lebensfreude und Lebensqualität versprechen, auf Dauer aber ihn und die Freude am Leben verderben. Siehe hierzu etwa A. Bellebaum/ D. Herbers (Hg.), Die sieben Todsünden. Über Laster und Tugenden in der modernen Gesellschaft, Münster 2007; E. Drewermann, Ein Mensch braucht mehr als nur Moral. Über Tugenden und Laster, Düsseldorf/Zürich 2001; J. Fellsches, Art. „Tugend/Laster", in: H. J. Sandkühler (Hg.), Enzyklopädie Philosophie II, Hamburg 1999, 1646–1649; E. Schockenhoff, Tugenden und Laster, in: H. Rotter/G. Virt (Hg.), Neues Lexikon der christlichen Moral, Innsbruck 1990, 798–805.
[11] Wichtige Überlegungen zu einer solchen Reaktualisierung der Tugendethik finden sich bei Ch. Halbig, Der Begriff der Tugend und die Grenzen der Tugendethik, Berlin 2013; O. Höffe, Lebenskunst und Moral – oder: Macht Tugend glücklich?, München 2007; J. Sautermeister, Lebenskunst im christlichen Kontext, in: Th. Laubach (Hg.), Angewandte Ethik und Religion, Tübingen/Basel 2003, 115–143; M. Brumlik, Bildung und Glück. Versuch einer Theorie der Tugenden, Berlin/Wien 2002; J. Reiter, Tugend als Lebenskunst, in: C. Breuer (Hg.), Ethik der Tugenden, St. Ottilien 2000, 383–399; A. W. Müller, Was taugt die Tugend? Elemente einer Ethik des guten Lebens, Stuttgart 1998; J. Fellsches, Lebenkönnen. Von Tugendtheorie zur Lebenskunst, Essen 1996; D. Mieth, Die neuen Tugenden. Ein ethischer Entwurf, Düsseldorf 1984.

2.1 Haltungen, die Halt geben?
Kritik und Aktualität klassischer Tugendkonzepte

Philosophie und Theologie haben in ihrer langen Tradition der Reflexion über Tugenden breiten Raum gegeben als Wegmarken eines glückenden Lebens, als Charakterzüge einer lebenstauglichen, ihre sinnlichen Strebungen kultivierenden und in ein vernunftorientiertes
Lebenskonzept integrierenden Persönlichkeit oder als Leitbilder eines
der Gesellschaft zuträglichen Lebenswandels.[12] In dieser Tradition
gibt es herausragende Entwürfe einer Tugendethik, die immer wieder
als Referenz für Aktualisierungen und Fortschreibungen von Tugend-
katalogen herangezogen wurden. Dazu gehört vor allem Aristoteles'
„Nikomachische Ethik"[13], deren Rezeption durch Thomas von Aquin
in seiner „Summa Theologiae" (STh II–II, qq. 47–170) eine enorme
Wirkungsgeschichte in der Theologie entfaltet hat.[14]
     In den klassischen Entwürfen einer moralischen Lebenskönner-
schaft zeigen Tugenden an, was zur optimalen Ausführung des Ei-
genseins des Menschen und seiner Eigenheiten gehört.[15] Sie zeigen
auf, woran man Maß nehmen muss, um zu ermessen, ob die Ausbildung dieser Eigenheiten „gut geht" und „gut ausgeht". Dabei
verstehen sie die Frage nach dem Maßstab für die optimale Ausformung menschlicher Eigenheiten als ethische Frage, d. h. als Orientierung am Guten, das für das Wohlergehen des Menschen steht.

---

[12] Vgl. hierzu den Überblick von E. SCHOCKENHOFF, Grundlegung der Ethik.
Ein theologischer Entwurf, Freiburg/Basel/Wien 2007, 43–302, sowie P. STEM-
MER u. a., Art. „Tugend", in: HWP X, 1532–1570; J.-C. MERLE, Art. „Tugend-
lehre", in: HWP X, 1570–1572.

[13] Vgl. U. WOLF, Aristoteles' „Nikomachische Ethik", Darmstadt 2002.

[14] Siehe E. SCHOCKENHOFF, Bonum hominis. Die anthropologischen und theologischen Grundlagen der Tugendethik des Thomas von Aquin, Mainz 1987;
C. STEEL, Thomas' Lehre von den Kardinaltugenden, in: A. Speer (Hg.), Thomas von Aquin: Die *Summa theologiae*, Berlin/New York 2005, 322–342. Leicht
zugänglich sind die wichtigsten Texte in: THOMAS V. AQUIN, Die „doctrina
christiana" als Wissenschaft. Berühmte Traktate und kleinere Schriften (hg.
von W. Metz), Frankfurt/Leipzig 2009, 271–294.

[15] Die folgende Zusammenstellung von Charakteristika des klassischen Tugendbegriffs ist orientiert an O. HÖFFE, Lebenskunst und Moral oder: Macht
Tugend glücklich?, München 2007, 126–138, 166–177; DERS., Art. „Tugend",
in: Ders. (Hg.), Lexikon der Ethik, München [5]1997, 306–308.

Das moralisch Gute ist dasjenige, um das es dem Menschen letztlich geht bzw. gehen soll, wenn es ihm um etwas im Leben geht, d. h. es ist jenes letzte „Worumwillen", das jedes „Warum" und „Wozu" menschlichen Tuns umgreift und worin sich menschliches Glücksstreben erfüllt. Klassische Tugendethiken machen das „Worumwillen" der Lebensführung und das Kriterium eines gelungenen Lebens fest an der vernunftgemäßen Realisierung menschlichen Glücksstrebens. Vernunftgemäß ist jenes Glück bzw. höchste Gut, das nicht als Mittel zum Erreichen eines Zwecks geeignet ist (weil es etwa lustvoll, nützlich, wohltuend, zweckdienlich ist), sondern um seiner selbst willen erstrebt und realisiert werden kann. In der Orientierung an der Vernunft und am Guten realisiert der Mensch seine anthropologisch-ethische „Eigenheit". Die Arbeit an der Realisierung dieser „Eigenheit" ist darum auch beglückend bzw. erfüllt das Leben mit Sinn. Dieses Glück ist unabhängig von einer erfolgsabhängigen Prämie für das Erreichen von Zielen und Realisieren von Zwecken. Denn bereits im Prozess der Realisierung seiner „Eigenheit" macht der Mensch die Erfahrung von Selbstverwirklichung, d. h. er kommt auch hier schon „zu sich", ohne dass er es unbedingt „zu etwas" bringen muss.

Tugenden sind durch Übung erworbene Grundhaltungen, aufgrund deren dauerhaft (d. h. nicht bloß zufällig) ein kluger und moralisch richtiger Umgang mit inneren (Affekte, Begierden, Bedürfnisse, Leidenschaften) und äußeren Einflüssen menschlicher Lebensführung möglich wird. Sie verdanken sich einem biographischen Wachstums- und Reifungsprozess,[16] kraft dessen der Mensch am Ende dazu disponiert ist, „aus dem Stand" heraus die angemessene Einstellung zu den Umständen seines Handelns zu aktivieren.

Die klassischen Tugendkonzepte stellen in Aussicht, dass durch sie der Mensch navigationsfähig wird im Kontext sozialer Trends und Moden mittels Orientierung an wertbestimmten Zielmarken menschlichen Wollens und Tuns, die über den Tag hinaus gültig sind. Tugenden sollen dazu beitragen, dass ein Individuum weder Spielball der eigenen Triebkräfte, Bedürfnisse, Launen und Leiden-

---

[16] Vgl. zu diesem Aspekt M. WALLROTH, Moral ohne Reife? Ein Plädoyer für ein tugendethisches Moralverständnis, Freiburg/München 2000.

schaften („Fremdbestimmung von innen") noch bloßes Rädchen
im Getriebe gesellschaftlicher Verhaltenserwartungen („Fremdbestimmung von außen") wird. Vielmehr kann es sich in ein kritisches Verhältnis zu ihnen begeben, um die inneren und äußeren
Antriebskräfte des Lebens so zu koordinieren, dass sie zu einem gelingenden Selbstsein-im-Miteinandersein beitragen.[17]

Allerdings wird diese Modernitätskompatibilität auch heftig
bestritten. Diese Kritik kann sich mit einem Blick in die Sozialgeschichte darauf berufen, dass eine an Tugenden orientierte
Moraltheorie und -pädagogik stets auch mit prekären Folgen auf-
wartete. Theorie und Praxis der Tugenden hatten immer auch in-
dividualitätshemmende und -verachtende Wirkungen. In ihnen
haben autoritäre Gemeinschaften ihr Selbstbild ausgestanzt und
mit ihnen haben sie das Verhalten ihrer Mitglieder diszipliniert.
Tugenden stehen im Verdacht, Ausdruck eines spießigen bürgerlichen Moralkanons zu sein, in dessen Zentrum Pflichtbewusstsein
und Entsagungsbereitschaft stehen. Tugenden können Menschen
zwar dazu bringen, in den Wechselfällen des Lebens Haltung zu bewahren. Diese Haltung war aber nur zu oft ein Strammstehen vor
der jeweiligen Obrigkeit. Vor allem die „preußischen" Tugenden
gelten als Ergebnis von Drill und pädagogischer Dressur. Sie stehen
im Verdacht, vor allem Ausdruck des gesellschaftlichen Zwangs
zum Selbstzwang zu sein.

Schlägt das soziale Pendel um, ist das Ergebnis der Emanzipation von diesen Nötigungen meist eine neue Nötigung: der Zwang
zur ungezwungenen Selbstdisziplin.[18] Dies mindert den Anteil der
Nötigung, macht aber aus ihr noch keine Tugend. Zwar sind Sparsamkeit, Fleiß, Sorgfalt, Pünktlichkeit inzwischen als karriere-
relevante „soft skills" rehabilitiert. Ohne sie lässt sich nichts erreichen – schon gar nicht in einer Leistungsgesellschaft. Besonders
gefragt sind Einsatzbereitschaft, Enttäuschungsresistenz, Zukunfts-
optimismus, Risikobewusstsein. Ohne sie funktioniert nichts –

---

[17] Vgl. A. MacIntyre, Die Anerkennung der Abhängigkeit. Über menschliche
Tugenden, Hamburg 2001, 96–196.
[18] Vgl. hierzu R. Rathmayr, Selbstzwang und Selbstverwirklichung. Bausteine
zu einer historischen Anthropologie der abendländischen Menschen, Bielefeld
2011.

schon gar nicht in einer auf Innovation und permanenten Wandel eingestellten Gesellschaft.[19] Damit ist noch nichts über ihre moralische Qualität ausgesagt. Soft skills sind Mittel zum Erreichen von Zwecken, vielleicht Ausdruck von sozialer Kompetenz, aber eine eigene sittliche Dignität ist damit noch nicht erwiesen. Ihre moralische Bedeutung erhalten sie erst durch das Ziel, zu dessen Realisierung sie beitragen.

Das Verständnis dessen, was Tugenden sind und was ihre Bedeutung ausmacht, unterliegt zudem einem beträchtlichen geschichtlichen Wandel. Zwar ist das Ensemble der klassischen Kardinaltugenden (Klugheit, Tapferkeit, Gerechtigkeit, Mäßigung) durchweg unbestritten. Aber ebenso unabweisbar ist der Bedeutungswandel, der im Lauf der Zeit das Verständnis einzelner Tugenden bisweilen radikal verändert hat.[20] „Die in der klassischen Antike prägende militärische Konnotation von Tapferkeit wird im Christentum weitgehend zur Tapferkeit als zentraler Tugend der Märtyrer transformiert, während in der bürgerlichen Gesellschaft ein Verständnis von Zivilcourage als paradigmatischer Gehalt des Begriffs dominiert.“[21] Außerdem ist die definitorische Bestimmung von Tugenden im historischen Rückblick stets im Kontext von anthropologischen und ethischen Rahmenkonzepten erfolgt, die sich als historisch kontingent erwiesen haben und nur schwer im Plausibilitätshorizont der Gegenwart untergebracht werden können. Dies gilt vor allem für Platons Theorie von Grundtugenden, die auf drei Grundkräfte der Seele bezogen werden, für die aristotelische Unterscheidung von dianoetischen (Verstandes-) und ethischen (Charakter-)Tugenden oder auch für die Unterscheidung von zwei Tugendebenen bei Thomas von Aquin. Hier werden die durch Einübung erworbenen Kardinaltugenden, die auf vier Komponenten des menschlichen Geistes bzw.

---

[19] Vgl. W. Koch/J. Wegmann, Tugend lohnt sich, Frankfurt 2007.
[20] Siehe R. Hartge, Tugenden im Wandel von Kultur- und Sozialgeschichte, Essen 2011; R. Hettlage, Gesellschaftliche Entwicklung und moralischer Habitus, in: A. Bellebaum/D. Herbers (Hg.), Die sieben Todsünden, 235–269; W. Kersting, Konjunkturen der Tugend. Von Platon und Aristoteles bis zur Postmoderne, in: W. Prisching (Hg.), Postmoderne Tugenden? Ihre Verortung im kulturellen Leben der Gegenwart, Wien 2001, 39–74.
[21] J. Müller, Art. „Tugend", in: NHPhG III, 2244.

der menschlichen Seele zurückgeführt werden, ergänzt durch die dem Menschen auf dem Weg der Gnade geschenkten „theologischen" Tugenden (Glaube, Hoffnung, Liebe).[22]

Wie groß die Streuungsbreite von Tugendkonzepten ist, zeigt auch der Blick auf das ritterliche Tugendsystem des Mittelalters, das von den vier Ethossäulen „Maß, Großherzigkeit, Treue und Ehre" getragen wird, auf das höfische Gepränge von Stand und Stolz im Absolutismus und auf das politisch-ökonomische Bürgerethos des 19. Jahrhunderts, das den von feudalen Fesseln sich emanzipierenden „citoyen" von dem an privaten Sekundärtugenden klebenden „bourgeois" unterscheidet. Nicht zu vergessen ist die monastische Tugendtrias „Armut, Keuschheit, Gehorsam". Und zu erinnern ist auch an das Solidaritätsethos der Arbeiterbewegung, die dort, wo sie sich klassenkämpferisch gibt, sogar ein neues Verständnis von Tapferkeit entwickelt, als dessen sozialistisch-revolutionäre Verkörperung der „rote Held" gefeiert wurde.[23]

In der Neuzeit hat die ethische Theoriebildung einem tugendethischen Verständnis menschlicher Lebenskönnerschaft immer weniger Beachtung geschenkt und dieses Thema weitgehend dem Genre der Essayistik, Moralistik und Aphoristik überlassen. Liberalistische Gesellschaftstheorien haben für den Tugendbegriff keine Verwendung mehr und ersetzen die Verpflichtung auf die Idee des „summum bonum" durch die Beachtung der „Erhaltungsbedin-

---

[22] Vgl. C. Breuer, Können wir auf die Tugenden verzichten? Kontinuität und Wandlung eines Begriffs, in: Ders. (Hg.), Ethik der Tugenden, 21–47 (Lit.).

[23] Vgl. mit entsprechendem Pathos E. Bloch, Das Prinzip Hoffnung. Bd. III, Frankfurt 1959, 1379f.: Indem der Revolutionär „bis zu seiner Ermordung die Sache bekennt, für die er gelebt hat, geht er klar, kalt, bewußt in das Nichts, an das er als Freigeist zu glauben gelehrt worden ist … Diese Standhaften fühlten sich nicht aufgerufen, um empfangen zu werden mit hochheiligem Gruß, sie glaubten höchstens in der Erinnerung der Mit- und Nachwelt eine Berge zu finden, eingeschreint im Herzen der Arbeiterklasse, doch scharf entgegen aller Hoffnung einer himmlischen Metaphysik und eines Jüngsten Gerichts, worin die Gerechten den Lohn empfangen, der ihnen auf der Erde ewig verweigert wurde … Das macht: er hatte vorher schon aufgehört, sein Ich so wichtig zu nehmen, er hatte Klassenbewußtsein. So sehr ist das Personenbewußtsein in Klassenbewußtsein aufgenommen, daß es der Person nicht einmal entscheidend bleibt, ob sie auf dem Weg zum Sieg, am Tag des Siegs erinnert ist oder nicht".

gungen der für jedermann vorteilhaften Ordnungen des Marktes, Rechts und Eigentums, die in der Anerkennung des gleichen Rechts aller auf ungestörte Interessenbefriedigung kulminiert."[24] Die sittliche Tugendhaftigkeit der Marktteilnehmer wird ebenso neutralisiert wie ihr Egoismus, wenn die „unsichtbare Hand" des Marktes (Adam Smith) all diese Antriebe ohne ihr Zutun in ein gesamtwohldienliches Arrangement verwandelt. Den gesellschaftlichen Moralbedarf deckt nach liberalistischer Auffassung der Markt am besten. Er fördert Haltungen, bei denen individuelles Interessenkalkül und Gemeinwohl- qua Marktdienlichkeit konvergieren.[25]

In der modernen Anthropologie verflüchtigt sich ein Essentialismus, der eine materiale, normativ gehaltvolle Vorstellung wahren und eigentlichen Menschseins kennt und es erlaubt, „gelingende und glückende Weisen des Menschseins von mißglückten und verfehlten menschlichen Lebensweisen zu unterscheiden."[26] Damit schwindet auch die Möglichkeit, „menschliche Eigenschaften, Fähigkeiten und gesellschaftliche Lebensumstände daraufhin zu befragen, ob und inwieweit sie der Vervollkommnung der menschlichen Natur dienlich sind."[27] Dies hat auch Folgen für die Ethik. Für geraume Zeit verlagert sich der Schwerpunkt ethischer Reflexion auf Fragen der Begründung moralischer Urteile und Handlungen, auf Methoden- und Verfahrensfragen der Normenbegründung. Nicht mehr Sein und Sinn, Haltung und Habitus oder Neigung und Affekt, sondern Sollen und Pflicht, Interesse und Nutzen, Absicht und Folgen dominieren das Vokabular moderner deontologischer, utilitaristischer und konsequentialistischer Ethikansätze.

Seit den 1980er Jahren ist – ausgehend von Arbeiten im angelsächsischen Raum (Alasdair MacIntyre, Martha Nussbaum, Philippa Foot) – jedoch ein neues Interesse am Format einer Tugendethik

---

[24] W. Kersting, Konjunkturen der Tugend, 54.
[25] Vgl. ausführlicher R. Sturn, Tugend und moderne Ökonomie. Vom Nützlichen und Anständigen, in: M. Prisching (Hg.), Postmoderne Tugenden, 75–108; M. Baurmann, Freiheit und Tugend. Moralische Bedarfsdeckung durch die unsichtbare Hand?, in: ebd., 109–141.
[26] W. Kersting, Konjunkturen der Tugend, 63.
[27] Ebd.

erkennbar.[28] Mit ihm verbindet sich eine Kritik an den Leerstellen der bis dato dominierenden, sich zuweilen in der Letztbegründung moralischer Urteile aufreibenden Konzepte einer Verfahrensethik, am geringen lebenspraktischen Ertrag metaethischer Analysen der Moralsprache oder am Kontaktverlust mit der Moralpsychologie, wodurch der Ethik wichtige Einsichten in die Affektivität, die moralisch belangvollen Interessens- und Motivstrukturen sowie die biographischen Reifungsstufen des Menschen fehlen.[29]

Vielfach steht hinter der neuen Aufgeschlossenheit für eine Tugendethik auch ein kulturkritischer bzw. -pessimistischer Impetus, der gegen die weitreichenden Individualisierungsprozesse der Moderne mit dem Effekt sozialer Desintegration nunmehr kommunitaristische Alternativen aufbietet, in denen Tugenden als für das Subjekt ebenso wie für das Soziale förderliche wertbezogene Haltungen und Einstellungen eine besondere Bedeutung haben.[30] Bisweilen paart sich auch bildungsbürgerliche Belesenheit mit einem sozialpädagogischen Belehrungsgestus, wenn gegen den drohenden Wertezerfall und die Zentrifugalkräfte einer auf Konkurrenz und Profit gegründeten Gesellschaft voluminöse Bände unters Lesevolk gebracht

---

[28] Siehe hierzu die Vermessung des tugendethischen Diskursfeldes von Ch. HALBIG, Der Begriff der Tugend und die Grenzen der Tugendethik, Berlin 2013; D. BORCHERS, Die neue Tugendethik – Schritt zurück im Zorn? Eine Kontroverse in der Analytischen Philosophie, Paderborn 2001; J. SCHUSTER, Moralisches Können. Studien zur Tugendethik, Würzburg ²1999. Vgl. ferner A. LUCKNER, Handlungen und Haltungen. Zur Renaissance der Tugendethik, in: DZPh 50 (2002) 779–796; St. RADIC, Die Rehabilitierung der Tugendethik in der zeitgenössischen Philosophie, Münster/Berlin 2011.

[29] „Die moralphilosophischen Standardtheorien der Moderne sind reduktionistisch. Sie sind nicht mehr Lebensführungsethiken, sondern moralische Entscheidungstheorien. Sie sind nicht mehr am guten Leben interessiert, sondern an der Lösung von Handlungsproblemen. Mit dem Leben ist ihnen die immer lebensethisch eingebettete, individuelle Person abhanden gekommen; und mit der lebensethisch eingebetteten Person haben sie auch das ethisch-epistemologische Organisationsprinzip menschlichen Lebens verloren, die situationskompetente Klugheit. Ihre Stelle wird durch neuzeittypische eindimensionale und strikt dekontextualisierende Rationalitätskonzeptionen ersetzt, die mit teils konsequentialistischen, teils deontologischen Verallgemeinerungsoperationen die moralischen Subjekte in die Jedermannposition selbstloser Unparteilichkeit versetzen", W. KERSTING, Gerechtigkeit und Lebenskunst, Paderborn 2005, 197.

[30] Vgl. hierzu V. WEBER, Tugendethik und Kommunitarismus, Würzburg 2002.

werden, die bei näherer Betrachtung kaum mehr als die zufällige Ausbeute eines Sammlers ethischer Aphorismen, Klugheitsregeln oder Klassikerzitate bieten.[31] Die simple Botschaft lautet: Wer in unruhigen Zeiten Halt sucht, möge sich an die Tugenden halten.

Viele Autoren, die nach der unabgegoltenen Bedeutung der Tugendethik fragen und ihr eine zeitgemäße Darstellung geben wollen, verzichten auf eine systematische Erörterung der Bezüge zwischen den einzelnen Tugenden und gehen auch dem Nexus zwischen Anthropologie und Ethik nicht mehr intensiv nach.[32] Entweder sortieren sie die Tugenden lediglich nach historischen Vorbildern[33] oder sie belassen es angesichts der Inhomogenität der traditionellen Tugendkataloge bei einer rhapsodischen Auflistung.[34]

Bleibt es jedoch bei diesen Formen einer Reaktualisierung der Tugendethik, ziehen sie genau jene Kritik auf sich, die von philosophischer Seite an die Verfasser von Lebenskunstliteratur adressiert wird: Verlust anthropologisch-ethischer Parametrik, Ausfall epistemologischer, handlungs- und rationalitätstheoretischer Absicherung, eklektizistische Aufbereitung von traditionellen Weisheitslehren und praktischen Klugheitsregeln. Will man dies vermeiden, bedarf es der Rückbindung alltagstauglicher Lebenshilfe an eine prinzipiell angelegte Daseinshermeneutik. Für eine solche Rückbindung bieten sich Ansatz und Theoriedesign der Existentialpragmatik an.

---

[31] Siehe exemplarisch U. WICKERT, Das Buch der Tugenden, München/Zürich ²2010.

[32] Die Ausnahme bildet mit einem update der aristotelisch-thomistischen Tradition M. RHONHEIMER, Die Perspektive der Moral. Philosophische Grundlagen der Tugendethik, Berlin 2001.

[33] Vgl. die Auflistung möglicher Auflistungen von D. WITSCHEN, Typologien von Tugenden, in: ThPh 86 (2011) 18–37. Am klassischen Schema der Kardinaltugenden orientieren sich meist populärwissenschaftliche Darstellungen wie etwa W. HOYE, Tugenden. Was sie wert sind – warum wir sie brauchen, Ostfildern 2010; K. BERGER/A. FRITZSCHE, Gut oder böse? Tugenden. Maßstäbe für richtiges Handeln, Asslar 2010; K. HOFMEISTER/L. BAUEROCHSE (Hg.), Dem Leben Halt geben. Die Kraft der Tugenden, Würzburg 2007; P. TH. BÜHLER, Die Tugenden. Werte zum Leben, Augsburg 2004.

[34] Vgl. M. SEEL, 111 Tugenden – 111 Laster. Eine philosophische Revue, Frankfurt 2011; A. COMTE-SPONVILLE, Ermutigung zum unzeitgemäßen Leben, Reinbek ²1998.

2.2 Widerstrebendes in Balance bringen:
Konturen einer existentialpragmatischen Tugendethik

In einer existentialpragmatischen Neuformatierung der Tugendethik werden die skizzierten Bestimmungsmomente des klassischen
Tugendbegriffs derart eingebracht, dass sie auf die relational-reflexive Struktur menschlicher Weltbezüge, Handlungsinteressen,
Wertpräferenzen und Rationalitätsformate bezogen werden. Tugenden erscheinen dabei als spezifische, handlungsorientierte Einstellungen zu den Umständen menschlicher Selbstbehauptung –
vor allem angesichts teils widriger, teils förderlicher subjektinterner
und -externer Einflüsse. Sie dienen der „Ertüchtigung" des Subjekts zu einer selbstbewussten Daseinsführung angesichts der existentialen Limitationen des Daseins sowie jener Zumutungen, die
sich aus der Vergesellschaftung menschlicher Lebensbedingungen
ergeben. Tugenden zeichnet in diesem Kontext vor allem aus, dass
sie sich in affektiv und kognitiv konfigurierten Haltungen des
Menschen ausprägen und seiner Lebensführung über längere Zeit
Kontur verleihen.[35] Denn „Tugenden zu haben oder Tugenden zu
erwerben ermöglicht … eine erfreuliche Kontingenzminderung
des Handelns; es verleiht ihm Stetigkeit und Sicherheit. Aufgrund
seiner Tugenden wird ein Handelnder unter annähernd gleichblei-
benden Bedingungen immer wieder erfolgreich sein. Hätten wir
keine Tugenden, … dann wäre der Handlungserfolg in hohem
Maße dem Zufall preisgegeben. Dann wäre Handeln jedesmal ein
Anfangen. Für endliche Wesen wäre ein Leben jedoch nicht aus-
haltbar, das nur aus Anfangen bestünde."[36]
   Zur Lebenskönnerschaft gehört vor allem das Ausbalancieren
gegenläufiger Prozesse, Kräfte und Einflüsse.[37] Einen solchen Ba-
lanceakt stellt tugendhaftes Handeln selbst und seinerseits dar.
Denn es kommt der Tugend zu, die rechte Mitte zwischen zwei falschen Extremen in den Einstellungen zu den Limitationen des Daseins zu finden. Die Mesotes-Lehre in Aristoteles' „Nikomachischer

---

[35] Vgl. ähnlich M. Seel, 111 Tugenden – 111 Laster, 239.
[36] W. Kersting, Konjunkturen der Tugend, 63.
[37] Vgl. W. Schmid, Die Kunst der Balance, Frankfurt 2005.

Ethik" (NE II 1106 a 26–1107 a 8) bietet hierfür noch immer wichtige Anregungen – auch wenn immer wieder Zweifel an ihrer Handhabbarkeit aufkommen.[38]

Nach Aristoteles zielt die Tugend auf die rechte Mitte zwischen zwei Extremformen der „Schlechtigkeit" im Umgang mit den inneren Antriebskräften des Handelns (z. B. Lust, Emotionen) und den Gegenständen und Zielen des Handelns. Man kann etwa angesichts des Klimawandels beim Bau von Deichen aus Angst vor Hochwasser des Guten zu viel oder zu wenig tun (d. h. zu hohe oder zu niedrige Dämme bauen). Aber man kann ebenso bei der Realisierung des Guten übertreiben oder zu nachlässig sein (z. B. Hysterie verbreiten oder Gefahren kleinreden). Vernünftig und tugendhaft handelt, wer diese Extreme meidet und nach der rechten Mitte sucht.

Bei näherem Hinsehen zeigt sich, dass die rechte Mitte nicht nur zu zwei Extremformen der Schlechtigkeit den optimalen Abstand sucht und bipolar bestimmbar ist.[39] Vielmehr muss man hierbei vier Schlechtigkeiten beachten. Es geht um ein doppeltes Zuviel und Zuwenig. Existentialpragmatisch ergibt sich dies aus der Struktur und Logik von Handlungen, die stets aus dem Dual von Vollzug und Gehalt, von Aktion und Objekt bestehen. Wer gierig ist, richtet sein Habenwollen auf eine Unmenge des Habhaften aus. Und zugleich überzieht er das affektiv-volitive Moment des Habenwollens. Wer angeberisch ist, bildet sich auf zu wenige Vorzüge zu viel ein. Wer bei seiner Arbeit schlampig ist, missachtet Wert und Bedeutung des zu Erledigenden und ist nachlässig in der Art und Weise seines Tuns.[40]

---

[38] Vgl. die Darstellung von U. WOLF, Über den Sinn der aristotelischen Mesoteslehre, in: O. Höffe (Hg.), Aristoteles – Die Nikomachische Ethik, Berlin 1995, 83–108.
[39] Bei Aristoteles sucht die Tugend der Tapferkeit die rechte Mitte zwischen der Fehlhaltung der Feigheit und der Tollkühnheit; Großzügigkeit steht zwischen Verschwendung und Geiz; Klugheit steht zwischen Einfalt und Verschlagenheit.
[40] Für zahlreiche Beispiele aus der Gegenwartskultur für diese Logik des gleichzeitigen Übertreibens und Unterbietens siehe H. ERNST, Wie uns der Teufel reitet. Von der Aktualität der 7 Todsünden, Freiburg/Basel/Wien 2011; W. SOFSKY, Das Buch der Laster, München 2009; J. WERNER, Die sieben Todsünden. Einblicke in die Abgründe menschlicher Leidenschaft, Stuttgart 1999.

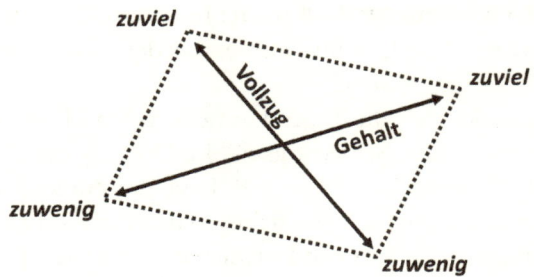

Einen ersten Anhalt für einen existentialpragmatischen Tugendbegriff bildet somit der Dual von Vollzug und Gehalt, der Sinnvoll-
züge konstituiert. In einem weiteren Schritt ist die Vierfachheit der
Weltbezüge und Handlungsinteressen des Subjekts sowie seiner
Umgangsformen mit den Limitationen des Daseins zu berücksich-
tigen. In den Tugenden zeigen sich bestimmte Grundmuster des
Umgangs mit den Grenzbestimmungen bewussten Seins (Verletzbarkeit, Ungewissheit, Konkurrenz, Knappheit), die sowohl ein Zuviel als auch ein Zuwenig beim Vollzug dieser Umgangsformen zu
vermeiden suchen. Verfehlen die Tugenden ihr Optimum, droht
ihr Umschlag ins Negative. Traditionell sind Tugend und Laster
als konträre Größen aufgefasst worden: Tugenden befördern die
Lebenstauglichkeit des Menschen; Laster führen dazu, dass man
am und im Leben scheitert. Tugenden und Laster lassen sich aber
auch in dialektischer Verschränkung bestimmen: „Tugenden sind
Laster, die ihr Schlimmstes nicht ausleben; Laster sind Tugenden,
die ihr Bestes versäumen.“[41]
    Nach traditioneller Auffassung erreicht eine Tugend ihr Opti-
mum, wenn sie die „rechte Mitte“ zwischen zwei Lastern findet.
Allerdings greift diese Bestimmung zu kurz. Wie beim Dual von
Vollzug und Gehalt so ist auch hier eine bipolare Ausrichtung un-
zureichend. Zur relational-reflexiven Struktur von Tugenden gehört, dass beim Ausbalancieren der zu beachtenden Schwächen
und Stärken die gesuchte „tugendhafte Mitte“ nicht nur in gleicher
Entfernung zu zwei Lastern, sondern auch in gleicher Entfernung

---

[41] M. Seel, 111 Tugenden – 111 Laster, 239.

zu zwei Tugenden steht. Will man sie orten, muss man den
Schnittpunkt der Linie zwischen den beiden falschen Extremen
bzw. Lastern (z. B. Geiz und Verschwendung) und der Linie zwischen den zugehörigen „Komplementärtugenden" (z. B. Großzügigkeit und Sparsamkeit) finden. Die klassische Mesotes-Lehre
ist dabei doppelt anzuwenden: 1. in der Abgrenzung von zwei Lastern und ihrem Zuviel bzw. Zuwenig hinsichtlich Vollzug und Gehalt, 2. in der Zuordnung zu zwei Tugenden im Umgang mit den
Limitationen des Daseins.[42]

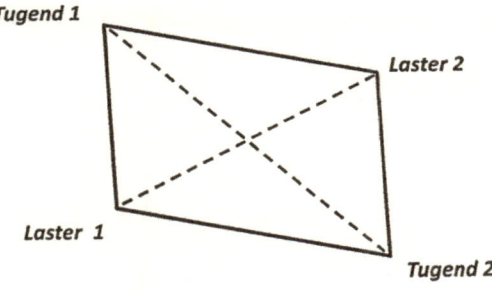

Es reicht nicht, die rechte, d. h. tugendhafte Mitte nur bipolar zu
bestimmen. Denn es trifft zwar zu, dass zwischen den Lastern des
Geizes und der Verschwendung die Tugend der Sparsamkeit ran-
giert. Aber es gibt auch Situationen, in denen es klug ist, weder geizig, noch verschwenderisch, noch sparsam, sondern großzügig zu

---

[42] Der Vorschlag, für die Ermittlung der „rechten Mitte" ein Arrangement von
Komplementärtugenden zu beachten, ist in jüngster Zeit vor allem propagiert
worden von P. Knauer, Handlungsnetze. Über das Grundprinzip der Ethik,
Frankfurt 2002, 24–27. Seinem Vorschlag folgt weitgehend D. Kraschl, Relationale Ontologie, Würzburg 2012, 257–267. Bei Knauer und Kraschl findet
sich jedoch keine nähere Begründung für dieses Arrangement; offenbar vertraut
man darauf, dass es kraft seiner Evidenz überzeugt. – Einen ähnlichen Ansatz,
der mit „Kollateraltugenden" operiert, vertritt bereits der mittelalterliche Theo-
loge Radulfus Ardens. Vgl. St. Ernst, Klug wie die Schlangen und ehrlich wie
die Tauben. Die Lehre von den Komplementärtugenden als Strukturprinzip der
Tugendlehre des Radulfus Ardens, in: MThZ 61 (2010) 43–60. Allerdings sucht
man auch hier vergebens nach einer methodisch bzw. kriteriologisch präzisen
Herleitung.

sein. Ebenso ist denkbar, dass die rechte Mitte zwischen Großzügigkeit und Sparsamkeit liegen kann. Es trifft also nicht zu, dass
in der Mitte zwischen zwei Lastern nur eine Tugend stehen kann,
„sondern dass jeweils zwei Tugenden gemeinsam die Mitte zwischen den beiden Lastern halten."[43] Es handelt sich hierbei um Tugenden, die insofern füreinander komplementär sind, „dass sie sich
jeweils gegenseitig mäßigen und davor bewahren, in eines der Extreme des Zuviel oder Zuwenig ... abzugleiten und so zu einem
Laster zu werden."[44] Die Konzentration auf nur eine Tugend verfehlt material das Tun des Richtigen: Wer immer nur sparsam ist,
wird geizig. Wer immer nur großzügig ist, wird verschwenderisch.

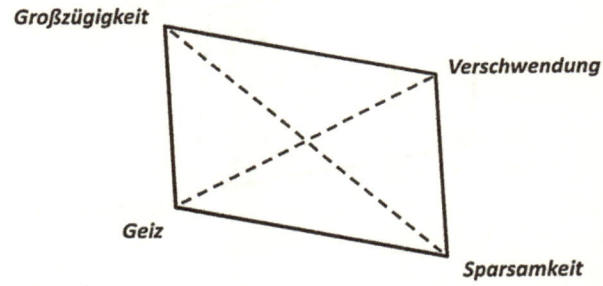

Je mehr dagegen beide Komplementärtugenden im gleichen Maß
realisiert werden, umso mehr bewahren sie sich wechselseitig davor, durch Übertreibung oder Unterbietung dessen, was nur eine
Tugend vermag, zur Untugend zu werden. Die Konzentration auf
nur eine Tugend verfehlt auch formal, d. h. in der Art und Weise
des Vollzuges das Tun des Richtigen. Die rechte Mitte besteht im
Blick auf den affektiven Charakter eines Vollzuges zugleich aus einer Steigerung und einer Mäßigung bestimmter Antriebskräfte:
Tapferkeit überwindet ein Zuwenig an innerem Antrieb („Angst")
und mäßigt ein Zuviel an emotionaler Beteiligung („Wut").

---

[43] St. ERNST, Klug wie die Schlangen, 48.
[44] Ebd.

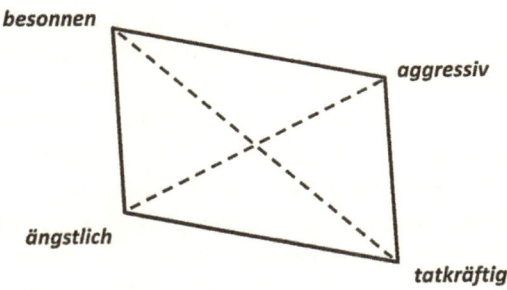

Die rechte Mitte ist in einem dynamischen Abwägungsprozess stets neu zu ermitteln, d. h. sie verlangt Fingerspitzengefühl und Aufmerksamkeit für die jeweilige Besonderheit der Situation. Wer immer nur besonnen auftritt, wirkt und wird emotionslos. Wer immer nur beherrscht agiert, verkrampft irgendwann. Auch hier gibt es ein Zuviel und ein Zuwenig. Tugendhaftes Handeln liegt daher noch nicht vor, wenn man möglichst viel Gutes erreichen möchte. Man muss zugleich darauf achten, dabei möglichst viel Schlechtes zu vermeiden. Andernfalls kann es geschehen, dass man zu viel des Guten anstrebt und dabei zu viel des Schlechten verwirklicht. Beharrlichkeit schlägt dann in Sturheit um und aus dem Streben nach Gerechtigkeit erwächst dann Unbarmherzigkeit. In solchen Fällen kann tugendhaftes Handeln am Ende sogar kontraproduktiv werden.

2.3 Moralische Intelligenz: Die Vernunft der Tugenden

Die klassische Tugendethik hat darauf gesetzt, dass das Handeln des Menschen mit seinem Charakter in Einklang steht. Was ein Mensch tut und wie er es tut, erlaubt Rückschlüsse auf seine Persönlichkeit und umgekehrt: „Die getanen Dinge werden also dann gerecht und mäßig genannt, wenn sie so beschaffen sind, wie sie der Gerechte und Mäßige tun würde. Gerecht und mäßig ist aber nicht, wer solche Dinge tut, sondern wer sie außerdem so tut, wie es die gerechten und mäßigen Menschen tun."[45] Die sittliche Qua-

---

[45] ARISTOTELES, Nikomachische Ethik, II 1105 b 5–9.

lität der Ausführung einer Handlung wird hier in Korrespondenz gesehen zur sittlichen Kompetenz des Handlungssubjekts. Dahinter steht meist ein anthropologischer Essentialismus, der eine materiale, normativ gehaltvolle Vorstellung eigentlichen Menschseins und damit korrespondierender spezifischer charakterlicher Eigenheiten und Vorzüge vertritt. Es gehört in dieser Sicht zu den natürlichen Anlagen des Menschen, über solche Eigenheiten zu verfügen bzw. sie auszubilden. Wenn er seiner „Wesensnatur" gemäß leben bzw. diese nicht verfehlen will, ist er gut beraten, diese Eigenheiten zu kultivieren.

Eine solche Auffassung von der „Natur" des Menschen ist in der Moderne kaum mehr haltbar. Allerdings besteht durchaus die Möglichkeit, die Vorstellung einer Entsprechung von Person und Tat existentialpragmatisch zu reformulieren. An die Stelle einer essentialistisch oder teleologisch verstandenen „Natur" des Menschen tritt dabei die Freilegung der existentialen Grundkonstellation menschlichen Daseins. Für den Menschen ist es „wesentlich", in Beziehungen zu naturaler, personaler und sozialer Andersheit zu stehen, darin sein Selbstverhältnis zu realisieren und sich zu diesen Bezügen nochmals in ein Verhältnis setzen zu können. Seine Eigenheit besteht darin, dass ihm diese Bezüge via Sprache zugänglich sind und dass sein Verhältnis zu diesen Bezügen rational gestaltet werden kann. Rationalität ist in dieser Sicht nicht allein eine Bestimmungs- oder Beurteilungsgröße von Beziehungen, Verhältnissen und Handlungen des Menschen, sondern kann auch dem handelnden Subjekt selbst zugerechnet werden, da es ausführt, womit es ausgestattet ist. Unter dieser Rücksicht darf gesagt werden: Es handelt und verhält sich nicht bloß vernünftig, sondern es *ist* auch selbst vernünftig.[46]

---

[46] Vernünftig sind Menschen, die über die Fähigkeit schlussfolgernden Denkens verfügen, sich in ihrem Denken und Tun an guten Gründen orientieren und darüber Rechenschaft ablegen können. Unvernünftig sind Menschen, die keinen Gebrauch von ihren rationalen Fähigkeiten machen oder sich trotz besseren Wissens von schlechten Gründen leiten lassen. Vgl. hierzu St. GOSEPATH, Aufgeklärtes Eigeninteresse. Eine Theorie theoretischer und praktischer Rationalität, Frankfurt 1992, 39–45.

In einem existentialpragmatischen Tugendkonzept geht es um ein Entsprechungsverhältnis zwischen Person und Tat hinsichtlich ihrer Rationalität und – in einem zweiten Schritt – hinsichtlich ihrer Moralität. In den Tugenden soll sich auf Seiten des Subjekts die Moralität der Vernunft und die Humanität der Moral manifestieren. Anders formuliert: Tugenden antworten auf die Frage, wie man es fertig bringt, Moralität und Rationalität in Einklang zu bringen. Denn sie stellen selbst eine spezifische Fertigkeit dar, auf bestmögliche Weise ans Limit menschlichen Wollens und Könnens zu gehen. Ihre Rationalität besteht darin, dass sie nach Möglichkeiten suchen, wie der Mensch den Umgang mit den subjektinternen und äußeren Limitationen seines Daseins auf kluge Weise, d. h. widerspruchsfrei optimieren kann. Dabei verknüpfen sie Prinzipien und Kriterien der Welt- und Daseinsoptimierung, die auf der Basis des Nichtwiderspruchsprinzips entwickelt wurden, mit den Möglichkeiten der Selbstoptimierung des handelnden Subjekts. Es soll aus Fehlern lernen und aus Schaden klug werden. Es soll in eine Verfassung gebracht werden, in der es aus dem Stand heraus fähig ist, die rationalen Prinzipien und Kriterien des Umgangs mit den Grenzbestimmungen des Daseins bestmöglich anzuwenden. Diese Anwendung auch nach Maßgabe ethischer Kriterien bestmöglich vornehmen zu können, macht die Besonderheit und Exzellenz eines tugendhaften Menschen aus.[47]

Sämtliche Tugenden haben wiederum nur dann eine ethische Qualität, wenn sie vernunftgemäß ausgeführt werden. Und diese Ausführung ist wiederum nur dann vernunftgemäß, wenn sie einer Überprüfung standhält, die von einem „moral point of view" aus durchgeführt wird. Setzt man ausschließlich auf die Logik der in den Bezügen des Menschen zu seiner sachhaften Umwelt, subjekti-

---

[47] Mit dieser Charakterisierung ist die These verbunden, dass die Eigenheiten und Besonderheiten, die traditionell der Kardinaltugend „Klugheit" zugeschrieben wurden, zur Präzisierung des existentialpragmatischen Konzepts von Rationalität eingesetzt werden können. Hier wie dort gilt: Ohne Klugheit bzw. Rationalität kann man nicht gerecht, mutig und maßvoll sein: „Omnis virtus moralis debet esse prudens" (THOMAS V. AQUIN, Quaestio disputata de virtutibus in communi 12 ad 3). – „Prudentia ... dicitur genitrix virtutum" (DERS., Super Sent., lib. 3 d. 33 q. 2 a. 5).

ven Innenwelt und personalen Mitwelt situierten und zeitlich ver-
fassten Rationalität, so handelt es sich um eine zwar notwendige,
aber nicht bereits hinreichende Bedingung, dass ein Subjekt nicht
bloß vernünftig *handelt,* sondern sein Handeln (und es selbst) im
(tugend)ethischen Sinne auch vernünftig und moralisch *ist:*

(1) Der vernünftige Umgang mit knappen *natürlichen Ressourcen*
    verlangt eine zeit- und kostensparende, effiziente und nachhal-
    tig wirksame Verwendung der eingesetzten Mittel. Vernünftig
    handelt, wer Raubbau vermeidet und auf Dauer jene Zwecke
    nicht zerstört, deren Realisierung jeweils angestrebt wird. Da-
    mit ist allerdings noch nichts über die Verantwortbarkeit dieser
    Zwecksetzungen und ihre Vereinbarkeit mit anderen, nicht
    minder verantwortbaren Zwecken gesagt. Wird dieser Nach-
    weis nicht erbracht, bleibt zweckrationales Handeln ethisch
    defizitär.

(2) Der vernünftige Umgang mit *Eigeninteressen* verlangt eine
    Strategie, die im Falle des Misserfolgs für das handelnde Sub-
    jekt eine gleichwohl noch hinnehmbare Situation entstehen
    lässt. Ein Fehlschlag, eine Niederlage darf nicht so dramatisch
    sein, dass das Subjekt sich mit ihr nicht abfinden kann. Die Be-
    achtung der Kriterien strategischer Rationalität garantiert aber
    noch nicht die Legitimität der Strategieziele, sondern zielt auf
    die erfolgreiche Überwindung von Hindernissen auf dem Weg
    zum Ziel bzw. zieht ein Scheitern in Betracht, das für das
    Handlungssubjekt keine unzumutbaren Folgen impliziert. Da-
    mit ist noch nichts über die Vertretbarkeit des Ziels oder über
    die Zumutbarkeit von negativen Handlungsfolgen für nur mit-
    telbar Betroffene oder für Unbeteiligte gesagt. Ohne diesen
    Nachweis bleibt das Kalkül der strategischen Vernunft ethisch
    unvollständig.

(3) Der vernünftige Umgang mit der *Konkurrenz um knappe Güter*
    besteht darin, dabei den allseitigen Vorteil aller Beteiligten her-
    beizuführen. Es gilt, win/win-Situationen anzustreben und
    eine gleichmäßige Verteilung des Zugewinns vorzunehmen.
    Damit ist aber noch nichts darüber gesagt, inwieweit eine
    durch Ungleichheit definierte Ausgangssituation überwunden
    oder korrigiert wird. Es kann sein, dass der Abstand zwischen

Habenichtsen und Vermögenden gleich bleibt. Bei einem nur situativen, aber nicht auch strukturellen Ausgleich sozialer Ungerechtigkeiten bleibt das Modell kooperativer Rationalität ethisch ergänzungsbedürftig.

(4) Der vernünftige Umgang mit der *Befristung der Zeit* verlangt die kritische Rückschau auf in der Vergangenheit gemachte Fehler, die vorausschauende Abwägung der möglichen Fernwirkungen und Spätfolgen gegenwärtigen Tuns sowie die handlungsbereite Aufmerksamkeit für die Gunst des Augenblicks. Damit ist aber noch nichts gesagt hinsichtlich des Sinns all dieser Anstrengungen angesichts der Vergänglichkeit von Zeit und Sein. Wenn es keine guten Gründe dafür gibt, sich vernunftgemäß auf die „Gezeiten" der Zeit einzustellen, obwohl der Erfolg dieser Bemühungen ebenso vergänglich ist wie die Zeit, haftet dem Projekt ethischer Zeitgenossenschaft ein nicht mehr behebbarer Mangel an.

Eine ethisch auszeichenbare Rationalität auf Seiten des Subjekts verlangt somit nicht nur die Einübung in ein kritisches Verhältnis zum Vernunftwidrigen, sondern auch zum Vernunftgemäßen. Es geht hierbei um eine *moralische Intelligenz*, ohne die zweckrationale Rechenkunst zur Profitgier, strategische Cleverness zur Gerissenheit, Kooperationsbereitschaft zu Geschacher oder Klüngelei und kritische Zeitgenossenschaft zum Starrsinn werden kann. Moralische Intelligenz befindet sich aber nur dann in der „rechten Mitte" zwischen zwei Lastern, wenn sie ebenso auf Abstand geht
- zu einer selbstzwecklichen Knausrigkeit, die ziel- und planlos Mittel (um ihrer Akkumulation willen) anhäuft;
- zu einer unbekümmerten Naivität, die Idealismus mit Unbedarftheit verwechselt;
- zu einer herablassenden Leutseligkeit, die soziale Hierarchien und Asymmetrien nur überspielt, aber nicht überwindet;
- zu einem zeitverdrossenen Eskapismus, der enttäuscht vom Lauf der Welt beim Überzeitlichen Zuflucht sucht.

Die moralische Intelligenz einer Person besteht darin, derart mit ihrer zweckrationalen, strategischen, kommunikativen und zeitkri-

tischen Intelligenz umgehen zu können, dass sie sich a) in ihren
Weltbezügen an den jeweils tauglichsten Rationalitätsformaten des
Umgangs mit den jeweiligen Limitationen des Daseins orientiert,
b) dabei auf die notwendigen ethischen Erweiterungen dieser Rationalitätsformate achtet und c) eine Balance zwischen den jeweils
beteiligten Komplementärtugenden und Lastern anstrebt.

Damit sind auch die wichtigsten Parameter eines existentialpragmatischen Tugendkonzepts benannt. Auf dieser Basis ist es nun
möglich, analog zu klassischen Tugendtafeln eine Zuordnung von
existentialen und limitativen Bestimmungen des Daseins, von Rationalitätsformaten und Tugend-/Laster-Dispositionen vorzunehmen.
Die dabei ausgesprochenen Handlungsmaximen ethischer Lebenskönnerschaft schlagen in Form und Inhalt bewusst die Brücke zur
Lebenshilfeliteratur und konzentrieren sich auf jene Anteile der Lebensführung, für die jedes Individuum etwas kann.

(1) Im Verhältnis zu allem, das in der naturalen Außenwelt des
    Menschen Gegenstand seines Einwirkens, Veränderns und An-
    eignens sein kann und zugleich ein knappes Gut darstellt, er-
    weist sich ein *zweckrationaler* Umgang als effizient. Ethisch ver-
    tretbar ist er jedoch nur, wenn er zugleich auf *Nachhaltigkeit*
    angelegt ist. Dieser Einstellung entsprechen auf Seiten des Sub-
    jekts die Komplementärtugenden der Zielstrebigkeit und Be-
    scheidenheit (im Sinne von „Genügsamkeit" und „Maßhal-
    ten"). Sie grenzt sich ab von einem negativen Habitus des
    Immer-mehr-haben-Wollens und des missgünstigen Beneidens
    anderer Menschen, die über ein Mehr an materiellen Besitztü-
    mer verfügen. Zur Ermittlung der *rechten Mitte* vermag die Ori-
    entierung an folgenden Hinweisen und Fragen zu verhelfen:

*Vergewissere Dich der Verantwortbarkeit des angestrebten Zieles
und wähle aus unterschiedlichen Mitteln und Vorgehensweisen,
dieses Ziel zu erreichen, jene aus, die sowohl effizient sind als
auch mit einer möglichst geringen Einschränkung hinsichtlich
der Realisierung anderer, gleichwertiger Ziele verbunden sind!
Wenn Du durch Geiz und Gier materiell reich werden willst,
wirst Du an allem anderen verarmen. Wenn Du daran interessiert bist, möglichst viel im Leben besitzen zu wollen, bedenke,*

was Du davon hast, wenn Du diese Dinge hast! Wenn bestimmte materielle Güter und Besitztümer nur begrenzt habbar sind, bedenke, was Du davon hast, wenn andere sie nicht haben! Was würde Dir fehlen, wenn auch Du sie nicht besitzen könntest?

(2) Im individuellen Selbstverhältnis des Menschen ist das Bewusstsein seiner Verletzbarkeit, aber auch seiner Einmaligkeit und Unersetzbarkeit verankert. Seine elementaren Lebensinteressen kann er am wirkungsvollsten über die Handlungsmuster der *strategischen* Vernunft durchsetzen. Ein solches Handeln ist ethisch vertretbar, wenn es dabei die Regeln der *Fairness* einhält. Sie verlangen von ihm nicht die Selbstmissachtung, wohl aber die Distanzierung von jeder Form der Überheblichkeit und Selbstzentrierung. Es gilt, die Stärke des eigenen Willens nicht in Sturheit, sondern in Besonnenheit münden zu lassen. Zu einem aufgeklärten Selbstinteresse, in dem die rechte Mitte zwischen kurzfristiger Erfolgsorientierung und langfristiger Sinnerfüllung zu finden ist, verhilft die Orientierung an folgenden Aufforderungen und Hinweisen:

Verfolge Deine materiellen Interessen mit Tatkraft und Augenmaß! Vergewissere Dich der Verträglichkeit Deiner aktuellen Interessenverfolgung mit Deinen langfristigen Lebenszielen! Bedenke auch, wie sich Dein Streben nach Unabhängigkeit, Sicherheit und Wohlergehen auf andere Menschen auswirkt. Deine Mitmenschen sind ebenso unersetzbar und an Leib und Seele nicht minder verletzbar wie Du selbst. Stumpfe nicht ab gegenüber dem Unglück, das die anderen trifft! Achte darauf, dass Du nicht selbst zum Auslöser eines solchen Unglücks wirst! Wälze voraussehbare negative Folgen Deines Tuns nicht auf Unbeteiligte ab und gehe nur solche Risiken ein, deren Folgen beherrschbar sind! Suche nach Handlungsstrategien, deren negative Folgen und Nebenwirkungen reversibel sind!

(3) Im intersubjektiven Verhältnis des Menschen bildet die Konkurrenz um knappe Güter und die Rivalität um gesellschaftlich geachtete Positionen eine besondere Herausforderung. Eine Befriedung der damit verbundenen Konflikte gelingt am ehes-

ten, wenn sich alle Beteiligten mit den Mitteln der kommunikativen Vernunft über ebenso individuell wie sozial zuträgliche Formen der *Teilhabe und Teilgabe* verständigen. Sie verlangt vom Individuum nicht ein opportunistisches Arrangement mit den herrschenden Verhältnissen und steht ebenso kritisch den Versuchungen der Klüngelei gegenüber. Hier geht es um ein Gespür für soziale Asymmetrien und um einen Sinn für einen gerechten Ausgleich von Nutzen und Lasten, von Vorteilen und Nachteilen. Dies gilt vor allem dann, wenn diese Asymmetrien schicksalhaft bedingt sind oder durch gesellschaftliche Strukturen verstärkt werden. Mancher wird sich nicht trauen oder es aus Frustration für aussichtslos halten, soziale Missstände anzuprangern und Gerechtigkeit für übervorteilte und missachtete Menschen einzufordern. Es gibt jedoch eine wirksame, ganz unspektakuläre Form von Zivilcourage: die Aufkündigung des Mitläufertums. Wer angesichts großer Herausforderungen nicht klein beigeben will, bleibt auf Kurs, wenn er auf folgende Vorschläge und Ratschläge hört:

Bemühe Dich um eine gerechte Teilhabe an knappen sozialen Gütern und Lebenschancen! Wandele Situationen der Konkurrenz in Arrangements der Kooperation um! Verzichte darauf, Dir andere Menschen gefügig zu machen! Wehre Bestechungsversuche ab! Tritt ein für den strukturellen Ausgleich unverschuldeter Armut und unverdienten Reichtums! Finde Dich nicht damit ab, dass ökonomischer Fortschritt zwar auch die Lage der bisher am schlechtesten Gestellten verbessert, aber dabei die Schere zwischen Armen und Reichen weiter auseinandergeht.

(4) Im Verhältnis des Menschen zu den Gezeiten der Zeit, d. h. zu allem, was Ereignischarakter in Vergangenheit, Gegenwart und Zukunft besitzt, bilden die Unwiederholbarkeit des Vergangenen, die Ungewissheit des Zukünftigen und die Einmaligkeit des Gegenwärtigen die Bezugspunkte ethischer Zeitgenossenschaft. Die Bewältigung der damit verbundenen Herausforderungen gelingt am ehesten durch die Orientierung an den Parametern *anamnetischer, futurischer und kairologischer Rationalität*. Sie widerstreiten der Versuchung, das Ver-

sagen in der Vergangenheit durch Vergessen zu entsorgen und den unabgegoltenen Hoffnungen früherer Tage bloß nachzutrauern. Sie rufen dazu auf, Ziele und Ideale zu haben, die über den Tag hinaus gültig sind, damit man auf den rechten Zeitpunkt warten kann, um sie endlich zu realisieren. Dabei kommt es vor allem auf jene *Beharrlichkeit* an, ohne die das Erinnern und das Hoffen im Strohfeuer des Augenblicks verglühen. Sie drängt darauf, alles im Leben so wahrzunehmen, wie es im Blick auf seine Vollendung aussehen würde. Und sie leitet dazu an, den eigenen Beitrag zu leisten, damit es zu dem wird, was es noch nicht ist, aber sein könnte. Wer zwischen dem Wirklichen und dem Unmöglichen, zwischen Lethargie und Hysterie, zwischen Defaitismus und Weltflucht einen Weg in die Zukunft sucht, mag sich an folgende Hinweise halten:

Finde Dich nicht ab mit den Verhältnissen, wie sie sind, sondern stelle Dir vor, wie sie sein könnten. Sei geduldig mit Dir selbst, aber unnachgiebig gegenüber den Einflüsterungen der Bequemlichkeit. Setze Dich für Ideale ein, die es unabhängig von ihrer Realisierung zu Deinen Lebzeiten wert sind, dass alle Menschen sich ihnen verschreiben!

Die Tugend der Beharrlichkeit steht im Dienste menschlicher Enttäuschungsresistenz. Allerdings kann die Beschäftigung mit einer Ethik der Lebenskunst selbst zur Enttäuschung werden. Die bisherigen Ausführungen zur moralischen Intelligenz des Menschen haben systematisch ausgeblendet, was in der Regel von Anleitungen zur Lebenskönnerschaft erwartet wird: Steigerung des karriererelevanten Durchsetzungsvermögens, Erhöhung der Frustrationstoleranz bei Misserfolg, Rezepte für die psycho-physische Burnout-Prophylaxe. Stattdessen versuchen sie für die Einsicht zu werben: Beim Projekt des eigenen Lebens geht es nicht um die Selbstoptimierung des Subjekts für die Wechselfälle des Lebens, sondern um seine Selbstachtung in diesen Wechselfällen. Es macht nicht das Proprium ethischer Lebenskönnerschaft aus, dass sie zur besseren Erfüllung funktionaler Erfordernisse beiträgt. Vielmehr zielt sie auf die Möglichkeit einer Wertschätzung des eigenen Lebens, die sich vom Gelingen oder Misslingen funktional definierter

Vorhaben nicht abhängig macht. Dabei mag der Eindruck aufkommen, dass die Erfordernisse ethischer Lebenskönnerschaft das Leben noch komplizierter und anspruchsvoller machen, als es angesichts seiner funktionalen Erfordernisse ohnehin schon ist. In Wahrheit aber geht es darum, gerade für die Komplexität des Daseins eine Umgangsform zu entwickeln, die durchgängig anwendbar ist und es dem Individuum erlaubt, kontinuierlich am Projekt des eigenen Lebens festzuhalten.

Das Ideal eines tugendhaften Lebens überfordert den Menschen nicht, weil es aus den moralischen Hinsichten, unter denen es das Sein und Handeln des Menschen betrachtet, nicht einen Lebensinhalt macht, der alle anderen Lebensziele überbieten oder relativieren soll. Vielmehr geht es bei der existentialpragmatischen Lesart der Tugenden um ein prozedurales Konzept eines guten Lebens, d. h. um die Vollzugsform des menschlichen Lebens. Ein solches Konzept von Lebenskönnerschaft sagt nicht, zu was man es im Leben bringen oder was man vollbringen sollte. Vielmehr zeichnet es eine besondere Form des Umgangs mit den Grund- und Grenzbestimmungen des Lebens als die dem Menschen am ehesten entsprechende Art und Weise aus, sich zum Leben in seiner Ganzheit zu verhalten. Mit der Orientierung an den skizzierten Tugenden ist der Mensch auf einem guten Lebensweg, auch wenn er nicht alles erreicht, was er unterwegs entdeckt. „Gut" gelebt hat ein Mensch, wenn er sein Leben bejahen kann, obwohl es darin Etliches gibt, das ihm versagt blieb. „Gut" gelebt hat ein Mensch, wenn er seinem Leben jene Form geben konnte, die er allem Negativen zum Trotz bejahen kann. Die Form eines solchermaßen guten, d. h. an den Tugenden orientierten Lebens übertrifft alle Anteile des Misslingens von Projekten der zweckrationalen, strategischen oder kommunikativen Vernunft. Denn sie erlaubt es dem Menschen, auch im Scheitern sich selbst noch achten zu können.

2.4 (K)eine Gefühlssache?
Ethik und Lebenskunst

Bleibt es bei der bisherigen Akzentuierung von Merkmalen moralischer Intelligenz, droht ein entscheidendes Moment verloren zu gehen, mit dessen Betonung Lebenskunstkonzepte aufwarten: das Eigene des individuellen Lebens. Viele Menschen wollen in der ihnen eigenen Weise ein eigener Mensch sein. Ihnen genügt daher nicht eine Anleitung zur Lebenskönnerschaft, die sie dazu führt, am Ende das zu können, was alle Menschen vernünftigerweise können sollten. Für sie rückt diese Bestimmung moralischer Kompetenz und Intelligenz zu sehr in die Nähe von Immanuel Kants kategorischem Imperativ. Nach diesem Imperativ macht man nichts falsch und muss man sich nichts vorwerfen lassen, wenn die Maxime des eigenen Willens zum allgemeinen Gesetz erhoben werden kann. Anders formuliert: wenn man nur das tut, was vernünftigerweise auch von allen anderen erwartet werden kann. Dabei bleibt ausgeblendet, ob eine Person ihre Identität, die Bestimmung ihres Lebens nicht gerade darin findet, dass sie etwas kann, was niemand sonst kann oder so gut kann – dass also jemand ein Talent, eine Begabung, ein Charisma hat, das ihn zu etwas Besonderem macht. Wer den kategorischen Imperativ befolgt, führt ein moralisch untadeliges Leben – aber noch kein eigenes.

Kann es sein, dass die Individualität ethischer Lebenskönnerschaft erst dann in den Blick kommen kann, wenn man weniger auf die rationale Dimension der Tugenden als auf ihre Anbindung an die Emotionalität des Menschen achtet? Denn was es heißt, ein eigener Mensch zu sein, geht dem Menschen auf, indem er/sie etwas und dabei sich selbst fühlt. Jeder andere Mensch kann hören, was ich gerade höre, aber kein anderer fühlt statt meiner, wie es sich anfühlt, dass ich mich freue, ängstige, erschrecke oder ekele. Unser Sagen und Tun mag ersetzbar oder austauschbar sein – im Spüren und Fühlen sind wir es nicht. Braucht es also nicht mehr und anderes als nur die reine Vernunft, um herauszufinden, wie es im Leben um mich steht? Gibt es nicht noch ein anderes Sensorium für die Chancen und Risiken des Daseins und Selbstseins?

Sensibilität für Gefahren des Lebens und Spürsinn für seine
Chancen sind menschliche Fähigkeiten, die meist diesseits und jenseits der Vernunft angesiedelt werden. Hier geht es um Intuition,
Fingerspitzen- oder Bauchgefühl. Nach traditioneller Auffassung bedarf dieser Spürsinn jedoch der Übung und Schulung, wie auch die
Gefühle des Menschen derart kultiviert werden müssen, dass sie seine Lebenskönnerschaft erhöhen und nicht schwächen. Diesem Gedanken hat auch das existentialpragmatische Tugendkonzept ent-
sprochen und zur Bestimmung des Zuviel und Zuwenig der Laster
sowie zur Ermittlung der rechten Mitte von Komplementärtugenden das affektive Moment menschlicher Vollzüge mitberücksichtigt.
Aber dabei sind Gefühle überwiegend als Gegenstand einer von Vernunft und Wille vorzunehmenden Ausrichtung auf die jeweils tauglichsten Rationalitätsformate des Umgangs mit den Limitationen
des Daseins in den Blick gekommen.

Ob Gefühle eine positive und eigenständige Funktion im
Prozess der Erschließung von Werten oder in der Phase der Entscheidungsfindung haben können, ist für geraume Zeit nur selten
erörtert worden. Meist beschränkte man sich darauf, sie den Moti-
vationskräften ethischer Praxis zuzuordnen. Im tugendethischen
Diskurs der Gegenwart wird jedoch verstärkt dafür plädiert, die
Emotionalität des Menschen als mit-konstitutiv für seine Moralität
zu erfassen. Gefühle sind hier mehr als ein Übungsfeld zur Vermeidung des Lasters und zur Erlangung der Tugend; sie sind mehr als
Resonanzverstärker von Gewissensbissen und mehr als Aufputschmittel moralischer Appelle.[48]

---

[48] Zum Ganzen siehe J. SCHUSTER, Moralisches Können, 87–18; DERS., Gefühle
und ethische Tugenden, in: F.-J. Bormann/Ch. Schröer (Hg.), Abwägende Vernunft, Berlin 2004, 361–380; C. MEIER-SEETHALER, Gefühl und Urteilskraft.
Ein Plädoyer für die emotionale Vernunft, München [3]2001; B. MERKER (Hg.),
Leben mit Gefühlen. Emotionen, Werte und ihre Kritik, Paderborn 2009;
F. OCHMANN, Die gefühlte Moral. Warum wir Gut und Böse unterscheiden
können, Berlin 2008; Ch. AMMANN, Emotionen – Seismographen der Bedeutung. Ihre Relevanz für die christliche Ethik, Stuttgart 2007; Ch. DEMMER-
LING/H. LANDWEER (Hg.), Philosophie der Gefühle. Von Achtung bis Zorn,
Stuttgart/Weimar 2007; M. NUSSBAUM, Upheavals of Thought. The Intelligence
of Emotions, Oxford/New York 2004; S. DÖRING/V. MAYER (Hg.), Die Moralität der Gefühle, Berlin 2002.

Wenn es der Ethik um das Ganze des Menschseins geht, muss sie den ganzen Menschen im Blick haben – also auch seine Gefühle. Ein ganzer Mensch zu sein, heißt nicht nur, sprechen und hören, wollen und handeln, sondern auch spüren und fühlen zu können. Nirgendwo kommt man dem Menschen näher als in seinen Gefühlen – und nirgendwo ist der Mensch verletzlicher. Ob es ihm gut oder schlecht geht, signalisieren ihm seine Gefühle. Gut und schlecht sind Gefühle aber noch in einer weiteren Hinsicht. Es gibt nicht nur ein affektives Empfinden von Dingen und Ereignissen, die dem Menschen förderlich oder abträglich sind. Vielmehr können Gefühle auch selbst gut oder schlecht, zuträglich oder hinderlich werden für das Projekt, ein eigener Mensch zu sein – und ein „guter" Mensch zu sein.

Zum einen spielen Gefühle eine bedeutende Rolle in der Sprache der Moral, wenn es um die Sache der Moral geht. Kondolenzbriefe enden mit der Bekundung aufrichtigen Beileids, am Anfang von Solidaritätsaufrufen steht die Empörung über erlittenes Unrecht. Zur Sache der Moral gehört die Anteilnahme an einem Unglück, das nicht das eigene ist. Und es ist Ausdruck eines christlichen Ethos, dass man sich „freut mit den Fröhlichen und weint mit den Weinenden" (Röm 12,15). Solidarität in guten wie in schlechten Tagen findet hier einen emotionalen Ausdruck. Zum anderen kann man mit Gefühlen aber auch Druck ausüben und Menschen unter Druck setzen. Man kann zum Opfer der eigenen Gefühle werden und sich zu Handlungen hinreißen lassen, die wiederum einen anderen Menschen zum Opfer machen. Manche böse Tat wäre unterblieben, wenn jemand nicht aus einem Affekt heraus, aus Wut, Eifersucht, Jähzorn oder Neid agiert hätte.

Hingegen braucht es wiederum auch das Sensorium der Gefühle, um überhaupt sensibel zu sein für Situationen, in denen moralisches Handeln gefragt ist. Zum Einsatz für Gerechtigkeit werde ich nicht durch die Analyse des Begriffs der Gerechtigkeit motiviert, sondern wenn ich ein Gespür für Recht und Unrecht entwickele – und mich anrühren lasse vom Schicksal eines Menschen, der benachteiligt oder missachtet wird. Moralische Kompetenz ist unter dieser Rücksicht eben auch Gefühlssache. Barmherzigkeit, Mitleid, Nächstenliebe – diese Hauptworte aus dem christlichen Wörterbuch der Moral bezeichnen buchstäblich „Herzensangelegenheiten".

Aber sogleich meldet sich an dieser Stelle entschiedener Protest: Wer derart Gefühle ins Zentrum der Moral stellt, verfehlt damit zwangsläufig das Wesen der Moral. Denn deren Pointe ist es, unsere Beziehungen zu Menschen zu regulieren, zu denen wir nicht in einem Verhältnis stehen, das sich durch emotionale Zuwendung auszeichnet. Erwartet wird die Beachtung des moralisch Gesollten, auch wenn keine emotionale Betroffenheit vorliegt. Moral benötigen wir, um den engen Radius aufzubrechen, der mit der Nahorientierung unserer emotionalen Beziehungen verbunden ist. Der moralische Standpunkt ist ein Standpunkt der Unparteilichkeit. Er zeichnet sich dadurch aus, Achtung und Respekt gerade für jene Menschen einzufordern, denen gegenüber wir kein Mitgefühl aufbringen können. Moral steht für das Wahrnehmen der Belange von Menschen, die uns nicht am Herzen liegen. Moral verlangt, dass wir uns über Gefühle hinwegsetzen. Hier geht es darum, gerade nicht aus Neigung, sondern aus Pflichtbewusstsein zu handeln. Also: Moral ist keine Gefühlssache!

Offensichtlich gerät die Ethik in einen Zwiespalt, wenn sie Moralität und Emotionalität widerspruchsfrei zusammendenken will. Sie weiß um die Ambivalenz des Gefühlslebens und schlägt sich auf die Seite der Vernunft. Von dort aus aber droht ihr Umgang mit dieser Ambivalenz einseitig zu werden. Gefühle müssen je nach ihrem Charakter durch Wille und Vernunft gebändigt oder verstärkt werden, tragen aber von sich aus offenbar nichts zur Moralität der Vernunft und des Willens bei.

Im aktuellen ethischen Diskurs stehen sich die Bestreiter und die Verteidiger einer gegenseitigen Verwiesenheit von Emotionalität, Moralität und Rationalität gegenüber. Das Argument der Bestreiter lautet: Wenn sinnliche Strebungen und Gefühle des Menschen zu einer Quelle oder einer Sphäre moralischen Handelns erhoben werden, trübt dies die Reinheit des sittlichen Handelns. Denn der Mensch vollbringt jetzt das Gute, weil es ihm Freude macht oder ihn mit Stolz erfüllt – und nicht mehr allein um des Guten willen. Das Argument der Befürworter lautet: Die ethisch motivierte Abspaltung menschlicher Emotionalität vom Moralischen der Moral (das auf die Selbstzwecklichkeit des moralischen Sollens abhebt) dient gerade nicht der Sache der Moral. Denn die Qualität menschlichen Handelns nimmt ab, wenn sie nur aus der rationalen Selbstverpflichtung gegenüber dem moralisch Gebotenen stammt – und nicht auch von Wohlwollen und Mitgefühl geprägt ist. Wie geht es etwa einem Patienten im Krankenhaus, wenn er herausfindet, dass der überraschende Besuch seines Nachbarn nur in Erfüllung einer gesellschaftlichen Anstandsregel erfolgt? Sicher ist das Verhalten des Besuchers untadelig, wenn er allein aus Gehorsam gegenüber dem kategorischen Imperativ in die Klinik kommt. Aber würden wir es angesichts der fehlenden emotionalen Zuwendung auch „tadellos" nennen? Wenn die moralische Vernunft das Ausblenden der emotionalen Befindlichkeit von Handlungssubjekt und Normadressat verlangt, ist es dann noch der ganze Mensch, um den es geht, wenn es um die Sache der Moral geht?[49]

Zu vermeiden ist aber auch ein gesinnungsethischer Emotivismus, für den es ausreicht, dass sich ein Subjekt bei seinem Tun auf nachweislich gute Absichten beruft und zur Bestätigung der Richtigkeit dieser Absichten darauf achtet, bei seinem Tun ein gutes Gefühl zu haben. Auf dieses Gefühl wird dann auch als Handlungsimpuls gewartet. Zu Krankenbesuchen oder zur Blutspende rafft man sich nur auf, wenn einem entsprechend „danach ist". Dagegen spricht, dass die Moralität des Wollens und Tuns mehr als eine Sache der emotionalen Einstellung oder von Lust und Laune ist. Es genügt nicht, das Herz auf dem rechten Fleck zu haben und es gelegentlich für die Belange der Mitmenschen schlagen zu lassen.

Ebenfalls zu vermeiden ist ein vernunftethischer Intellektualismus, der den emotional-affektiven Bereich ausblendet bei der Frage nach der Genese und nach dem Vollzug allgemein gültiger und einsichtiger Verhaltenserwartungen. Dem Besucher am Krankenbett, der nur in die Klinik kommt, weil er eine moralische Pflicht erfüllen will, „fehlt eine wesentliche Bewandtnis moralischer Güte, ohne die wir sein Verhalten selbst dann nicht wirklich wertschätzen können, wenn es ihm zur regelmäßigen Gewohnheit geworden

---

[49] Vgl. zu diesem Beispiel auch E. Sᴄʜᴏᴄᴋᴇɴʜᴏꜰꜰ, Grundlegung der Ethik, 74.

ist."⁵⁰ Er handelt moralisch richtig, aber gefühllos – und darum
nicht tugendhaft. Daher bleibt zu fragen: Kommt den Gefühlen von
sich aus ein konstitutiver Part für das Gelingen sowie für die Qualität moralischen Handelns zu oder sind sie nur Gegenstand einer vernunftgemäßen Formatierung von Handlungsantrieben oder -wider-
ständen? Vielleicht sind Gefühle sogar Sensoren für die sittliche
Qualität des Gegenstands einer Handlung: Wenn ich ein ungutes
Gefühl habe, ist dies ein Indiz dafür, dass der Gegenstand meines
Tuns kein Gut ist!? Auf das Abscheuliche reagieren wir mit Abscheu
und auf das Wunderbare mit freudiger Bewunderung.

Gleichwohl ist auch hier eine Einschränkung angebracht: Ob
das Verabscheute auch in Wahrheit verabscheuenswert ist, vermag
das Phänomen des Verabscheuens allein nicht zu entscheiden. Der
Ausschlag des Zeigers an einem Gerät besagt nichts, wenn das
Messgerät keine Skala besitzt.

Wenn man mit dem Projekt ethischer Lebenskönnerschaft vorankommen will und nach einer Neubestimmung des Verhältnisses von
Emotionalität, Moralität und Rationalität sucht, darf man nicht hinter das Anspruchsniveau der Moderne zurückfallen. Als „moral point
of view" für die Prüfung der allgemeinen Verbindlichkeit von Verhaltenserwartungen ist nur der Standpunkt der Vernunft anzuerkennen.
Hier gilt „sola ratione". Aber zu dem, was vernunftgemäß ist, muss
man nicht nur und allein auf den Wegen der Vernunft gelangen.
Der Begründungs- und Rechtfertigungshorizont von normativen
Überzeugungen und Verhaltenserwartungen muss nicht identisch
sein mit dem Entdeckungshorizont von Werten und Normen. Hier
kann auch gelten „sola ratione numquam sola". Es geht nie ohne Vernunft, auch wenn es nicht immer allein mit der Vernunft geht.

Unter dieser Rücksicht kann ein gefühlsgeleitetes Verhältnis zu
den Lebensverhältnissen des Menschen durchaus einen Zugang sui
generis zur Sphäre der Moral bahnen und einen eigenen Entdeckungszusammenhang von Normen und Werten bilden. Hier
kann man zu Einsichten kommen, zu denen man nicht kommt,
wenn man allein auf den Wegen der Vernunft unterwegs ist. Die dabei entscheidende Frage ist, wie weit man auf solchen Wegen auch

---

⁵⁰ Ebd.

den Gefühlen trauen kann. In welchem Maß können Gefühle ein ver-
lässliches Vollzugsmedium ethischer Erkenntnis und Reflexion sein?
Kann ein Ausfall dieses Mediums zum Verlust moralischer Kompetenz führen? Oder eignen sie sich dafür nur, wenn sie zugleich
von der Vernunft davor bewahrt werden, auf Abwege zu geraten?
Neuere Untersuchungen an Menschen mit hirnphysiologischen
Defekten haben zu dieser Frage einen überraschenden Befund erbracht. Hirnschädigungen, die sich auf die emotionale Verarbeitung
von Reizen auswirken, beeinträchtigen alle übrigen rational-kogniti-
ven Fähigkeiten. Ausfälle in der emotionalen Reizverarbeitung min-
dern auf Dauer auch das Vermögen der rationalen Selbststeuerung.
Das davon betroffene Subjekt weiß um rationale Handlungsmuster,
kann sie aber in intersubjektiven Handlungskontexten nicht erfolgreich ausführen. Selbst wenn das handelnde Subjekt diesen Zwiespalt erfasst, führt dies nicht zu Verhaltenskorrekturen. Es erkennt,
was es tun sollte. Aber es vermag dies nicht umzusetzen. Es kann
nicht mehr so aus sich herausgehen, dass das von ihm Gewusste
zum bewusst von ihm Getanen wird. Ein intaktes Erkenntnisvermögen der praktischen Vernunft reicht offensichtlich nicht aus, um
das Erfüllungsvermögen des Vernunftsubjekts zu aktivieren.[51]

---

[51] Vgl. J. PLAMPER, Geschichte und Gefühl. Grundlagen der Emotionsgeschich-
te, München 2012, 225–294. Zu den wichtigsten Leistungen der experimental-
psychologischen Emotionsforschung zählt die Identifizierung einer Beziehung
zwischen bestimmten Hirnarealen, bestimmten Gefühlen und bewussten Vollzügen des Menschen. Mittels Magnetresonanztomografie kann die Hirnaktivi-
tät sichtbar gemacht und die These von der Korrelation bestimmter Gefühls-
wahrnehmungen und -handlungen mit typischen Hirnaktivitäten erhärtet
werden. – Den Ausgangspunkt dieser Forschungen markiert ein spektakulärer
Unfall im Sommer 1848 bei Sprengarbeiten für den Bau einer Eisenbahn in Ver-
mont. Bei der Explosion einer Sprengladung wird dem Vorarbeiter Phineas
Gage eine Eisenstange von 1 m Länge und 3 cm Dicke durch den Schädel gejagt.
Trotz dieser Verletzung erlangt Gage nach wenigen Augenblicken das Bewusstsein und bleibt ansprechbar. Seine Gesundheit kann im Krankenhaus nahezu
vollständig wiederhergestellt werden. Nur sein linkes Auge bleibt irreparabel ge-
schädigt. Gage kann sogar in seinen angestammten Beruf zurückkehren. Nach
wenigen Monaten wird jedoch eine merkwürdige Veränderung seines Verhaltens bemerkt. Phineas Gage ist weiterhin in der Lage sein technisches Wissen
einzusetzen. Aber zunehmend ist sein Sozialverhalten gestört. Er hält sich immer weniger an kollegiale Absprachen, wird launisch und allmählich teamunfä-
hig. Sein Handeln ist unstet; unentwegt entwirft er Zukunftspläne, die er gleich

Dieses negative Ergebnis führt zu bemerkenswerten Korrekturen bisheriger Annahmen zum Verhältnis von Emotionalität und Rationalität. Die Vorstellung muss zurückgenommen werden, dass allein das kognitive Vermögen des Menschen den Leitstand für sein Wollen und Tun bildet. Man hätte eigentlich erwartet: Wenn das emotionale Widerlager ausfällt, fällt es der Vernunft leichter, erkenntnis- und handlungsleitend für den Menschen, sein Wollen und Tun zu sein. Aber das Gegenteil ist der Fall. Es wird ihr nahezu unmöglich, Wollen und Tun des Menschen effizient zu koordinieren.[52]

Diese Korrektur kann jedoch nicht Kurz- und Fehlschlüsse bannen, die von Hirnforschern und naturalistischen Ethikern oft gleichermaßen vorgenommen werden. Am häufigsten ist der Genese/Geltungs-Fehlschluss. Die Ergebnisse der Hirnforschung tragen zwar bei zur Erforschung der Genese und Konstitution moralischer Kompetenz, sie stellen selbst aber noch keinen „moral point of view" dar, d. h. sie können nicht bestimmen, was die Geltungsgründe eines moralischen Sollens sind. Die Kriterien, an denen zu ermessen ist, ob jemand ein urteils- und handlungsfähiges Subjekt ist (wozu eben auch seine emotionale Kompetenz gehört), sind nicht identisch mit den Maßstäben, an denen ein solches Subjekt den Geltungsanspruch eines moralischen Sollens ermessen und überprüfen kann. Es ist also lediglich der Schluss erlaubt, dass an den Konstitutionsbedingungen moralischer Kompetenz das Emotionale nicht weniger beteiligt ist als das Rationale. Einen epistemischen „overstretch" begeht jedoch, wer behauptet, dass Gefühle eine Resonanzerfahrung zwischen objektiven Werten und subjektivem Empfinden manifestieren oder dass sie selbst einen normativen Maßstab moralischer Entscheidungsfindung und -urteilsbildung abgeben.

Wer an ethischer Lebenskönnerschaft interessiert ist, hält solche Fragen vermutlich für zweitrangig. Das Thema „Gefühle" hat hier

---

wieder verwirft. Sein Planen erscheint immer mehr plan- und ziellos. Die Untersuchung von Gage's Schädel nach seinem Tod 1860 ergibt, dass die Eisenstangen den orbitofrontalen und den präfrontalen Kortex des Gehirns beschädigt hatte und damit offensichtlich das Zusammenspiel zwischen seinen intellektuellen und emotionalen Fähigkeiten zerstörte.
[52] Vgl. hierzu auch M. ROSENBERGER, Mit beherzter Vernunft. Fühlen und Denken in ihrer Bedeutung für das sittliche Urteil, in: MThZ 52 (2002) 59–72.

eine andere Bedeutung. Wer ein eigenes Leben führen will, verbindet damit die Erwartung, dass es auch ein authentisches Leben sei. „Authentisch" bedeutet ursprünglich, dass jemand etwas mit eigener Hand hervorbringt bzw. dass er als Urheber dessen gilt, was er handhabt. Was er selbst und eigenhändig hervorbringt, trägt seine Handschrift.[53]. Und nur, was seine Handschrift trägt, kann als Original gelten. Alles andere ist Nachahmung oder Kopie – im schlimmsten Fall sogar Fälschung. Mit der Kategorie des Authentischen verbunden ist der Gedanke des „Eigentlichen": Um herauszufinden, was ich selbst tun soll, weil es mir entspricht, muss ich herausfinden, was mein Selbst ist und was ich eigentlich will. Danach kann ich mein Leben selbst in die Hand nehmen.[54]

Die Schlüsselfragen bei der Suche nach dem eigentlichen Selbst lauten: „Was steckt in mir, was kann ich aus mir machen? Wovor sollte ich mich hüten?" Die Antwort heißt: „Beides kann ich herausfinden, wenn ich auf meine Gefühle achte." Diese Antwort ist in existentialpragmatischer Sicht durchaus nachvollziehbar: Gefühle haben eine expressive Funktion, die mit ihrer Innen- und Außenreferenz gekoppelt ist. Hier bricht im Subjekt auf, was in ihm vorgeht und es bewegt. Hier zeigt sich, dass einem Menschen noch andere Kräfte zur Verfügung stehen, als sie die Vernunft mobilisieren kann. Zugleich erschließen Gefühle die Bedeutsamkeit dessen, was um den Menschen herum vorgeht. Gefühle ziehen eine Spur in das innere Ausland des modernen Menschen, wo er seinen inneren Kern und sein eigentliches Ich vermutet. Um zu erfahren, was sie eigentlich tun sollten, um authentisch zu bleiben, folgen daher viele Zeitgenossen der Empfehlung: „Folge der Spur jener Gefühle, die Deine stärksten sind. Hier bist Du ganz bei Dir!"

Die Orientierung an der Entsprechung von Person und Gefühl verspricht hier auch die Entsprechung von Person und Tat. Ohne

---

[53] Vgl. K. RÖTTGERS/R. FABIAN, Art. „authentisch", in: HWP I, 691f.
[54] Zur ideen- und sozialgeschichtlichen Einordnung siehe Ch. TAYLOR, The Ethics of Authenticity, Cambridge/London 1992; Ch. MENKE, Was ist eine „Ethik der Authentizität"?, in: M. Kühnlein/M. Lutz-Bachmann (Hg.), Unerfüllte Moderne?, Berlin 2011, 217–238; DERS., Innere Natur und soziale Normativität. Die Idee der Selbstverwirklichung, in: H. Joas/K. Wiegandt (Hg.), Die kulturellen Werte Europas, Frankfurt 2005, 304–352.

diese Entsprechung kann kein Mensch in Übereinstimmung mit sich
selbst leben. Ist jemand nicht ganz bei sich, kann er auch nichts hervorbringen, das ganz seine Handschrift trägt. Daher bleibt jede Anleitung zur Lebenskönnerschaft offensichtlich etwas Entscheidendes
schuldig, wenn sie nicht zeigen kann, wie diese doppelte Entsprechung zu erreichen ist. Allerdings schlägt eine solche Erwartung alle
Einsichten aus, die sich bei der Frage nach dem Maßstab stellen, an
dem Maß zu nehmen ist für die ethische Ausrichtung menschlichen
Tuns und Wollens. Hierfür kommen weder ein inneres Selbst noch
die stärksten Gefühle des Menschen in Betracht.

Die Ideale der Authentizität und Selbstverwirklichung sind
missverstanden, wenn damit materiale Bestimmungen von Grund,
Richtung und Ziel des Handelns assoziiert werden. Sie repräsentieren nicht selbst Grund, Richtung und Ziel, sondern verweisen auf
die Art und Weise, dem Dasein auf den Grund zu gehen und sich
bestimmte Ziele zu setzen. Andernfalls verwechselt man beim Gebrauch des Wortes „authentisch" die Weise, ein eigener Mensch zu
sein, mit bereits vorhandenen und meist gesellschaftlich vordefi-
nierten inhaltlichen Vorgaben hinsichtlich seiner Eigenheiten. Authentisch agiert, wer Ziele und Zwecke so verfolgt, dass er sie sich
aus freien Stücken vorgenommen hat und sie kraft eigener Einsicht
mit den ihm verfügbaren Mitteln erreichen möchte. Dies impliziert
zweifellos, dass er sich im Vornehmen und Verfolgen dieser Ziele
nicht verbiegen lässt und sich treu bleibt.

Wahrhaftigkeit und Ehrlichkeit zu sich selbst bedingen, dass
man zu den eigenen Gefühlen steht und sie zeigt. Dies gilt besonders dort, wo sich ein Mensch schwer tut, seine Ziele zu erreichen,
oder wenn es darum geht, ein schweres Übel abzuwenden. Über-
steigen die Schwierigkeiten die Möglichkeiten des Handelnden,
wird er spüren, wie in ihm Angst, Wut oder Trauer und Verzweiflung aufkommen. Sind die Fähigkeiten des Handelnden größer als
die Widrigkeiten, werden sich Zuversicht und Mut einstellen.[55] Mit

---

[55] Zur Bedeutung, die dieser Denkfigur in der scholastischen Anthropologie
und Ethik zukam, siehe Ch. Schäfer/M. Thurner (Hg.), Passiones animae.
Die „Leidenschaften der Seele" in der mittelalterlichen Theologie und Philosophie, München 2009; A. Brungs, Metaphysik der Sinnlichkeit. Das System der
Passiones Animae bei Thomas von Aquin, Halle 2003.

ihrer Außenreferenz repräsentieren diese Gefühle die Größe der Herausforderung, vor die sich ein Mensch gestellt sieht. Mit ihrer Innenreferenz manifestieren sie die affektive Resonanz, die diese Herausforderungen auslösen. Authentisch ist, wer sich diese Resonanz bewusst macht.

3. Wofür der Mensch nichts kann: Anfang und Ende der Moral

In vielen Entwürfen einer Lebenskunst steht das Ideal der Authentizität im Mittelpunkt, so dass der Eindruck entsteht, es könne als synonym mit dem Ideal eines guten oder gelingenden Lebens verstanden werden. Von Seiten der Existentialpragmatik besteht gegenüber solchen Ansätzen eine doppelte Reserve. Zwar sucht auch sie nach einem Verständnis eines guten Lebens, das mehr bietet als nur eine Reflexion auf elementare und formale Voraussetzungen praktischer Lebensführung. Aber sie ist zugleich zurückhaltend gegenüber konkreten Anleitungen, wie ein Mensch sein eigentliches oder wahres Ich verwirklichen kann. Stattdessen vertritt sie ein prozedurales Konzept eines guten Lebens. Es geht ihr primär um die Frage nach den Vollzugsformen menschlichen Daseins. Der prozedurale Begriff eines „guten Lebens" verweist hier auf Bedingungen und Umstände, unter denen die Weise, wie wir leben, vor uns selbst und unseren Mitmenschen als zustimmungsfähig gerechtfertigt werden kann. Prozedural ist das existentialpragmatische Konzept des guten Lebens, weil es nicht primär Inhalte und Ziele, sondern die bestmögliche Verlaufsform bewussten Daseins auszeichnet.[56]

Ein solches Konzept von Lebenskönnerschaft sagt nicht, was man am besten *im* Leben können oder fertigbringen sollte. Vielmehr geht es ihm um eine optimale Form des Umgangs *mit* den Grund- und Grenzbestimmungen menschlichen Daseins. In der Art und Weise, sich zu diesen Lebensverhältnissen zu verhalten,

---

[56] Eine ähnliche Zurückhaltung bei der Bestimmung menschlichen Glücks übt M. SEEL, Versuch über die Form des Glücks, Frankfurt 1995.

liegt bereits ein zentrales Bestimmungsmerkmal des guten Lebens selbst. Wenn wir uns etwa an den existentialpragmatischen Bestimmungen eines tugendhaften Lebens orientieren und mit ihnen Bezug nehmen auf unsere Einstellungen *zum* Leben, sind wir auf einem guten Lebensweg, auch wenn wir nicht alles erreichen, was wir unterwegs realisieren wollen. Das gute Leben beginnt damit, auf dem richtigen Weg zum guten Leben zu sein. Denn gut gelebt hat, wer die Richtung seiner Lebenswege bejahen kann, obwohl unterwegs etliches passiert sein mag, das keineswegs bejahbar ist.

Mit einer derart bescheidenen Bestimmung die existentialpragmatischen Reflexionen zu Anthropologie und Ethik enden zu lassen, mag kein guter Schluss sein. Das Ende kommt zu früh – es sei denn, das Potential der Existentialpragmatik wäre erschöpft. Ist dort, wo die Existentialpragmatik am Ende ist, auch schon das Ende der Moral zu vermuten?

3.1 „Nichts zu machen"?
Bestreitungen moralischer Autonomie

Das Ende der Moral ist aus existentialpragmatischer Sicht dort gekommen, wo ein Mensch Dinge tut, für die er nichts kann. Dies kann daran liegen, dass bestimmte Handlungen erzwungen wurden oder eine Form „höherer Gewalt" vorliegt. In diesem Fall versagen alle Versuche, jemandem eine Tat zuzurechnen oder ihn für deren Folgen verantwortlich zu machen. Wenn weder Vorsatz noch Fahrlässigkeit vorliegen, sondern eine tragische Verkettung widriger Umstände dazu geführt hat, dass ein Mensch ohne eigenes Zutun zum Auslöser eines Unglücks für andere wurde, wird man ihn dafür weder rechtlich noch moralisch belangen können. Wie mit einem solchen Unglück umzugehen ist, markiert eine existentialpragmatische Grenze der Moral. Hier ist nichts mehr zu machen. Keine Wiedergutmachung, kein Schadensausgleich ist mehr möglich. Keine Entschuldigung, kein Verzeihen bringt die Beteiligten einander näher. Niemand kann etwas dafür, was geschehen ist.

Die Bestreitung einer zurechenbaren Urheberschaft wird seit geraumer Zeit nicht allein im Blick auf tragische Ereignisse artikuliert. Vielfach werden Ergebnisse der Hirnforschung zitiert, um zu zeigen, wie groß das Ausmaß des moralischen Unvermögens des Menschen ist.[57] Wenn die menschliche Willens- und Entscheidungsfreiheit lediglich eine Illusion sind, befinden wir uns erneut am Ende der Moral und am Ende des Ideals eines eigenen Lebens.[58] Da zur Lebenskönnerschaft auch ein Wissen darüber gehört, wofür der Mensch etwas kann, wofür nicht und wie man zwischen beidem recht unterscheidet, sind diese Forschungen von erheblicher Bedeutung und Brisanz.[59] Aber selbst wenn sich tatsächlich bewahrheiten sollte, dass der Mensch genetisch und neuronal in hohem Maße determiniert ist, bleibt noch immer zu fragen, ob auch der Umgang mit diesem Wissen in ähnlicher Weise determiniert ist. Die bisherigen Studien zur Hirnforschung zeichnen zudem nach, was philosophisch seit langem unbestritten ist: Menschliche Freiheit besteht nicht in einer Urheberschaft des Menschen für Handlungen, die er „ex nihilo" hervorbringt. Sie zeigt sich darin, dass wir aufgerufen sind, zu den Vorprägungen unseres Verhaltens Stellung zu nehmen, und erwägen, was wir mit und aus diesen Dispositionen machen können. Die bloße Feststellung solcher Disposition ersetzt keine ethische Anschlussreflexion: Wir wissen immer noch nicht, *wie* wir leben können und sollen, wenn wir wissen, *dass* wir genetischen und neuronalen Vorherbestimmungen ausgesetzt sind.[60]

Im Übrigen kann eine Person durchaus für die sittliche Qualität

---

[57] Vgl. hierzu den Überblick von B. BECK, Ein neues Menschenbild. Der Anspruch der Neurowissenschaften auf Revision unseres Selbstverständnisses, Münster 2013, 102–147.

[58] Vgl. etwa R. ROSENZWEIG/H. FINK (Hg.), Verantwortung als Illusion? Moral, Schuld, Strafe und das Menschenbild der Hirnforschung, Münster 2012. Einen instruktiven Überblick zur Forschungs- und Diskussionslage gibt B. BUDER, Versprochene Freiheit. Der Freiheitsbegriff der theologischen Anthropologie im interdisziplinären Kontext, Berlin/Boston 2013, 6–267.

[59] Siehe hierzu die hilfreichen Überlegungen von G. KEIL, Willensfreiheit, Berlin/New York ²2013.

[60] Außerdem bleibt abzuwarten, ob tatsächlich sämtliche Hypothesen eines neuronalen Determinismus Bestand haben werden. Vgl. zu dieser Skepsis B. FALKENBURG, Mythos Determinismus. Wieviel erklärt uns die Hirnforschung?, Heidelberg 2012.

ihres Handelns votieren, auch wenn sie für die Umstände nicht verantwortlich ist, unter denen sie agiert. Eine Person P kann zum
Zeitpunkt T_2 ihre zum Zeitpunkt T_1 begonnene Handlung nachträglich gutheißen, wenn sie triftige Gründe für diese Handlung
angeben kann. Die Qualität der Gründe wird nicht dadurch relativiert, dass P zu T_1 keine andere Wahl hatte, oder dadurch gestei-
gert, dass P zu T_1 etwas anderes hätte wollen können. Über die moralische Verantwortbarkeit entscheidet vornehmlich die Qualität
der Rechtfertigungsgründe und nicht die bloße Tatsache, ob oder
dass eine Mehrzahl von Handlungsmöglichkeiten bestand.[61] Dabei
darf es sich durchaus auch um Rechtfertigungen handeln, die
nachträglich eine Handlung in einem besseren Licht erscheinen
lassen, als es ursprünglich angesichts der prekären Umstände einer
Tat der Fall war. Die Idee der moralischen Autonomie geht in den
Konzepten der Wahl- und Handlungsfreiheit nicht auf. Sie insistiert darauf, dass ein Individuum jederzeit und in jeder erdenk-
lichen Situation die Möglichkeit besitzt, die an sein Verhalten ge-
richteten Ansprüche auf ihre Rechtmäßigkeit bzw. Zumutbarkeit
zu überprüfen und dabei nur Gründe gelten zu lassen, die auch
bei allen anderen Vernunftsubjekten mit Zustimmung rechnen
können. Dabei muss es sich um Gründe handeln, deren Überzeu-
gungs- und Bindekraft diskursiv nachweisbar ist.[62] Frei ist eine Person nicht dadurch, dass sie sich durch nichts gebunden sieht oder
an nichts orientieren will und daher Handlungen grundlos oder
ohne gute Gründe ausführt. Eine solche Freiheit ist identisch mit
Willkür und Beliebigkeit. Moralische Autonomie ist dann realisiert, wenn das Wollen des Menschen dem rationalen Urteil darüber entspricht, was zu wollen vernünftig ist, wofür wiederum triftige Gründe angeführt werden können. Darum ist es ein falsches
Kriterium zur Feststellung von Handlungsfreiheit, dass diese Freiheit verlangt, der Handelnde müsse sich prinzipiell unter denselben
Umständen auch anders entschieden und/oder anders gehandelt

---

[61] Zur hier angerissenen Problematik siehe ausführlich A. LOHMAR, Moralische
Verantwortlichkeit ohne Willensfreiheit, Frankfurt 2005.
[62] Vgl. hierzu auch M. KETTNER, Was macht Gründe zu guten Gründen?, in:
P. Janich (Hg.), Naturalismus und Menschenbild, Hamburg 2008, 257–275.

haben können. Wer für eine Handlung gute Gründe hat, denen er gefolgt ist, wird unter denselben Umständen zu einem späteren Zeitpunkt keine andere Wahl treffen, wenn es keine neuen und besseren Gründe für eine andere Entscheidung gibt. Er würde alles genauso noch einmal machen. Jedes andere Verhalten wäre unvernünftig!

Natürlich wird diese Idee moralischer Autonomie um ihre Pointe gebracht, wenn es einem Subjekt unmöglich gemacht wird, solche Gründe auch tatsächlich handlungsleitend werden zu lassen. Aber dies mindert nicht ihre kriteriologische Bedeutung für die Kritik und Überwindung solcher Hemmnisse und Hindernisse.

Dass Kriterien moralischer Autonomie notwendig, aber nicht hinreichend für die Lebenspraxis eines Vernunftsubjekts sind, zeigt sich noch in einer weiteren Hinsicht – wenn es um seine Individualität geht. Lebenskönnerschaft ist ein Vermögen, das ein Mensch erwerben muss und das heranreift. Dieses Vermögen bewährt sich nicht zuletzt darin, dass es Entscheidungen und Entschlüssen des Menschen die notwendige Zeit einräumt, um ihrerseits heranreifen zu können. Anstatt sich aufkommenden Wünschen und Bedürfnissen einfach zu überlassen, kann man zu ihnen auf Abstand gehen, innehalten und sich fragen, ob man ihnen tatsächlich folgen will. Dabei ist durchaus denkbar, dass im Nachhinein eine wohlüberlegte, aus freier Entscheidung vollzogene Handlung bedauert und bereut wird, weil sich zeigt, dass das objektiv Richtige doch nicht das für einen Menschen existenziell Wahre ist. Ein Mensch kann objektiv alles richtig machen und dennoch von Zweifeln eingeholt werden, dabei etwas Entscheidendes übersehen zu haben. Ein mit Bestnote absolviertes Abitur eröffnet den Zugang zu den am meisten begehrten Studiengängen mit optimalen Aussichten auf eine rasche Karriere. Es wäre unklug, eine solche Chance auszuschlagen. Aber: „Was nützt es dem Menschen, wenn er die ganze Welt gewinnt, aber Schaden leidet an seiner Seele?" (Mk 8,36)

In existenziellen Angelegenheiten reicht es nicht, alles bedacht zu haben, was objektiv zu beachten ist. Folgt man Immanuel Kants kategorischen Imperativen, macht man nichts falsch und muss man sich nichts vorwerfen lassen, wenn die Maxime des eigenen

Willens zum allgemeinen Gesetz erhoben werden kann. Anders formuliert: wenn man nur das tut, was vernünftigerweise auch von allen anderen erwartet werden kann. Dabei bleibt jedoch ausgeblendet, ob jemand seine Identität, die Bestimmung seines Lebens nicht gerade darin findet, dass er/sie etwas kann, was keiner sonst kann oder nicht so gut kann – dass also jemand ein Talent, eine Begabung, ein Charisma hat, das ihn zu etwas Besonderem macht. Dass man ein „eigener Mensch" wird, indem man die Ausformung dieser Besonderheit weder sich noch anderen schuldig bleibt, auch darin besteht Lebenskönnerschaft. Wer nur den kategorischen Imperativ befolgt, führt ein moralisch untadeliges Leben – aber noch kein eigenes.[63] Offenbar braucht der Mensch mehr als nur Moral, um seine Eigenheiten zu entdecken, ihre guten Anteile fördern und ihre Abgründe meiden zu können.[64]

Es wird auch mehr als nur Moral gebraucht, wenn es darum geht, für die Folgen von Ereignissen aufzukommen, für die niemand etwas kann, woran aber dennoch etliche Personen beteiligt waren. Es ist zwar eine Forderung der Moral, sich auf solche Situationen einzustellen, wie sie auch verlangt, sich ein Gewissen daraus zu machen, ein Gewissen zu haben, d. h. sich gegen Gedankenlosigkeit zu wappnen, nicht andere verantwortlich zu machen für das eigene Versagen oder jede Selbstbeteiligung am Unglück der anderen zu leugnen. Die hierbei hilfreiche Selbst- und Gewissenserforschung endet aber nicht im vordergründigen Bilanzieren guter und schlechter Taten. Sie dreht sich nicht allein um die Frage: „Was hast Du getan? Was hast Du unterlassen?" All diese Bemühungen führen zu nichts, wenn es um das Verhältnis einer Person zu einem Geschehen geht, für das sie zwar nichts kann, aber das sich ohne sie nicht zugetragen hätte: „Wie konnte es dazu kommen, dass durch mich ein anderer Mensch zu Schaden kam?" Es mag sein, dass am

---

[63] In diesem Fall resultiert das Ende der Moral nicht aus einer Überforderung des Menschen, der nicht kann, was er soll (vgl. dazu M. KÜHLER, Sollen ohne Können. Über Sinn und Geltung nicht erfüllbarer Sollensansprüche, Münster 2013). Vielmehr stellt die Moral selbst nicht zureichende Anleitungen zur Verfügung, um über das objektiv Richtige hinaus auch das subjektiv bzw. existenziell Wahre zu erkennen.

[64] Vgl. E. DREWERMANN, Ein Mensch braucht mehr als nur Moral.

Ende einer solchen Selbstbefragung ein Freispruch steht: „Du kannst nichts dafür, dass andere etwas Böses erlitten haben!" Und dennoch muss sich der Freigesprochene eingestehen: „Ich war daran beteiligt. Kein anderer! Wie gehe ich jetzt damit um, dass durch mein Tun etwas eingetreten ist, wofür ich nichts kann?"

Welches Verhältnis zu einem solchen Verhältnis von Person und Tat angeraten ist, bringt ethische Reflexionen an die Grenze der Moral. Dem Phänomen des Tragischen ist nicht mit moralischen Mitteln beizukommen. Machtlos einem unabwendbaren Unheil ausgeliefert zu sein, ohne eigenes Zutun in ein kollektives Verhängnis verstrickt zu sein, im Wollen des Guten zum Auslöser des Bösen zu werden, um Verantwortung zu übernehmen Unverantwortliches tun zu müssen – all dies führt an die Grenzen der Moral und demonstriert zugleich ihre Ohnmacht.[65]

3.2 „Gut genug?"
Sinnbedingungen eines guten Anfangs

Es gibt nicht nur das ohnmächtige Ende der Moral. Auch den Anfang der Moral konstituiert ein Umstand, angesichts dessen (noch) nichts zu machen ist. Dies betrifft vor allem das ethisch motivierte Bemühen um eine zwecks Daseinsakzeptanz vorzunehmende Verbesserung der Lebensverhältnisse des Menschen. Die vorgefundene Welt ist für keine Generation der Menschheit jemals so gut gewesen, um mit ihr vorbehaltlos einverstanden zu sein. Darum hat sie stets Maßnahmen zur Weltverbesserung eingeleitet. Aber jeder Wille, durch Veränderung der Lebensverhältnisse das Dasein akzeptab-

---

[65] Ein ähnliches Problem stellt sich angesichts unauflösbarer moralischer Dilemmata, wobei ein und dieselbe Handlung in ein und derselben Situation für ein und denselben Akteur offenbar sowohl moralisch geboten als auch verboten zu sein scheint. In einem solchen Fall gerät die Moral in den Verdacht, von den moralischen Akteuren Kontradiktorisches bzw. Unsinniges zu fordern. Vgl. hierzu ausführlich M.-L. RATERS, Das moralische Dilemma. Antinomie der praktischen Vernunft?, Freiburg/München 2013; St. SELLMAIER, Ethik der Konflikte. Über den angemessenen Umgang mit ethischem Dissens und moralischen Dilemmata, Stuttgart ²2011.

ler zu machen, muss davon ausgehen, dass das In-der-Welt-Sein nicht von vornherein ein unaufhebbares Unglück darstellt.[66] Nur dann wird man es für besser halten, etwas zum Besseren zu verändern, als es bleiben zu lassen. Es kommt bei dieser Voraussetzung somit nicht auf das Tun des Menschen an. Dass sie erfüllt ist, lässt sich durch eigenes Dazutun nicht bewerkstelligen. Im Gegenteil: Hier handelt es sich um eine „transpragmatische" Sinnbedingung des Handelns. Das In-der-Welt-Sein des Menschen muss bereits von sich aus wenigstens Akzeptanzsteigerungen ermöglichen und einen Anhalt dafür bieten, die Welt annehmbar zu machen. Hier gilt die Regel: „Fang nur mit dem etwas an, dessen Start- bzw. Ausgangsbedingungen ein gutes Ende nicht a priori verhindern!"

Verbesserbar ist somit nur dasjenige, das bereits im Ansatz unterscheidbar ist von einem fatalen Fehlschlag, einem unaufhebbaren Unglück oder einem unentrinnbaren Verhängnis. Aber das reicht noch nicht. Im Fall der Daseinsakzeptanz müsste die Welt auch die Überzeugung als berechtigt erweisen, es sei besser, sie zu verbessern, als es zu unterlassen. Nur dann zeigt sich, dass sie nicht nur Verbesserungen braucht und ermöglicht, sondern dieses Aufhebens auch wert ist. Es könnte ja auch sein, dass sie letztlich unverbesserlich bleibt. Die Welt muss also per se wenigstens so gut sein, dass sie es wert ist verbessert zu werden. Andernfalls wären alle Anstrengungen der Daseinsoptimierung aussichts-, zweck- und sinnlos. Diese Bonität der Welt ist aber offensichtlich kein Emergenzphänomen eines evolutionären Prozesses, sondern eine Sinnbedingung sozio-kultureller Daseinsoptimierungen, die erreichen wollen, was eine bio-evolutionäre Entwicklung bisher nicht erbracht hat: Daseinsakzeptanz angesichts des Inakzeptablen.

---

[66] Zu einer solchen Variante des Daseinsskeptizismus bzw. -pessimismus siehe etwa E. CIORAN, Vom Nachteil geboren zu sein, in: Ders., Werke, Frankfurt 2008, 1479–1632.

3.3 „Inakzeptabel?"
Das Leben annehmen – dem Unannehmbaren zum Trotz

Mit aussichtslosen Weltverbesserungen sollte man möglichst rasch aufhören – und mit jenen Projekten anfangen, bei denen möglichst früh absehbar ist, dass sich die Mühe des Anfangens und die Anstrengung allen weiteren Tuns lohnt. Ist aber eine Welt letztlich zustimmungsfähig, die angesichts der Befristung menschlicher Lebenszeit, der Erschöpfbarkeit der Lebensressourcen, der Konkurrenz um ihre Nutzung und der Ungewissheit künftiger Lebenslagen keinen letzten Grund zum Ja-Sagen erkennen lässt? Offenkundig kann man nicht mit Vernunftgründen ja sagen zu einem Leben, wenn mit den Mitteln der Vernunft weder dem schicksalhaften Unglück beizukommen ist noch das machbare Glück befördert werden kann. Wie kann jemand zu sich selbst stehen, wenn es in einer endlichen und vergänglichen Welt nichts Beständiges gibt, auf das letztlich Verlass ist und einen Menschen Stand im Unbeständigen gewinnen lässt? Lässt sich etwas letztlich und im Ganzen annehmen, wenn es darin zu viel gibt, das schlechthin unannehmbar ist? Kann man sich damit abfinden, dass es angesichts der Malignität der Übelstände menschlichen Daseins keine Abfindung durch die Bonität des Guten, Wahren und Schönen gibt? Wenn es zu viel des Üblen gibt, das im Leben nicht wiedergutgemacht werden kann, wie steht es dann um die Möglichkeit, dem Leben im Ganzen noch etwas Gutes abzugewinnen?

Dass es angesichts dieser Fragen keine eindeutigen und zwingenden Gründe gibt, jeglichen Daseinspessimismus aufzusprengen, liegt auf der Hand. Und mancher Daseinspessimist schließt aus dem Fehlen dieser Gründe bereits auf die Berechtigung seiner Haltung. Dass es keine Anzeichen für die Berechtigung gibt, allem Negativen zum Trotz zum Leben ein Ja zu sagen, ist selbst wiederum ein Zeichen: Zeichen für die Bedeutungslosigkeit, Unerheblichkeit und Nichtigkeit menschlichen Daseins.[67]

---

[67] Zu prominenten Vertretern einer solchen Einstellung siehe M. PAUEN, Pessimismus. Geschichtsphilosophie, Metaphysik und Moderne von Nietzsche bis Spengler, München 1997.

3.4 Wollen ohne Können:
Überforderte Vernunft?

Wofür der Mensch etwas kann – dies ist Gegenstand von Vernunft und Moral. Wie aber sieht ein vernunftgemäßes Verhältnis des Menschen zu jenen Ereignissen, Dingen und Umständen des Daseins aus, für die er zwar nichts kann, die ihn aber in seinem Wollen und Sollen unmittelbar und fundamental betreffen? Vielfach ist der Mensch überfordert, wenn er wieder mit eigenem Tun und Machen daran gehen will, das faktisch unabweisbare und rational unstrittige Inakzeptable des Daseins zu tilgen. Derartige Bemühungen, an den Fakten etwas zu ändern, haben immer wieder nicht nur zu unabweisbaren Misserfolgen geführt. Sie haben sich auch als höchst unvernünftig erwiesen. Mehr noch: Die meisten Verheißungen eines weltimmanenten Heils führten direkt ins Unglück.[68] Wer den Himmel auf Erden versprach, war nur zu oft dabei, seinen Mitmenschen die Erde zur Hölle zu machen.

Als vernunftgemäß kommen eher Ansätze in Betracht, die nach Möglichkeiten suchen, „kontrafaktisch" mit dem zu leben, was dem Menschen das Leben schwer macht.[69] Kontrafaktisch handelt, wer auf ein Gelingen des eigenen Tuns setzt, obwohl erhebliche Widerstände dagegen sprechen. In einer illusionslosen Betrachtung jener Widrigkeiten, welche die eigene Praxis durchkreuzen können, wird diesen Hemmnissen und Hindernissen, die ein Faktum sind, die Stirn geboten. Dabei wird bestritten, dass diese Fakten den Handlungserfolg bereits zu etwas Fiktivem machen, und gerade von dieser Trotzreaktion die Hoffnung bezogen, dass sie zum Handlungserfolg führt.

Aber wie weit kommt man allein mit der Vernunft, wenn man in der Bezugnahme auf das Integral menschlicher Lebensverhältnisse und ihrer Limitationen nach Möglichkeitsbedingungen, Mit-

---

[68] Aus dieser Einsicht wird in der Lebenskunstliteratur vereinzelt die Schlussfolgerung gezogen, dass es heilsam ist, sich vom Projekt einer direkten Herstellung des Glücks zu distanzieren. Vgl. etwa G. RÖMPP, Das Anti-Glücksbuch, Tübingen 2012; W. SCHMID, Unglücklichsein. Eine Ermutigung, Berlin 2012.
[69] Zum Begriff des Kontrafaktischen siehe T. WESCHE, Moral und Glück. Hoffnung bei Kant und Adorno, in: DZPh 60 (2012) 49–71 (Lit.).

teln und Wegen einer kontrafaktischen Selbst- und Weltakzeptanz
fragt? Ist es aussichtsreich, „sola ratione" nach hinreichenden
Gründen zu suchen, die das Leben allen Limitationen und allem
Befremdlichen zum Trotz als letztlich zustimmungsfähig erweisen?
Die Vernunft führt den Menschen ans Limit des Möglichen. Und
ihr Vermögen, der existentialen Limitationen menschlichen Daseins Herr zu werden, ist ebenfalls begrenzt – prinzipiell und faktisch. Sind dann aber überhaupt der Vernunft kontrafaktische Vollzüge zumutbar, die sich auf etwas richten, das außerhalb der von
ihr ermittelten Gelingensbedingungen steht?[70] Steht dies nicht
auch im Widerspruch zu einem Autonomieverständnis, das dem
Vernunftsubjekt untersagt, etwas zu tun, das sich abseits der rational abgeleiteten bzw. abgesicherten Ermöglichungsbedingungen
bewegt? Sollte man es darum an dieser Stelle nicht endlich gut
und genug sein lassen – mit der Sache der Moral, mit dem Anspruch der Vernunft und mit dem Projekt der Existentialpragmatik? Nein, ein letzter Anlauf sei noch riskiert, um zu sondieren,
welche Aussichten es gibt, dass es gut (aus)gehen kann, ein Leben
allem Inakzeptablen zum Trotz anzunehmen.

Bei diesem Anlauf geht es darum, den „cultural turn" der Ethik
nochmals mit einem „religious turn" zu versehen.[71] Es ist dabei zu

---

[70] Es liegt nahe, in diesem Kontext an alte Rechtsgrundsätze zu erinnern: „Ad
impossibilia nemo tenetur" – „Ultra posse nemo tenetur". Zu beachten ist dabei jedoch der Unterschied zwischen etwas objektiv Unmöglichem, das zu leisten niemand verpflichtet ist, und etwas subjektiv Unmöglichem, insofern es das
Können einer Person übersteigt. Dass jemand über sein Können hinaus nicht
zu bestimmten Vollzügen angehalten werden kann, ist (vor allem in einem tugendethischen Kontext) jedoch einer Präzisierung bedürftig. Es dürfte unstrittig sein, dass jemand, der etwas noch nicht kann, dazu angehalten werden kann,
etwas dafür zu tun, dass er es mit der Zeit kann, d. h. dass er daran arbeitet, sein
Können zu erweitern. Um dies an einem Beispiel aus dem Sport zu erläutern:
Jeder Athlet erlebt in einem Wettkampf, dass bestimmte Leistungen zu einem
bestimmten Zeitpunkt außerhalb seines Leistungsvermögens liegen, aber er
wird im Training alles daran setzen, sein Können derart zu erweitern, dass er
mit der Zeit in die Lage versetzt wird, neue persönliche Bestleistungen auf-
zustellen.
[71] Vgl. in diesem Kontext – gleichsam aus der Gegenrichtung kommend – auch
J. RÖMELT, Der kulturwissenschaftliche Anspruch der theologischen Ethik, Frei-
burg/Basel/Wien 2011.

erörtern, ob und inwieweit die Vernunft um ihrer Rationalität und Moralität willen offen für ein vernunftgemäßes Anderes sein muss, das sich in einem religiösen Verhältnis zu den Lebensverhältnissen des Menschen zeigt.

IV. Was sollen wir tun? – Was dürfen wir hoffen? Die Moral der Transzendenz

Die Vernunft steht zu sich selbst in einem Verhältnis der Selbstkritik. Dieses Verhältnis kommt zum Ausdruck, wenn sich die Vernunft die Frage vorlegt, ob sie an alles gedacht hat, als sie sich daran gemacht hat, aufs Ganze zu gehen und nach den bestmöglichen Umgangsformen mit den Limitationen des Daseins zu suchen. An alles zu denken, müsste aber bedeuten, nicht nur auf diese Limitationen und auf einen vernünftigen Umgang mit ihnen zu achten. Zur Selbstkritik der Vernunft gehört auch die Reflexion auf ihre Begrenzungen und die Frage, ob sie um ihrer eigenen Sache willen auch an dem interessiert sein muss, was diesseits und jenseits der Vernunft zu orten ist. Dies muss nicht a priori das Unvernünftige oder Vernunftwidrige sein, das auf Distanz zu halten ist. Denkbar ist auch, dass dort das vernunftgemäße Andere der Vernunft entdeckt werden kann, zu dem sich die Vernunft vor allem dann in ein produktives Verhältnis setzen muss, wenn sie erkennt, dass sie „sola ratione" ihren Herausforderungen nicht mehr gerecht werden kann.

Wenn also die Frage „Hast Du auch an alles gedacht?" der ständige Begleiter der Vernunft ist, dürfen Gegenüberstellungen der Vernunft zu anderen Größen nicht a priori zur Abdrängung dieses Anderen in ein intellektuelles Niemandsland führen. Dies gilt auch für die Größen Religion und Glaube. An diese Größen zu denken, heißt in einer Zeit, in der die Ambivalenz allein vernunftbasierter Weltdeutung und -gestaltung unabweisbar geworden ist, die Frage aufzuwerfen, ob religiöse Kulturbestände zu einer Neukalibrierung der Vernunft und ihrer Projekte beitragen können. Diese Frage hat auf den ersten Blick kaum Aussicht auf eine affirmative Antwort. Denn Religion gehört in der Moderne zu jenen Beständen des Daseins, über die die Zeit hinweggeht. Und wenn man auf dem Weg in die Zukunft gelegentlich auf sie zurückblickt, dann geschieht dies nicht im Modus des Vermissens, sondern als retrospektive Vergewisserung des Vorankommens.

Wer religiöse Daseinsorientierungen dennoch für kulturell unabgegolten hält, muss darauf setzen, dass sich die Vernünftigen dieses Orientierungspotentials annehmen. Vielleicht kann sogar angesichts der skizzierten Grenzbestimmungen der Moral die Vernunft aus rationalen Gründen dazu motiviert werden, sich um ihrer eigenen Sache willen für die Sache der Religion zu interessieren. Das gilt auch für religiöse Anleitungen zu kontrafaktischem Verhalten, das angesichts widriger Umstände die Hoffnung auf einen guten Ausgang des eigenen Lebens nicht aufgibt und sich dem Defätismus der Vernunft widersetzt. Ob eine solche Hoffnung das vernunftgemäße Andere der Vernunft repräsentiert, hängt aber davon ab, dass ihr Verhältnis zur Vernunft als vernunftkompatibel ausweisbar ist.[1] Andernfalls kann angesichts der ebenso unabweisbaren sozio-kulturellen Schadensbilanz der Religion ein philosophisches Interesse an ihr nur in die radikale Religionskritik führen.[2]

1.   Ethik im *religious turn:*
Über die Vernunft hinaus?

Wo sich die Vernünftigen des Religiösen annehmen, muss dies nicht in der Bestreitung seiner Gegenwartsrelevanz enden, aber auch nicht in seine Anerkennung als originäres Orientierungsmedium münden. In seinen Reflexionen zur „Anthropotechnik" gibt Peter Sloterdijk religionstheoretischen Exkursen breiten Raum und bestreitet zugleich, dass der Gegenstand seiner Sondierungen das Phänomen „Religion" oder dessen postsäkulare Wie-

---

[1] Siehe dazu ausführlich H.-J. Höhn, Religion – das vernunftgemäße Andere der Vernunft?, in: M. Endreß u. a. (Hg.), Herausforderungen der Modernität, Würzburg 2012, 277–302; Ph. Stoellger, Über die Grenzen der Vernunft. Un-, Wider- und Übervernunft als die Anderen der Vernunft, in: F. Schweitzer (Hg.), Kommunikation über Grenzen, Gütersloh 2009, 597–611.
[2] Zu einem Plädoyer für die Unterscheidung säkularisierungsbedürftiger und modernitätskompatibler Gehalte religiöser Traditionen siehe H.-J. Höhn, Zeit und Sinn. Religionsphilosophie postsäkular, Paderborn/München/Wien/Zürich 2010.

derkehr sein könne.[3] Zwar mag es in der späten Moderne ein Revival des Religiösen geben, doch handelt es sich für Sloterdijk dabei nicht um eine religiöse Wiederkehr des vermeintlich Entschwundenen, „sondern um einen Akzentwechsel in einem nie zertrennten Kontinuum. Das wirklich Wiederkehrende, das alle intellektuelle Aufmerksamkeit verdiente, hat eher eine anthropologische als eine ‚religiöse' Spitze – es ist … die Einsicht in die immunitäre Verfassung des Menschenwesens."[4] Was das philosophische Interesse auf sich zieht, sind die damit in Beziehung stehenden „Anthropotechniken". Darunter versteht Sloterdijk die „mentalen und physischen Übungsverfahren, mit denen die Menschen verschiedenster Kulturen versucht haben, ihren kosmischen und sozialen Immunstatus angesichts von vagen Lebensrisiken und akuten Todesgewißheiten zu optimieren."[5] Was Sloterdijk religiösen Sinn- und Symbolsystemen abgewinnen kann, soll in einer von ihm praktizierten Verfremdung und Neubeschreibung ihrer anthropotechnischen Übungseinheiten und -anleitungen zwecks Optimierung der menschlichen Selbstbehauptungskräfte deutlich werden. Angesiedelt zwischen Anthropologie und Lebenskunsttheorie wird der Mensch als „Übender", d. h. sich durch spezifische Exerzitien, Trainingspläne und Riten selbst erzeugendes und über sich hinausgehendes Wesen beschrieben. In diesem Kontext wird bestritten, dass für dieses Unternehmen wieder in metaphysischen oder religiösen Betriebsstätten die Arbeit aufgenommen werden dürfte. Stattdessen erinnert Sloterdijk an die alten religionskritischen Appelle, „daß die Sterblichen ihre an die Überwelt verschwendeten Kräfte zurückfordern und sie zur Optimierung der irdischen Verhältnisse einsetzen"[6] sollen. Die Tatsache, dass im Unterschied zu Europa, wo man metaphysisch Diät hält, „der Rest der Welt unbeirrt an den reich gedeckten Tischen der Illusion tafelt"[7], sollte die an den Tisch der Aufklärung Eingeladenen nicht irritieren.

---

[3] P. Sloterdijk, Du musst dein Leben ändern. Über Anthropotechnik, Berlin 2009.
[4] Ebd., 12f.
[5] Ebd., 23.
[6] Ebd., 10.
[7] Ebd., 12.

Für einen behutsamen „religious turn" der Philosophie mit einem modernitäts- und religionskritischen Zuschnitt plädiert seit einigen Jahren Jürgen Habermas.[8] Er hält es für möglich, dass dort, wo eine entgleisende Modernisierung der Gesellschaft unter dem Regime der instrumentellen und technischen Vernunft zu erheblichen sozio-kulturellen Krisen und Pathologien geführt hat, religiöse Überlieferungen „immer noch verschlüsselte semantische Potentiale enthalten, die, wenn sie nur in begründende Rede verwandelt und ihres profanen Wahrheitsgehaltes entbunden würden, eine inspirierende Kraft entfalten".[9] Religiöse Überlieferungen besitzen demnach „für moralische Intuitionen, insbesondere im Hinblick auf sensible Formen eines humanen Zusammenlebens, eine besondere Artikulationskraft."[10] Sie artikulieren ein Bewusstsein von dem, was in Säkularisierungsprozessen verloren gegangen ist; sie bewahren „hinreichend differenzierte Ausdrucksmöglichkeiten und Sensibilitäten für verfehltes Leben, für gesellschaftliche Pathologien, für das Misslingen individueller Lebensentwürfe und die Deformation entstellter Lebenszusammenhänge."[11] Sollen diese Einsichten ihren kognitiven Gehalt zu erkennen geben, müssen sie jedoch in die säkularen Kontexte ethisch-politischer Selbstverständigung übersetzt werden. Die Vernunft ist herausgefordert, das semantische Erbe religiöser Traditionen auf dem Wege einer „rettenden Aneignung" aufzunehmen, indem sie sich an einer Übersetzung „dieser Gehalte aus den religiösen Idiomen in eine allgemein zugängliche Sprache"[12] beteiligt.

---

[8] Vgl. J. Habermas, Glauben und Wissen, Frankfurt 2001; Ders., Zwischen Naturalismus und Religion, Frankfurt 2005; Ders., Nachmetaphysisches Denken II, Berlin 2012.

[9] J. Habermas, Zwischen Naturalismus und Religion, 13.

[10] Ebd., 137.

[11] Ebd., 115. „Im Gegensatz zur ethischen Enthaltsamkeit eines nachmetaphysischen Denkens, dem sich jeder generell verbindliche Begriff vom guten und exemplarischen Leben entzieht, sind in heiligen Schriften und religiösen Überlieferungen Intuitionen von Verfehlung und Erlösung, vom rettenden Ausgang aus einem als heillos erfahrenen Leben artikuliert, über Jahrtausende hinweg subtil ausbuchstabiert und hermeneutisch wachgehalten worden" (ebd.).

[12] Ebd., 11. Vgl. auch Ders., Glauben und Wissen, 29: „Moralische Empfindungen, die bisher nur in religiöser Sprache einen hinreichend differenzierten Ausdruck besitzen, können allgemeine Resonanz finden, sobald sich für ein fast schon Vergessenes, aber implizit Vermisstes eine rettende Formulierung ein-

Bisher haben sich Habermas' Vorschläge zu den Verfahren und Bedingungen einer Berücksichtigung religiöser Beiträge zur ethisch-politischen Selbstverständigung der Moderne vorwiegend auf den öffentlichen Vernunftgebrauch säkularer und religiöser Bürger bezogen, die Bedeutung des Religiösen für die vorpoliti-schen Grundlagen des demokratischen Rechtsstaates thematisiert sowie sozialethische Fragen erörtert, deren Aushandlungsebene die Zivilgesellschaft bildet.[13] Welche Relevanz religiös grundierte Ent-würfe gelingenden Lebens für die ethische Selbstvergewisserung des Subjekts haben, wurde kaum erörtert. Ebenso wenig hat man auf Seiten der Theologie begonnen, Habermas' Aufforderung zur „kooperativen Wahrheitssuche" aufzugreifen und unter den Bedin-gungen des von ihm skizzierten nachmetaphysischen Denkens sich konkreter Herausforderungen individueller Lebenskönnerschaft anzunehmen. Wenn sie dies ernsthaft in Angriff nimmt, muss sie sich auf methodische und epistemische Bedingungen einlassen, de-nen religiöse Subjekte aus religiösen Motiven nur zu oft auswei-chen. Viele tun sich noch immer schwer damit, den Begriffen „auto-nome Moral" und „Moral der Autonomie" in ihrem theologischen Denken Heimatrecht zu geben.

1.1 Prekäre Beziehungen: Religion und moralische Autonomie

Über Jahrhunderte hinweg musste man über Religion nachdenken, wollte man über Moral nachdenken. Von einem unbedingten Sollen zu reden, das an einen vielfach bedingten Menschen ergeht, verlang-te einen Referenzpunkt jenseits dieser Bedingtheit und somit die An-

---

stellt. Eine Säkularisierung, die nicht vernichtet, vollzieht sich im Modus der Übersetzung."

[13] Dies spiegelt auch die philosophische und theologische Rezeption dieser Im-pulse. Vgl. dazu M. REDER, Religion in säkularer Gesellschaft. Über die neue Aufmerksamkeit für Religion in der politischen Philosophie, Freiburg/Mün-chen 2013; K. WENZEL/Th. M. SCHMIDT (Hg.), Moderne Religion? Theologi-sche und religionsphilosophische Reaktionen auf Jürgen Habermas, Freiburg/Basel/Wien 2009.

nahme einer weltjenseitigen Instanz, von der dieses Sollen ausgeht und vor der sich der Mensch letztlich zu verantworten hat. Denn was den Menschen unbedingt beansprucht, kann nicht einen ontologisch minderen Status haben als er selbst. Wenn sich der Mensch unbedingt beansprucht erfährt, dann hat er nicht nur diesem Anspruch zu genügen, sondern dies auch angesichts jener Instanz zu verantworten, von der dieser Anspruch ausgeht. Unter dieser Rücksicht ist ein moralisches Verhältnis zu den Lebensverhältnissen des Menschen nicht ablösbar von einem metaphysisch-religiösen Verhältnis zum „Woher" des moralischen Anspruchs.[14] Die Brüchigkeit dieser Argumentation ist offensichtlich, da sie die unterschiedlichen Ebenen logischer, epistemischer und ontologischer Bezüge nicht beachtet: Sie leitet die formale Unbedingtheit eines Anspruchs von einem materialen Unbedingten ab, das sie welttranszendent verortet. Sie vermischt ein moralisches mit einem metaphysisch-religiösen Weltverhältnis und will auf diese Weise den Satz einsichtig machen „Falls es keinen Gott gibt, ist alles erlaubt" (Fjodor Dostojewski).

Dieser Satz ist vielfach widerlegt – empirisch wie logisch. Auch gottlose Menschen halten sich an einen Verhaltenskodex, der keine moralische Beliebigkeit kennt. Es gibt keine gute Tat, die exklusiv religiösen Menschen zugeschrieben wird, ohne dass sie auch von einem Ungläubigen vollbracht werden könnte. Und nicht zuletzt lässt sich kategorisch Unzulässiges ermitteln, dessen Nicht-sein-Sollen auch dann einleuchtet, wenn es keinen Gott gibt. Geltungstheoretisch kann man hier ohne einen Transzendenzbezug auskommen. Dies trifft für die Logik nicht weniger zu als für eine Ethik, deren Basis das logische Nichtwiderspruchsprinzip (NWP) darstellt.

Zwar besteht in der zeitgenössischen Moraltheologie weitgehend Konsens darüber, dass mit einem Rekurs auf die Größe „Gott" für den Sollensanspruch des NWP keine Letztbegründung herstellbar ist und es unter dieser Rücksicht nur eine vernunftautonome Moral- bzw. Ethikbegründung geben kann.[15] Gleichwohl

---

[14] Vgl. L. Siep, Moral und Gottesbild, Münster 2013, 25–46.
[15] Vgl. G. Marschütz, theologisch ethisch nachdenken. Bd. 1, Würzburg 2009,

wird immer wieder versucht, für benachbarte ethische Grundfragen (und Grundlegungsprobleme) einen „Gottesbezug" als relevant aufzuweisen. Wo man es aufgegeben hat, die geltungstheore-
tische Rekonstruktion eines unbedingten Sollens mit einem
Transzendenzbezug zu versehen, wird stattdessen zuweilen versucht, Gott als Bezugsgröße anzugeben für die materiale Bestimmung desjenigen Guten, das der Mensch tun soll. Das mit dem
NWP verknüpfte unbedingte Sollen lässt ja genau diese Frage offen. Anhand der von ihm abgeleiteten Kriterien „Universalisierbarkeit – Fairness – Nachhaltigkeit" lässt sich zwar die moralische
Vertretbarkeit von Handlungsmaximen und -folgen testen. Offen
bleibt aber, um welche Güter es dem Menschen letztlich gehen soll.
Ist es möglich, im Rekurs auf den Willen Gottes zu bestimmen, *was*
der Mensch unbedingt realisieren soll? In diesem Fall würde der
Gottesbezug nicht die Unbedingtheit des Sollens begründen, sondern die Unbedingtheit eines Gutes, das zu tun ist. Allerdings gerät
auch ein solcher Versuch einer theonomen Begründung des Guten

---

43–72; J. RÖMELT, Christliche Ethik in moderner Gesellschaft. Bd. 1, Freiburg/
Basel/Wien 2008, 138–148 (Lit.); E. SCHOCKENHOFF, Grundlegung der Ethik.
Ein theologischer Entwurf, Freiburg/Basel/Wien 2007, 533–544; G. W. HUNOLD
u. a. (Hg.), Theologische Ethik, Tübingen/Basel 2000; St. GOERTZ, Moraltheologie unter Modernisierungsdruck, Münster 1999, 155–218; W. LESCH/A. BON-
DOLFI (Hg.), Theologische Ethik im Diskurs, Tübingen/Basel 1995. Zu den
Schwierigkeiten, auf die dieser Ansatz in der zweiten Hälfte des 20. Jahrhunderts
in der Moraltheologie stieß, siehe E. GILLEN, Wie Christen ethisch denken und
handeln. Zur Debatte um die Autonomie der Sittlichkeit im Kontext katho-
lischer Theologie, Würzburg 1989; A. AUER, Zur Theologie der Ethik, Freiburg/
Fribourg 1995, 245–263. – Allerdings ist unter den Vertretern einer „autonomen
Moral im christlichen Kontext" (D. Mieth) nicht ein durchgehender Konsens
erkennbar, was jeweils mit „Autonomie" gemeint ist: die unableitbare Eigen-
und Selbstgesetzlichkeit des im NWP fundierten moralischen Sollensanspruchs
(als Faktum der Vernunft), die methodische Selbständigkeit der praktischen Vernunft im Vollzug der Normenbegründung und Rechtfertigung sittlicher Urteile
oder die freie Selbstbestimmung des moralischen Subjekts, das als Handlungs-
gründe und -motive nur vernunftkompatible Einflüsse gelten lässt, denen es
aus freien Stücken folgt. Ob man einen geltungstheoretischen oder freiheitstheo-
retischen Autonomiebegriff vertritt, wirkt sich erheblich auf das Theoriedesign,
die Begründungspflichten und den weiteren Aufbau einer theologischen Ethik
aus. Vgl. dazu Ch. HÜBENTHAL, Autonomie als Prinzip, in: G. Essen/M. Striet
(Hg.), Kant und die Theologie, Darmstadt 2005, 95–128.

unversehens in eine Aporie: Ist das Gute gut, weil Gott es will, oder will Gott das Gute, weil es gut ist?[16]

Wenn die Verwirklichung eines Gutes moralisch verpflichtend ist, weil Gott es gebietet, müsste nachgewiesen werden, a) dass eine entsprechende göttliche Anweisung tatsächlich vorliegt, und b) warum es für den Menschen verpflichtend ist, den Willen Gottes zu tun bzw. warum aus einem Gebot Gottes eine moralische Pflicht des Menschen entsteht. Zu sagen, der Mensch sei verpflichtet, Gottes Willen zu tun, weil dies Gottes Wille sei, stellt aber einen logischen Zirkelschluss dar. Denn wer es nicht bereits als moralische Verpflichtung empfindet, dem Willen Gottes zu folgen, kann den Willen Gottes, ein sittliches Gut anzustreben, nicht als (moralische) Verpflichtung empfinden.[17]

Wenn aber Gott das (vom Menschen zu realisierende) Gute will, weil es gut ist, dann besitzt das Gute von sich aus jene Qualität, um deretwillen Gott das Gute will. Hierbei kommt die Qualität des Guten nicht aus dem Willen Gottes. Wenn sie aber unabhängig vom Willen Gottes besteht, gewinnt sie durch den Willen Gottes auch keine zusätzliche Verpflichtungskraft. In diesem Fall ist die Erkenntnis des Guten und seiner moralischen Verpflichtungskraft logisch nicht von der Erkenntnis des Willens Gottes abhängig. Wenn das, was Gott will, nicht gut ist, ist sein Wille zudem kein moralischer Grund, ihm zu gehorchen.[18] Wenn aber das, was Gott will, gut ist, dann begründet nicht der Wille Gottes seine „Gutheit".

Wenn außerdem nur ein solches Wesen verdient, in Wahrheit und in Wirklichkeit „Gott" genannt zu werden, das alle Vollkommenheiten in sich vereint, dann muss Gott auch über die Qualität

---

[16] Diese Problematik wird bereits in Platons Dialog „Euthyphron" paradigmatisch erörtert; siehe die Textausgabe von O. LEGGEWIE (Hg.), Platon: Euthyphron, Stuttgart 2007.

[17] Zum Folgenden vgl. L. HONNEFELDER, Ethik und Theologie. Thesen zu ihrer Verhältnisbestimmung, in: A. Holderegger (Hg.), Fundamente der Theologischen Ethik, Freiburg/Fribourg 1996, 113–125; W. SCHWARTZ, Analytische Ethik und christliche Theologie, Göttingen 1984, 129–167; B. SCHÜLLER, Der menschliche Mensch, Düsseldorf 1982, 28–88.

[18] Bei THOMAS V. AQUIN (Expositio super II epist. Ad Cor. 3,2) findet sich eine ähnliche Denkfigur: „Wer die bösen Taten unterlässt, nicht weil sie böse sind, sondern nur weil Gott es geboten hat, ist nicht frei."

der moralischen Vollkommenheit verfügen. Als der „allgütige" Gott kann aber Gott nur das Gute wollen, das unabhängig von seinem Wollen gut ist bzw. nicht erst durch seinen Willen gut wird. Etwas zu wollen, das sittlich verwerflich ist (z. B. terroristische Anschläge), ist mit dem Gottsein Gottes nicht vereinbar. Nur dann, wenn etwas von Gott geschätzt und gewollt wird, weil es gut (und gerecht) ist (und nicht umgekehrt), können der Begriff Gottes als eines vollkommenen (d. h. allgütigen und allmächtigen) Wesens und der Begriff des unbedingten Sollens widerspruchsfrei zusammengedacht werden. Wenn das Gegenteil gilt und (z. B. in einem voluntaristischen Verständnis von Gottes Allmacht) Gott Beliebiges wollen und mit dem Menschen machen kann, was er will (z. B. verlangen, etwas „Teuflisches" zu tun), ist er selbst von einem Teufel nicht mehr unterscheidbar. Einem solchen göttlichen Willen wäre aus moralischen Gründen die Gefolgschaft zu verweigern.

Die bisherigen Argumentationsschritte legen die Schlussfolgerung nahe, dass es eigentlich keine theologische Ethik geben kann, wenn man darunter ein Ethikkonzept versteht, das den Rekurs auf Gott zur Begründung eines „moral point of view", eines unbedingten Sollens oder zur Bestimmung des moralisch Guten wählt. Der Hinweis auf einen normsetzenden Willen Gottes, dem religiöser und moralischer Gehorsam geschuldet sei, entspricht bestenfalls einem logischen „side step":

Von zwei Menschen, die zu unterschiedlichen Zeiten geboren wurden, kann nur einer von beiden älter sein als der andere. Dass dieser Satz logisch korrekt und wahr ist, gilt unabhängig davon, ob jemand die Meinung vertritt, es sei Gottes Wille gewesen, dass Person A vor Person B geboren wurde. Für die logische Stimmigkeit und Wahrheit der Feststellung unterschiedlicher Geburtstermine ist der Rekurs auf den Willen Gottes unerheblich. Sie wird deswegen auch nicht stimmiger oder richtiger, wenn Gott tatsächlich den jeweiligen Zeitpunkt der Geburt bestimmt hätte.

Was nun für die Logik der theoretischen Vernunft gilt, trifft ebenso für die Logik der praktischen Vernunft zu – auch in Fragen der Normenbegründung: Dass Raubbau an der Natur zu vermeiden ist, ergibt sich aus der Logik des NWP. Denn es ist widersprüchlich, die Grundlage langfristigen Wohlergehens um eines kurzfristigen Vorteils willen zerstören zu wollen. Dass die Natur für religiöse Menschen zugleich die Schöpfung Gottes ist und vom Menschen zu bewahren ist, kann im logischen Sinn nicht das moralische Verbot des Raubbaus steigern. Moralische Verbindlichkeit gibt es nur auf der Grundlage logischer Widerspruchsfreiheit.

Manche religiöse Menschen protestieren aus vermeintlich theologischen Erwägungen gegen dieses Ergebnis. Sie sehen darin eine Einschränkung des Gottseins Gottes – vor allem seiner Allmacht. Wenn Gott in allem und über alles Macht hat, dann muss dies auch auf dem Gebiet der Moral gelten!? Dass allerdings die größten Häresien immer besonders fromm daherkommen, lässt sich an diesem Einwand nachdrücklich demonstrieren. Denn er wahrt mit seinem Verständnis von „Allmacht" nicht das Gottsein Gottes, sondern führt dazu, dass das Gegenteil eintritt. Ein voluntaristisches Allmachtsverständnis verstrickt das Reden von der Allgüte und Allmacht Gottes in einen Widerspruch[19] und hat nicht selten sogar logischen Unsinn zur Folge:

Die Berufung auf die Allmacht Gottes kann die Geltung des NWP weder ausheben noch relativieren oder überbieten. Zwar könnte man behaupten, dass diese Allmacht auch darin bestehen muss, dass Gott sich über alle innerweltlichen Instanzen – also auch die Vernunft und Logik – hinwegsetzen können muss, wenn seine Allmacht ausnahmslos und unbeschränkt sein soll. Allerdings führt diese Überlegung zu absurden Ergebnissen:

Prämisse 1: Wenn Gott allmächtig ist,
          dann kann er machen, was er will.
Prämisse 2: Gott kann Beliebiges wollen, denn seinem Willen
          sind keine Grenzen gesetzt.

---

[19] Siehe hierzu die akribische Studie von A. LANGE, Allmacht denken. Studien zur widerspruchsfreien Konzipierbarkeit eines fundamentalen Gottesprädikats, St. Ottilien 2012.

Conclusio: *Also muss Gott wollen und machen können,*
dass z. B. Väter jünger sind als ihre Söhne, oder dass von
zwei Personen jede älter sein kann als die andere.

Es bleibt also dabei: Im christlichen Kontext kann es nur eine autonome, d. h. hinsichtlich ihrer Verpflichtungskraft in der Vernunft fundierte Bestimmung eines unbedingten moralischen Sollens und sittlich Guten geben. Dies schließt aus, dass der Gottesgedanke eine Begründungsfunktion für die Vollzüge der praktischen Vernunft erfüllt (wie dies ja auch der Fall ist für die Vollzüge der theoretischen Vernunft: es gibt keine theologische Mathematik, Physik, Geographie etc.). Allerdings ist die Schlussfolgerung verfehlt, dass eine Bezugnahme auf den Gottesgedanken überhaupt keine Bedeutung für das ethische Daseins- und Selbstverständnis des Menschen hat.[20] Worauf es ankommt, ist eine präzise Ortung dieser Bezugnahme.

Die bisherigen Überlegungen haben zwar ihren archimedischen Punkt in der Einsicht, dass der unbedingte Sollensanspruch des NWP *logisch unhintergehbar* ist. Ebenso einsichtig ist aber die Beobachtung, dass er an ein Subjekt ergeht, das *ontologisch hintergehbar* ist. Das Dasein des Menschen ist nicht unbedingt, sondern kontingent. Es muss ihn nicht geben müssen. Nicht nur im Blick auf den Menschen, sondern auch mit Blick auf die Wirklichkeit im Ganzen kann gefragt werden: Warum gibt es überhaupt etwas und nicht vielmehr nicht(s)? Ebenso kann gefragt werden: Wieso gilt überhaupt etwas und nicht vielmehr nicht(s)?

Auf die Frage, warum überhaupt etwas existiert, antwortet die Theologie mit dem Hinweis auf Gott als „Schöpfer" der Welt: Gott konstituiert den Unterschied zwischen Sein und Nichts zugunsten des Seienden. Alles, was ist, ist darum unüberbietbar auf Gott bezogen, ohne den es nichts gäbe. Wenn es von diesem Be-

---

[20] Über dieses Ziel schießen regelmäßig religions- und theologiekritisch angelegte Ethikkonzepte hinaus. Vgl. exemplarisch die Beiträge von D. Birnbacher, E. Dahl, A. Grünbaum in: E. Dahl (Hg.), Brauchen wir Gott?, Stuttgart 2005, 108–157; M. Onfray, Die reine Freude am Sein. Wie man ohne Gott glücklich wird, München 2008; M. Schmidt-Salomon, Manifest des evolutionären Humanismus. Plädoyer für eine zeitgemäße Leitkultur, Aschaffenburg [2]2006, 36–38, 47–68.

zogensein auf Gott keine Ausnahme gibt, müsste dann nicht auch
das Phänomen des unbedingten Sollens auf Gott bezogen werden? Wenn es ohne Gott nichts gibt, gibt es dann ohne Gott ein
unbedingtes Sollen?[21] Wenn diese Frage berechtigt ist, dann formuliert sie einen entscheidenden Einwand gegen das Konzept einer „autonomen Moral" und öffnet doch wieder die Tür für das
Projekt einer theonomen Normenbegründung. Darauf ist zu antworten:

Wenn die Welt ohne Gott nicht sein kann (aber sehr wohl Gott
ohne die Welt existieren kann), dann ist die Welt unüberbietbar
bezogen auf Gott, von dem sie radikal verschieden ist. Das Bezogensein-auf-Gott ist für die Welt *daseinskonstitutiv*. Das Verschiedensein-von-Gott ist für die Welt *autonomiekonstitutiv*. Als restlos
von Gott verschieden ist die Welt gerade in diesem Verschieden-
sein etwas Eigenes, d. h. sich zu eigen und sich selbst gegeben.
Aufgrund ihrer Geschöpflichkeit ist sie frei und autonom. Zwar
ist sie in ihrem Verschiedensein-von-Gott zugleich auf Gott bezogen. Das Bezogensein-auf-Gott aber mindert oder relativiert nicht
das Verschiedensein-von-Gott, in dem die Autonomie der Welt
begründet ist.[22]

---

[21] Es fällt auf, dass gerade die Vordenker einer theologischen Konzeption autonomer Moral diese Frage zum Anlass nehmen, ihr Autonomiekonzept mit einer
schöpfungstheologischen Argumentation wieder aufzuweichen. Siehe etwa
W. KORFF, Theologische Ethik. Eine Einführung, Freiburg/Basel/Wien 1975:
„Die schöpfungsmäßig freigesetzte autonome menschliche Handlungsvernunft
bleibt in ihrer letztgründenden Rationalität theonom" (34f.). – „Gottes definti-
tiv verbürgendes Ja zum Menschen stellt menschliches Handeln in einen theologalen Verweisungszusammenhang, der jeglicher konkreten Normierung eine
letzte unüberbietbare sittliche Ausrichtung zu geben vermag, ohne sie damit
doch in ihrer Bedingtheit aufzuheben" (36). – „Der Gedanke der Autonomie
ist mit dem Gedanken der Theonomie, wie sie sich biblischem offenbarungs-
geleitetem Verständnis erschließt, nicht nur kompatibel, sondern darüber hinaus empfängt menschliche Autonomie aus eben dieser Theonomie letztlich
überhaupt erst ihre unbedingte ethische Dignität" (37). – „Alle Ethik, die den
Anspruch unbedingten Sollens erhebt, bedarf zur Begründung dieses Unbedingten eines metaempirischen, metalogischen, theologalen Sinnbezuges" (73).
Ähnliche Aussagen finden sich bei F. BÖCKLE, Fundamentalmoral, München
⁴1985, 19–20, 84–92.

[22] Zur näheren Begründung siehe H.-J. HÖHN, Gott – Offenbarung – Heils-
wege. Fundamentaltheologie, Würzburg 2011, 72–148.

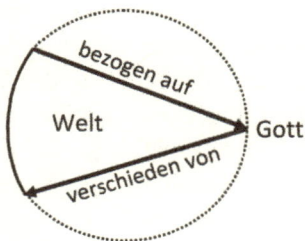

Innerhalb einer solchen relationalen Bestimmung des Welt/Gott-Verhältnisses lassen sich die logische Unhintergehbarkeit des moralischen Sollensanspruchs bzw. seine Autonomie und zugleich die ontologische Hintergehbarkeit der Welt, die nicht sein müsste, sondern nur existiert als Folge der Unterscheidung von Sein und Nichts, deren Grund Gott ist, widerspruchsfrei vereinbaren. Moral lässt sich „ohne Gott" praktisch leben und ebenso „ohne Gott" theoretisch begründen, wenngleich der Daseinsgrund des moralischen Subjekts nicht wiederum im Phänomen der Moralität rekonstruiert werden kann. Allein unter dieser Rücksicht ist es statthaft, von einer „relationalen Autonomie" der Moral zu sprechen bzw. Gott und ein unbedingtes moralisches Sollen zusammenzudenken.

1.2 Kritische Koexistenz:
Religion, Vernunft und Moral

Die Bekräftigung der Autonomie von Vernunft und Ethik meint nicht Beziehungslosigkeit oder Kontextlosigkeit, sondern Eigengesetzlichkeit, d. h. Unableitbarkeit von etwas anderem und Selbständigkeit gerade im Bezug auf Andersheit. Folglich müssen auch Theologie und Ethik, christlicher Glaube und autonome Moral einander nicht beziehungslos gegenüberstehen. Vielmehr ist darauf zu achten, dass sie in ihrer jeweiligen Verschiedenheit aufeinander bezogen werden und dabei ihre wechselseitige Bedeutung füreinander deutlich wird. Nur dann befindet sich die Betonung der Unverwechselbarkeit von Glaube und Moral im Recht, wenn inmitten dieser Unterscheidung eine positive *Beziehung* erkennbar bleibt.

Nur wo die Autonomie von Glaube und Vernunft gegenseitig gewahrt bleibt, sind beide Größen unverwechselbar bei ihrer Sache.
Der Unableitbarkeit des Glaubens von der Vernunft entspricht die
Eigenständigkeit und Eigengesetzlichkeit vernunftgemäßen Denkens und Handelns. Demgemäß liegt die moralische Relevanz des
Glaubens nicht darin, Handlungsanweisungen bereitzustellen, die
in irgendeiner Hinsicht das von der ethischen Vernunft Geforderte
und in der rechten Weise Geleistete ergänzen, überbieten oder ersetzen können. Es bleibt allen Subjekten, denen entsprechendes
Sachwissen und ethische Kompetenz zugerechnet werden kann,
überlassen und aufgegeben, solche Normen des Zusammenlebens
zu finden, deren Konsequenzen, die sich aus ihrer allgemeinen Befolgung auf Dauer und im Ganzen ergeben, von allen davon Betroffenen akzeptiert werden können.[23]
   Das Metier der Ethik besteht jedoch nicht allein aus Fragen der
Normenbegründung. Vielmehr muss sie sich auch dafür interessieren, welche Voraussetzungen erfüllt sein müssen, dass moralische
Subjekte überhaupt einen „sensus" für moralische Belange entwickeln. Sie muss ebenso nach Bedingungen fragen, unter denen
a) es überhaupt erst möglich ist, moralische Normen umzusetzen;
b) es oft scheitert, dass Moral praktiziert werden kann; c) es möglich ist, dass man jene Hindernisse überwindet, die moralischem
Tun und Wollen entgegenstehen. Diese drei Fragen markieren die
Schnittstellen von Vernunft und Glaube, an denen die ethische Relevanz des Glaubens demonstriert werden kann, ohne die Autonomie der praktischen Vernunft in Frage zu stellen.

---

[23] Der Glaube steigert auch nicht die Verpflichtung des Menschen, sich im Gebrauch seiner Vernunft nicht gewissenlos zu verhalten und seinen Verstand
nicht in den Dienst von Gewalt und Unterdrückung zu stellen. Dieser ethische
Anspruch ist apriori unbedingt, vernünftig einsehbar und braucht keine zusätzliche Motivierung (vgl. Röm 2,15; Gal 2,16; 1 Joh 2,7). Auch unter dieser Rücksicht kann es im christlichen Kontext nur eine autonome, d. h. hinsichtlich ihrer Verpflichtungskraft in der Vernunft fundierte und über die Vernunft
vermittelte Moral geben. Wie schwer sich die zeitgenössische Moraltheologie
mit diesem Umstand tut und immer wieder versucht ist, den Rekurs auf Gott
für eine ethische Letztbegründung anzutreten, zeigt die Lektüre von H. GLEIX-
NER, „Wenn Gott nicht existiert ..." Zur Beziehung zwischen Religion und
Ethik, Paderborn 2005, 35–45, 50–72.

a) Soweit die praktische Vernunft für das moralische Erkenntnisvermögen des Menschen (ein)steht, vermittelt sie auch die Einsicht in die *Gültigkeitsbedingungen* moralischer Normen. Dieses Vermögen ist jedoch nicht identisch mit der Beherrschung der *Gelingensbedingungen* bei der Praxis dieser Normen. Für den christlichen Glauben bedeutet dies, dass er nicht mit der Vernunft als Medium sittlicher Erkenntnis und als Instanz eines „moral point of view" konkurriert. Gleichwohl kann er als das vernunftgemäße Andere der Vernunft für die Vernunft bedeutsam werden, wenn er rational unableitbare Gelingensbedingungen moralischer Praxis thematisiert.

Zwar trifft zu, dass der christliche Glaube in Fragen der *Begründung* von Normen, Werten und Tugenden nicht über Einsichten verfügt, die über das Potential der säkularen/autonomen Vernunft hinausgehen. Er besitzt hier kein höheres Erkenntnisvermögen. Aber ebenso trifft zu, dass er einen eigenen *Entdeckungszusammenhang* von Werten und Normen menschlichen Miteinanders und des Sinns menschlichen Daseins konstituieren kann. Moderne Ethikentwürfe sind meist im Format einer Regel- oder Verfahrensethik konzipiert, d. h. sie geben *formale* Kriterien an die Hand und stellen Prozeduren vor, über die man die allgemeine Vertretbarkeit von Normen aufweisen kann. Sie sind aber darauf angewiesen, dass der materiale „input" für solche Testverfahren aus der Lebenswelt der Menschen stammt bzw. dort hervorgebracht wird. Religiös geprägte Lebenswelten zeichnen sich dadurch aus, dass sie ein *materiales* Ethos eines guten Lebens hervorbringen[24] (das man im Horizont oder auf den Wegen der strategischen und instrumentellen, aber auch der kommunikativen Vernunft nicht generieren kann – wie z. B. Feindesliebe, Barmherzigkeit, Vergebung, Versöhnung). Gleichwohl ist damit keine Dispens von der Pflicht zur rationalen

---

[24] Vgl. hierzu E. MACK, Gerechtigkeit und gutes Leben. Christliche Ethik im politischen Diskurs, Paderborn/München/Wien/Zürich 2002; M. MÖHRING-HESSE, Gut gegen richtig. Eine Debatte über die Grundlagen der Gerechtigkeit, in: Ders. (Hg.), Streit um die Gerechtigkeit. Themen und Kontroversen im gegenwärtigen Gerechtigkeitsdiskurs, Schwalbach 2005, 77–106; B. LAUX, Exzentrische Soziallehre. Zur Präsenz und Wirksamkeit christlichen Glaubens in der modernen Gesellschaft, Münster 2007, 172–202.

Verantwortung dieses Ethos verknüpft. Wozu man auf den Wegen der Vernunft nicht gekommen ist, muss man dennoch mit den Mitteln der Vernunft rechtfertigen, wenn es allen Menschen angeboten oder zugemutet werden soll.

b) Das Wissen um die rationalen Grundstrukturen und Bedingungen moralischen Handelns sowie die Kenntnis von Modellen eines guten Lebens genügen noch nicht zum Vollzug der Grundsätze moralischer Praxis. Der Mensch muss nicht nur über ein *Erkenntnisvermögen* des moralisch Richtigen verfügen, sondern er braucht auch ein *Erfüllungsvermögen,* um das Gesollte zu tun bzw. jene Hindernisse zu überwinden, die dem Gelingen moralischer Praxis entgegenstehen. Der Glaube dient dem Erkenntnisvermögen des moralisch Richtigen, indem er zum einen auf das vernunftgemäße Andere der Vernunft verweist, über das die Vernunft bei der Suche nach Modellen eines guten Lebens nicht selbst verfügen kann. Der Glaube ist aber auch dann vernunftgemäß, wenn er jene Antriebskräfte vernunftwidrigen Verhaltens freilegen kann, deren Beherrschung ebenfalls nicht im Verfügungsbereich einer autonomen Vernunft liegt, bzw. die dazu führen, dass der Mensch wider besseres Wissen Vernunfteinsicht verdrängt und willkürlich handelt.

Es gibt eine merkwürdige Verstrickung des menschlichen Vermögens, das Gute zu erkennen und zu wollen, mit seinem Unvermögen, das Gute zu tun. Dabei wird nicht nur Gutes unterlassen, sondern auch Böses getan. „Das Wollen ist in mir vorhanden, aber ich vermag das Gute nicht zu verwirklichen. Denn ich tue nicht das Gute, das ich will, sondern das Böse, das ich nicht will" (Röm 7, 18–19). Es zeichnet den theologischen Diskurs über die „Sündhaftigkeit" des Menschen aus, dass er trotz mancher Verengungen und prekärer Fixierungen (z. B. auf das Feld menschlicher Sexualität) akribisch (und mitunter skrupulös) nach Gründen, Einflüssen und Anlässen fragt, die den Menschen dazu bringen, eine existenzielle Verfehlung zu begehen.[25] Gemeint ist damit nicht bloß die

---

[25] Vgl. hierzu ausführlich J. Römelt, Christliche Ethik in moderner Gesellschaft. Bd. 1, 169–218; St. Ernst, Grundfragen theologischer Ethik, München 2009, 275–301; E. Dirscherl, Grundriß Theologischer Anthropologie, Re-

Möglichkeit, im Leben gravierende Fehler zu machen, schuldig zu werden und sich in Unrecht zu verstricken. Vielmehr geht es auch darum, die Möglichkeiten des Mensch-sein-Könnens so tiefgreifend zu verfehlen, dass daraus der Erweis der Unmöglichkeit eines sinnvollen Daseins wird. In dieser Stoßrichtung ergeben sich Fragen, welche die Vernunft zwar auch umtreiben, aber vor allem ihre Grenzen aufzeigen: Was ist es, das den Menschen dazu bringt, sittliche Einsicht zu verdrängen und stattdessen willkürlich und unvernünftig zu agieren? Ist es das angesichts der Kontingenz des Daseins aufkommende Bewusstsein, ein letztlich nichtiges Wesen zu sein, dem darum auch Werte und Normen letztlich nichts bedeuten müssen? Wenn es letztlich keinen Unterschied macht, ob es mich gegeben hat oder nicht, warum soll ich dann zu Lebzeiten auf einen unbedingten Unterschied zwischen „gut" und „böse" achten? Ist es die Einsicht in die Limitationen des Daseins, welche die Bereitschaft zu moralischem Handeln limitiert? Ist es die Angst des Menschen um sich selbst, die von der Einsicht in die Befristung seiner Lebenszeit, in die Erschöpfbarkeit seiner Ressourcen, in die Konkurrenz mit seinen Mitmenschen herrührt und zu jenen Formen der egoistischen Selbstbezogenheit führt, die theologisch „Sünde" genannt wird?[26]

---

gensburg 2006, 156–215; O. H. Pesch, Frei sein aus Gnade. Theologische Anthropologie, Freiburg/Basel/Wien 1983, 115–189; M. Sievernich, Schuld und Sünde in der Theologie der Gegenwart, Frankfurt 1982.

[26] Vgl. St. Ernst, Einführung in die Moraltheologie, in: K. Ruhstorfer (Hg.), Systematische Theologie, Paderborn 2012, 229: „Das zu Grunde liegende Problem nämlich scheint darin zu bestehen, dass sich Menschen aufgrund der Angst um sich selbst sowie aufgrund ihrer damit gegebenen Fixiertheit auf sich selbst und die eigenen Interessen gar nicht erst auf ihre praktische Vernunft und deren eigenes inneres Gesetz einlassen wollen. Sie lassen sich stattdessen von Ängsten und Bequemlichkeiten leiten. Weit mehr als auf vernünftige Begründungen einzugehen, warum etwas unverantwortlich ist, wollen sie ihrer eigenen Willkür folgen und ihre Vernunft für ihre eigenen Zwecke und Interessen instrumentalisieren … So führt die Selbstbezogenheit des Menschen, die aus seiner Existenzangst resultiert, nicht nur dazu, dass man sich der Vernunft und damit der Einsicht in das Richtige verweigert." – Zur Bedeutung der Daseinsangst als Antriebsmoment menschlichen Handelns und ihrer möglichen Entmachtung siehe auch I. U. Dalferth, Selbstlose Leidenschaften. Christlicher Glaube und menschliche Passionen, Tübingen 2013, 23–98 (Lit.).

Wenn es sich so verhält, dass man mit dieser Kategorie dem vernunftwidrigen Anderen der Vernunft auf die Spur kommt, wird
man vom Christentum nicht nur erwarten, dass es dem Unvermögen oder Unwillen, das Gute zu tun, an die Wurzel geht. Von
ihm wird man auch wissen wollen, was es aufbieten kann, um
jene Antriebskräfte zu entmachten, die sich immer wieder im Menschen wider dessen bessere Einsicht durchsetzen.[27] Unter dieser
Rücksicht dürfte einer Moraltheologie, die nach der Überwindung
von Hemmnissen und Blockaden moralischer Praxis fragt, eher Relevanz zukommen, als ihr etwas zugetraut und abgenommen wird,
wenn sie sich an ethischen Letztbegründungsdiskursen beteiligt.

c) Bei der Sondierung der Gelingensbedingungen moralischer Praxis, des Erfüllungsvermögens bzw. -unvermögens moralischen Sollens sowie bei der Erschließung eines Entdeckungszusammenhan-
ges von Werten und Normen menschlichen Miteinanders sind
religiöse Analysen eines verfehlten Lebens und religiöse Modelle eines gelingenden Lebens[28] heuristisch gleichermaßen belangvoll.
Steht dabei das Bemühen im Zentrum, die semantischen Potentiale
des christlichen Glaubens als moralisch relevant und rational vertretbar zu erweisen, geht es nicht darum, religiöse Überlieferungen
auf einen rein moralischen Gehalt zu reduzieren. Vielmehr soll die
praktische Vernunft im Hinblick auf ihr vernunftgemäßes Anderes
beziehungsfähig gemacht werden, indem sie die *prä- und metarationalen Ressourcen* ihrer eigenen Moralität entdecken kann.[29] Es

---

[27] Siehe dazu etwa E. SCHOCKENHOFF, Erlöste Freiheit. Worauf es im Christen-
tum ankommt, Freiburg/Basel/Wien 2012.
[28] Siehe dazu u. a. H. BEDFORD-STROHM (Hg.), Glück-Seligkeit. Theologische
Rede vom Glück in einer bedrohten Welt, Neukirchen-Vluyn 2011; M. ROTH,
Zum Glück. Glaube und gelingendes Leben, Gütersloh 2011; J. DISSE/B. GÖBEL
(Hg.), Gott und die Frage nach dem Glück, Frankfurt 2010; R. AMMICHT-
QUINN, Glück – der Ernst des Lebens?, Freiburg/Basel/Wien 2006; J. H. CLAUS-
SEN, Glück und Gegenglück, Tübingen 2005; H. FINZE-MICHAELSEN, Das andere Glück. Die Seligpreisungen in der Bergpredigt Jesu, Göttingen 2006;
J. LAUSTER, Gott und das Glück. Das Schicksal des guten Lebens im Christen-
tum, Gütersloh 2004.
[29] Vgl. H.-J. HÖHN, Rettende Aneignung? Die Vernunft und die Logik der Religion, in: Jahrbuch Politische Theologie 5 (2008) 244–262.

ist für die Vernunft bisweilen unumgänglich, auf etwas „außerhalb"
ihrer selbst Bezug zu nehmen, um eine ihr gestellte Aufgabe selbständig lösen zu können.

In kaum einem anderen Bereich ist die Vernunft so sehr auf ein
solches Anderes angewiesen wie beim kontrafaktischen Bemühen
um den guten Ausgang eines befristeten Daseins. Hier wird etwas
erhofft, dessen Gelingensbedingungen außerhalb der Reichweite
der Vernunft liegen.

2. Rettende Aneignung?
Ethik und Eschatologie

Anfangen und Aufhören – zwischen diesen beiden Polen bewegt sich
menschliches Dasein und Handeln. Die Frage nach dem Anfangen
und Aufhören markiert auch die Tangente von Vernunft und Glaube, von Philosophie und Theologie – genauer: ihrer Disziplinen
Ethik und Eschatologie. Beiden ist gemeinsam, dass sie Ungewissheitsbedingungen menschlichen Handelns reflektieren und dabei
selbst unter diesen Bedingungen agieren. Der Ethik geht es um die
Verantwortbarkeit von Handlungen, deren Wirkungen hinsichtlich
des Erreichens eines gewollten Gutes ungewiss sind. Soll oder darf
man etwas anfangen, von dem man nicht weiß, wie es aufhört? Die
Eschatologie ist zentriert um die Thematik, ob überhaupt ein Leben
annehmbar ist, das mit dem Tod aufhört. Darf man vom Leben
mehr erwarten als allein ein tödliches Ende? Gibt es am menschlichen Dasein etwas, das über dieses Ende hinausreicht? Dabei thematisiert auch sie Vollzüge mit ungewissen Fernwirkungen: Sind
Erwartungen an das Leben vertretbar, zu deren Erfüllung es einer
Perspektive bedarf, die über alles Endliche hinausweist? Wenn für
eine solche Perspektive der religiöse Begriff der Hoffnung steht, ist
eine solche Hoffnung der Vernunft zumutbar?

Wer die Vernunft um triftige Gründe für die Berechtigung der
Hoffnung auf ein gutes Ende, dessen Güte ebenso gewiss ist wie
die Möglichkeit seines Eintretens ungewiss, konsultiert, wird
kaum mehr als die Vorzugsregel hören, von ungewissen Dingen
nur jene zu wählen, für die man sich vernünftigerweise einsetzen

würde, sollte ihre Erreichbarkeit erwiesen sein.[30] Ist es aber auch verantwortbar, sich um ein ungewisses Gut zu bemühen, das sowohl ungewiss hinsichtlich seiner Tatsächlichkeit als auch hinsichtlich seiner Möglichkeit ist?

Da man zu einem geglückten Leben außer Glück auch Verstand braucht, ist es ratsam, jene Lebenseinstellung zu wählen, die damit rechnet, dass es das auch gibt, was zum gelingenden Leben nötig ist. Man könnte mit dieser Wahl ja auch Glück haben und glücklich werden. Zumindest ist die Hoffnung darauf erlaubt. Dem Denken sind aber nur solche Möglichkeiten des Glückens zumutbar, für die es in der Realität einen realen Anhalt gibt. Man muss wissen können, ob das, was man tun will oder soll, auch Aussicht auf Erfolg hat. Alles andere bringt die Vernunft auf Abwege.

Die christliche Hoffnung, dass menschliches Dasein gut (aus)geht, bleibt vage, wenn es keine guten Gründe gibt, ihr zu folgen. Zumindest sollte es zureichende Gründe gegen die Versuchung geben, eine solche Hoffnung vorzeitig aufzugeben. Gründe der einen wie der anderen Art aber müssen Vernunftgründe sein. Für die Verwendung theologischer Denkfiguren in einem ethischen Kontext heißt das wiederum: Auch dafür muss es triftige Gründe geben. Sie müssen zumindest so gut sein, dass sie zeigen: Um der Sache der Vernunft willen ist es angezeigt, sich für eine solche Hoffnung und ihre Gründe zu interessieren.

Aber welche Relevanz können theologische Denkfiguren im Kontext der Ethik noch haben, die sich längst auf das Format einer vernunftautonomen Normenbegründung verständigt hat und dem Ausgriff auf eine transzendente Referenz bzw. dem Rekurs auf den Gottesgedanken keine Begründungsfunktion mehr zubilligt? Kommt die Theologie als ernsthafter Gesprächspartner überhaupt in Frage, wenn die Ethik längst im Zeichen postmetaphysischen und postreligiösen Denkens steht? Wenn in der Moderne der „ki-

---

[30] Was in Wahrheit verdient, ein „gutes Ende" genannt zu werden, ist Gegenstand einer Reflexion, die zu einem Konsens führen kann, dessen man sich immer wieder vergewissern kann. Ob dieses Ende tatsächlich Wirklichkeit werden kann, bleibt ungewiss. Vgl. ausführlicher H.-J. Höhn, „Freiheit im Ungewissen". Perspektiven theologischer Zeitdiagnostik, in: W. Bartoszewski (Hg.), Die Freiheit beim Wort nehmen, Graz/Wien/Köln 1999, 273–288.

netische Imperativ" regiert, der alle Bestände von Kultur und Gesellschaft einem beschleunigten Verbesserungsvorbehalt unterstellt,[31] wie kann sich dann noch ein theologisches Reflexionsformat als veraltungsresistent behaupten?

Zur Beantwortung dieser Fragen soll in einem der Vernunft zumutbaren Verfahren ein Vorschlag erarbeitet werden, der zeigt, inwiefern religiöse Bezüge auf dem Feld der Ethik eine wichtige Rolle spielen können. Im Zentrum steht dabei der Versuch einer existentialpragmatischen Neuformatierung von Immanuel Kants Überlegungen zu einer „Ethico-Theologie", wie sie sich vor allem in seiner „Kritik der praktischen Vernunft" (KpV A 122–148)[32] und im Schlussteil seiner „Kritik der Urteilskraft" (KdU §§ 87–88)[33] finden. Vielleicht kann dieser Ansatz wieder vermehrt auf Aufmerksamkeit hoffen, da Vertreter eines nachmetaphysischen Denkens ihrerseits erwägen, ob die Verabschiedung des Religiösen aus der Ethik nicht voreilig und kontraproduktiv war.[34]

Kants Postulatenlehre wurde entwickelt, um eine Zerreißprobe zwischen theoretischer und praktischer Vernunft zu überwinden. In ihrer existentialpragmatischen Neuformatierung wird sie eingesetzt, um unter den Bedingungen postsäkularen Denkens jene Zerreißprobe zu überwinden, in welche die Ambivalenz des kinetischen Imperativs führt. Für die Anordnung und Durchführung dieses Versuches sind folgende Schritte vorgesehen:

– Rekurs auf die existentiale Grundsituation des Menschen: befristetes Dasein im Kontext beschleunigten sozialen Wandels,
– Rekonstruktion der Ambivalenz des kinetischen Imperativs: Vernunft im Widerstreit von Endlichkeit und Moralität,

---

[31] Zur Bedeutung des kinetischen Imperativs für Kultur und Gesellschaft siehe H. Rosa, Weltbeziehungen im Zeitalter der Beschleunigung. Umrisse einer neuen Gesellschaftskritik, Berlin 2012; Ders., Beschleunigung. Die Veränderung der Zeitstrukturen in der Moderne, Frankfurt 2005; H.-J. Höhn, Zeit-Diagnose. Theologische Orientierung im Zeitalter der Beschleunigung, Darmstadt 2006.
[32] Vgl. I. Kant, Kritik der praktischen Vernunft (WW VII), Frankfurt 1974.
[33] Vgl. I. Kant, Kritik der Urteilskraft (WW X), Frankfurt ²1977.
[34] Vgl. J. Habermas, Nachmetaphysisches Denken. Bd. II, Berlin 2012, bes. 96–237, 326–327.

– Erörterung der Bedingungen für die Überwindung des Widerstreits von Rationalität, Moralität und Zeitlichkeit: Leben und
Handeln im Modus postulatorischer Hoffnung.

2.1 Beeil dich!
Der Anspruch des kinetischen Imperativs

Wer auf vernünftige Weise sein Leben führen will, darf sich keine
Illusionen machen, aber auch nicht angesichts aufkommender
Schwierigkeiten vorzeitig resignieren. Zu einer realistischen Sicht
auf das eigene Leben gehört die Wahrnehmung seiner Endlichkeit
und Befristung. Diesen Limitationen zum Trotz bemüht sich der
Mensch um Daseinsoptimierungen.
Da menschliches Dasein befristet ist, zwingt es den Menschen
zur Beschleunigung seiner Lebensvollzüge, will er in der kurzen
Spanne seiner Lebenszeit sein Daseinsoptimum erreichen. Um
möglichst nichts von dem erhofften Optimum zu verpassen,
kommt es folglich darauf an, das Dasein in der Zeit so einzurich-
ten, dass möglichst rasch das Erhoffte auch Realität wird. Man hat
umso mehr vom Leben, je früher man darüber verfügen kann. Ist
das, wozu man es gebracht hat, nicht optimal, dann muss es wenigstens so beschaffen sein, dass es weitere Optimierungen
zulässt – die ebenfalls nicht allzu lange auf sich warten lassen. Die
Kunst des Lebens besteht somit darin, sich um jenes Gute zu bemühen, das vielleicht noch nicht vollkommen ist, aber schnelle
Verbesserungen seiner Güte in Aussicht stellt. Angesichts der Ungewissheit der Dauer des eigenen Lebens ist man gut beraten, sich
möglichst umgehend möglichst viel dieses optimierbaren Guten
zu besorgen. Die Möglichkeit, ein befristetes Dasein akzeptieren
zu können, ist offensichtlich abhängig von Maßnahmen der beschleunigten Weltverbesserung.
Für geraume Zeit hat sich diese Verknüpfung von Daseinsoptimierung und Lebensbeschleunigung bewährt. Sie konnte sich auch
auf eine philosophische Plausibilität berufen, die im Modernisie-
rungsprozess bestätigt wurde: Von Anfang an war es für die Moderne keine Frage, dass das Neue stets besser sei als das Alte. Darum

verknüpfte sie Innovationen mit Beschleunigungen und bevorzugte kompromisslos das Kommende gegenüber dem Überkommenen: Alles muss immer schneller immer besser werden! Um alles Gute erleben zu können, muss der moderne Mensch nur lange genug leben – zumindest so lange, bis jeweils neue lebensverlängernde Maßnahmen entwickelt wurden, die das drohende Lebensende hinausschieben.

Daher ist die wichtigste Eigenschaft von sozialen Strukturen und Systemen, von Menschen und Maschinen ‚zukunftsfähig' zu sein. Sie müssen innovationsfreudig, reaktionsschnell und flexibel sein, um sich auf Veränderungen optimal einstellen und sie ihrerseits optimieren zu können. Diese Veränderungen betreffen aber nicht mehr allein das, was in der Zeit geschieht. Auch was mit der Zeit geschieht, was der Mensch in der Zeit aus der Zeit macht, unterliegt Veränderungen, die zum Besseren hin steuerbar sind. Über das, was aus der Zukunft wird, kann darum die Gegenwart, nicht die Zukunft entscheiden. Zwar liegt in der Zukunft der Erfolg gegenwärtiger Anstrengungen um die Verbesserung der Welt, auf den Weg gebracht wird er jedoch bereits in der Gegenwart. Die Zukunft steht menschlichem Handeln zur Disposition. Alles scheint dem modernen Menschen möglich, sofern er nur genügend Zeit hat. Und wenn sie knapp ist, müssen alle Abläufe in der Zeit so beschleunigt werden, dass ihr gutes Ende vor dem Ende der Zeit eintritt.

Allerdings zeigt sich sehr bald, dass all diese Optimierungen genauso befristet optimal sind wie das Leben selbst. Ebenso fraglich ist, ob ein Leben akzeptabel ist, das am Ende folgenlos bleibt, d. h. auf das nichts mehr folgt. Welchen Sinn hat jene Zeit, die dem Menschen gewährt wird, damit er *in* ihr und *mit* ihr *aus* ihr etwas Gutes macht, wenn ihm am Ende all dies wieder genommen wird? Warum soll man auf einen guten Ausgang des Daseins hinarbeiten, wenn am Ende auch das Gute dieses Ausgangs endet? Nimmt mit dem Blick auf dieses Ende der Defätismus der Vernunft nicht seinen Anfang?[35] Löst er nicht sämtliche Vergeblichkeitsanmutungen

---

[35] Vgl. J. Habermas, Ein Bewußtsein von dem, was fehlt, in: M. Reder/ J. Schmidt (Hg.), Ein Bewußtsein von dem, was fehlt, Frankfurt 2008, 30: „Mit dem Vernunftdefätismus, der uns heute sowohl in der postmodernen

im Blick auf anstehende Weltverbesserungen aus? Kann die Herstellung von Daseinsakzeptanz noch das Projekt einer sich in Zeit und Geschichte vollziehenden Vernunft sein? Dies gilt auch für das Bemühen, ein geglücktes Leben an ethischen Parametern der Lebenskönnerschaft auszurichten. Man muss befürchten, „dass man am Ende mit leeren Händen dasteht, wenn man die Befriedigung von Interessen dem Vorrang der Moral unterordnet."[36] Aber es hilft nicht viel, stattdessen anderen Daseinsorientierungen den Vorzug zu geben. Das Ergebnis wird kein anderes sein. Bleibt letztlich nichts anderes übrig, als die Vollendungsindifferenz des kinetischen Imperativs zu konstatieren – unabhängig davon, ob er zur beschleunigten Ausführung idealistischer oder materialistischer Interessen auffordert?

Das Wissen um die Endlichkeit und Befristung menschlichen Daseins treibt die Vernunftsubjekte offenkundig in einen Zwiespalt. Einerseits forciert es das Bemühen um Weltverbesserungen. Wer vom Leben etwas haben will, muss sich beeilen und dem Tod zuvorkommen. Andererseits hintertreibt dieses Wissen jede Daseinsoptimierung, da sie angesichts der Befristung menschlicher Lebenszeit auf Dauer nicht herstellbar ist. Die Vernunft kann es gleichwohl nicht bei der Feststellung einer derart aporetischen Daseinskonstellation belassen, wenn dies dazu führt, dass sie an der Erfüllung der Aufgabe zu scheitern droht, welche mit dem Imperativ zur Herstellung von Daseinsakzeptanz verbunden ist. Eine rational gebotene Tat zu unterlassen, nur weil die empirischen Bedingungen ihrer Wirksamkeit nicht hinreichend erfüllt sind, kann für die Vernunft kein zureichender Grund sein, von ihrer Ausführung zurückzutreten. Das gilt erst recht für das ethische Großpro-

---

Zuspitzung der ‚Dialektik der Aufklärung' wie im wissenschaftsgläubigen Naturalismus begegnet, kann das nachmetaphysische Denken alleine fertig werden. Anders verhält es sich mit einer praktischen Vernunft, die ohne geschichtsphilosophischen Rückhalt an der motivierenden Kraft ihrer guten Gründe verzweifelt, weil die Tendenzen einer entgleisenden Modernisierung den Geboten der Gerechtigkeitsmoral weniger entgegenkommen als entgegenarbeiten."

[36] T. Wesche, Moral und Glück. Hoffnung bei Kant und Adorno, in: DZPh 60 (2012) 49–71, 58.

jekt der Moderne, ein „Reich der Zwecke" herbeizuführen, in dem jedes Vernunftwesen als Zweck *an sich* selbst behandelt wird und jedes Vernunftsubjekt eigene vernunftgemäße Zwecke jeweils *für sich* verfolgen kann. Auch hier sind die äußeren Umstände nicht gegeben, das faktisch tun zu können, was ein Vernunftsubjekt unbedingt tun soll. Sache der Vernunft ist es, in einer von „Naturzwecken" bestimmten Welt (wozu u. a. auch die „Gesetze" der Evolution zählen) zugleich „Vernunftzwecke" zu realisieren, d. h. Lebensverhältnisse zu schaffen, die ein Dasein in Freiheit, Gerechtigkeit und Solidarität ermöglichen. Dieses „Reich der Zwecke" ist letztlich der Rahmen für das Streben nach der Herstellung von Lebensverhältnissen, mit denen für alle Vernunftsubjekte auf best- und größtmögliche Weise das Ziel der Daseinsakzeptanz verbunden ist. Innerhalb dieses Rahmens ist es möglich, sowohl die Selbstzwecklichkeit eines jeden Vernunftwesens als auch die Verfolgung vernunftgemäßer Zwecksetzungen zum Austrag kommen zu lassen. Auf bestmögliche Weise sich um Daseinsakzeptanz bemühen, heißt darum, sich um eine Weltordnung zu bemühen, die sich an moralischen Maßstäben orientiert.

Ohne ein Leben in Freiheit, Gerechtigkeit und Solidarität ist für ein Vernunftsubjekt ein Leben letztlich nicht gut, d. h. nicht zustimmungsfähig. Daher bedarf es der Verbesserung der Welt, in der nichts anderes gilt als das Gesetz der biologischen Reproduktions- und Überlebensoptimierung. Ein solches Optimum, welches die Evolution verfolgt, ist nämlich kein hinreichend guter Grund für die Akzeptanz dieser Welt. Im Gegenteil: Wenn ein Mensch bei der Lotterie der Gene ein schlechtes Los gezogen hat, weil sie ihm nur Reproduktions- und Überlebensnachteile aufbürdet, kann er seine Hoffnung nur darauf setzen, dass es möglich ist, mit den Mitteln der Vernunft seine Lebensumstände und -verhältnisse so zu verändern, dass ein Leben in und mit dieser Welt auch für ihn annehmbar wird.

Eine solche Hoffnung braucht für ihre Erfüllung mehr Zeit, als einem Menschen biographisch zugemessen ist. Aber auch der Moderne läuft für die Realisierung einer moralischen Weltordnung die Zeit davon. In einem befristeten Leben ist der Wettlauf mit der Zeit, die vergeht, nicht zu gewinnen – auch nicht mit dem Trick, die Erlebnisdichte pro Zeiteinheit zu erhöhen, um in einem Durchschnittsleben das Pensum von zwei oder drei Existenzen zu erfüllen. Die Befristung des Daseins verurteilt jeden Versuch, möglichst rasch möglichst viel vom Leben zu haben, zum Scheitern. In einer Gesellschaft, die sich der beschleunigten Optimierung aller Daseinsverhältnisse verschrieben hat, ändert sich daran nichts. Sie erhöht den individuellen Zeitdruck, das Negative zu überwinden und vom Positiven nichts auszulassen.[37] Aber die biographische Bilanz wird immer so ausfallen, dass die verpassten oder ausgelassenen Gelegenheiten, etwas vom Leben zu haben, im Vergleich zu den genutzten in der Überzahl sind. Im Zeitalter der Beschleunigung gibt es keine wirkliche Lösung für den Konflikt, der aus der Öffnung der Schere zwischen befristeter Lebenszeit und ungebremst weiterlaufender Weltzeit entsteht.[38] Weil der moderne Mensch in seiner Zeit von seiner Zeit zu wenig hat, obwohl sie ihm doch alles Mögliche offeriert, bleibt ihm zu viel vorenthalten.[39] Auch in einem beschleunigten Da-

---

[37] Unter diesem Druck steht die Gesellschaft ihrerseits, da sie unter dem Regime des kinetischen Imperativs wie ein Drehkreisel nur dann nicht kollabiert, wenn sie sich dynamisch stabilisiert und ihr eigenes Drehmoment auf Touren hält, in Bewegung bleibt und durch Bewegung ihren Bestand sichert; d. h. sie ist „systematisch auf Wachstum, Beschleunigung und Innovationsverdichtung angewiesen …, um sich strukturell zu reproduzieren. Es ist diese unabschließbare Steigerungslogik, die sich unter anderem … im notorischen Zwang zu Wirtschaftswachstum und sozialer Beschleunigung bemerkbar macht"; H. Rosa, Historischer Fortschritt oder leere Progression?, in: U. Willems u. a. (Hg.), Moderne und Religion, Bielefeld 2013, 119.

[38] Vgl. H. Blumenberg, Lebenszeit und Weltzeit, Frankfurt 1986. Die „Weltzeit" kennt nach Blumenberg drei Erscheinungsformen: Sie ist zuerst jene Zeit, welche sich die Natur lässt, um in einem sich Millionen Jahre hin erstreckenden Prozess Veränderungen und Entwicklungen hervorzubringen, die jenseits aller lebensweltlichen Vorstellungen von Länge und Größe verlaufen. Sodann ist sie die Zeit der Weltgeschichte, die der „vita" eines Menschen als ein „saeculum" gegenübertreten kann. Und sie ist drittens ein offener Horizont von Möglichkeiten von Ereignissen, deren Fülle und Reichtum niemals in einem Menschenleben realisiert werden kann, sodass es stets bei einem Unmaß und einer Unverhältnismäßigkeit bleibt, wenn man die Lebenszeit eines Menschen danebenstellen will.

[39] Vgl. hierzu ausführlicher H. Rosa, Beschleunigung und Entfremdung, Berlin 2013; V. King/B. Gerisch (Hg.), Zeitgewinn und Selbstverlust. Folgen und Grenzen der Beschleunigung, Frankfurt/New York 2009; K.-M. Kodalle/ H. Rosa (Hg.), Rasender Stillstand. Beschleunigung des Wirklichkeitswandels: Konsequenzen und Grenzen, Würzburg 2008.

sein verhindern die existentialen Limitationen des Daseins eine ausgeglichene Kosten/Nutzen-Bilanz.[40]

Muss darum das Bemühen um eine bestmögliche aller Welten notwendig ins Leere gehen? Wer nur mit dem Besten zufrieden ist, wird nie zufrieden sein können, weil alles in der Welt unter Verbesserungsvorbehalt und unter Verbesserungsdruck steht. Die zunächst gute Aussicht, dass alles noch besser werden kann, verwandelt sich unter der Hand in ein schlechtes Zeugnis für das bisher Bestmögliche: Es ist immer noch nicht gut genug. Daseinsakzeptanz würde sich erst dann einstellen können, wenn in und mit dem Dasein etwas erzielt wurde, das nicht mehr besser werden kann. Eine Welt, in und mit der nichts mehr zu verbessern wäre, ist jedoch eine dem kinetischen Imperativ unzumutbare Vorstellung. Eine Alternative könnte sich allenfalls dann auftun, wenn es in einer Welt permanenter und beschleunigter Verbesserungen nicht nur Dinge gibt, die technisch oder ökonomisch optimierbar sind, sondern auch solche, die nicht wieder schlecht gemacht werden können. Daseinsakzeptanz könnte sich dann auf das solchermaßen irreversibel Gute beziehen. Aber auch in diesem Fall wird der kinetische Imperativ Einspruch erheben: Gibt es tatsächlich etwas im Leben, das uneingeschränkt zustimmungsfähig ist, oder ist alles nur vorbehaltlich seiner Optimierung akzeptabel? Und kann es angesichts der Zeitlichkeit des Daseins überhaupt etwas bleibend und irreversibel Gutes geben?

In all diesen Fragen stecken erhebliche Zweifel, ob es tatsächlich möglich ist, *für* ein befristetes Dasein eine moralische Weltordnung zu installieren, die zugleich *in* einem solchen Dasein etabliert werden kann. Weder reicht die Zeit dafür, noch kann das in der Zeit

---

[40] Am Ende der Moderne drohen auch gesamtgesellschaftliche Bilanzverluste: Der kinetische Imperativ hat in der frühen Moderne (18. Jahrhundert) durch ökonomisches Wachstum, wissenschaftlich-technische Innovationen und Dynamisierung der politischen Verhältnisse für eine enorme Erweiterung sozialer Gestaltungsmöglichkeiten gesorgt und den Spielraum individueller Freiheit beträchtlich erweitert. Die Spätmoderne ist dagegen „dadurch charakterisiert, dass Wachstum, Beschleunigung und die Steigerung der Innovationsraten nicht mehr oder kaum mehr als Verheißungen, sondern vielmehr als Zwänge erscheinen"; H. Rosa, Historischer Fortschritt oder leere Progression, 136.

Erreichte jemals gut genug sein. Einen Ausweg gibt es nur, wenn die Vernunft Hinsichten findet, unter denen es ihr theoretisch wie praktisch möglich wird, kontrafaktisch ganz bei ihrer Sache zu bleiben. Sie muss widerständig und zugleich vernünftig mit dem Widerstreit von Moralität und Endlichkeit umgehen. Aber kann ihr das überhaupt *sola ratione* gelingen? Braucht sie dazu nicht mehr und anderes als nur die Vernunft? Was aber kann für dieses „Andere" einstehen? Gibt es (noch) Ideale, Visionen, Utopien der Weltverbesserung, die ein solches „Anderes" vor Augen stellen,[41] so dass die Vernunft frustrationsresistent bleibt, wenn die Umsetzung des Vernunftgemäßen immer wieder scheitert?

Dass man an der Hoffnung auf das Gelingen eines solchen Einsatzes für vernunftgemäße Ideale und Visionen festhalten darf, bedarf der Angabe guter Gründe. Für geraume Zeit sind solche Gründe einer kontrafaktischen Hoffnung auf ein Gelingen menschlichen Tuns, das im Lichte der Vernunft zwar unwahrscheinlich, aber nicht undenkbar ist, in einem religiösen Verhältnis zu den Lebensverhältnissen des Menschen gesucht worden. Der kinetische Imperativ hat jedoch dafür gesorgt, dass aus den Zeitsemantiken moderner Gesellschaften all jene religiösen Gehalte verschwunden sind, die Hoffnungen auf ein Ende der (Welt- und Lebens-)Zeit beschreiben, das nicht Abbruch, sondern Vollendung bedeutet.[42] Zwar forciert auch er ein Fragen nach der Zukunft, aber er kennt kein finales Geschehen – weder für die Welt im Ganzen noch für das Individuum. Geschichte ist eine ebenso ziellose wie sich ins Unendliche erstreckende Reihung von Einzelereignissen, nicht aber ein Kontinuum des Reifens – weder im Hinblick auf ein Ganzes der

---

[41] Vgl. vor diesem Hintergrund die Neuvermessung des Utopischen bei W. Vosskamp u. a. (Hg.), Möglichkeitsdenken. Utopie und Dystopie in der Gegenwart, München 2013; J. Nida-Rümelin/K. Kufeld (Hg.), Die Gegenwart der Utopie. Zeitkritik und Denkwende, Freiburg/München 2011; B. Sitter-Liver (Hg.), Utopie heute I–II. Zur aktuellen Bedeutung, Funktion und Kritik des utopischen Denkens und Vorstellens, Stuttgart 2007; R. Maresch/F. Rötzer (Hg.), Renaissance der Utopie. Zukunftsfiguren des 21. Jahrhunderts, Frankfurt 2004.
[42] Vgl. R. Koselleck, Zeitverkürzung und Beschleunigung. Eine Studie zur Säkularisation, in: Ders., Zeitgeschichten. Studien zur Historik, Frankfurt 2000, 177–202.

(Welt)Geschichte noch im Hinblick auf eine individuelle Lebensgeschichte.

Wenn aber von und in der Zukunft nichts mehr zu erwarten ist,
das die Hoffnung auf eine Vollendung aller Weltverbesserungs-
bemühungen begründet, vermag sie dem Ringen um Daseinsakzeptanz keinen Anhalt zu bieten. Folglich kann das Projekt der
Herstellung von Daseinsakzeptanz kein Projekt einer sich in Zeit
und Geschichte vollziehenden Vernunft mehr sein. Will die Vernunft aber diese Folgerung als voreilig und kurzschlüssig erweisen,
muss sie den kinetischen Imperativ entweder als Ausdruck der reinen Unvernunft kritisieren oder aber sich auf ein Widerlager stützen, von dem her sie ihr Projekt widerständig behaupten kann.

Der erste Teil der Alternative hat nur geringe Erfolgsaussichten,
denn die Leistungs- und Erfolgsbilanz des kinetischen Imperativs
ist keineswegs derart unausgeglichen, dass er sich selbst desavouiert
hat. Auf nahezu allen Gebieten des sozialen Lebens und der individuellen Lebenspraxis hat er enorme Fortschritte und einen beträchtlichen Gewinn an Lebensqualität bewirkt. Der zweite Teil
der Alternative wird nicht zu realisieren sein, ohne dass die Vernunft ihre Selbstblockade überwindet. Ob sie dazu allein aus eigener Kraft fähig ist, bleibt fraglich. Denn wie will sie die Negativa
des kinetischen Imperativs aufheben, ohne seine Positiva preis-
zugeben? Gibt es aber neben dem Moment des Kinetischen noch
weitere vernunftgemäße Einstellungen zur Kopplung von Innovation und Optimierung?

Sondiert man jenseits der Vernunft ethisch relevante Einstellungen zur Zeitlichkeit und Befristung des Daseins, ob sie als das gesuchte vernunftgemäße Andere der Vernunft in Frage kommen,
müssen diese zwei Bedingungen erfüllen. Einerseits müssen sie
den Menschen dazu motivieren, sich auch unter widrigen Umständen so zu seinen in der Zukunft liegenden Möglichkeiten zu verhalten, dass er die angezielte Daseinsakzeptanz im Vorgriff auf diese Zukunft für möglich hält. Andererseits müssen sie mit guten
Gründen in Abrede stellen können, dass die kontrafaktischen Zeitumstände des Bemühens um Daseinsakzeptanz bereits ausreichen,
um dieses Bemühen zu unterlassen. Jeder Versuch der Weltverbesserung ist ja damit konfrontiert, dass es in dieser Welt zu viel von

dem gibt, was „ohne Wenn und Aber" inakzeptabel ist. Und nicht geringer ist der Bestand des Negativen, das nicht wiedergutzumachen ist. Wenn von der Zeit bzw. in ihr und aus ihr jene Ressourcen nicht zu beziehen sind, um über den Tag hinaus am Projekt der Daseinsakzeptanz auf dem Wege der Weltverbesserung festzuhalten, und die Nutzung aller anderen Ressourcen ebenfalls zeitlich limitiert ist, wird jedoch höchst fraglich, was den Menschen mit der benötigten Enttäuschungsresistenz ausstatten könnte: Die Herstellung von Daseinsakzeptanz ist zwar Gegenstand seines Wollens und seines Sollens. Aber wenn er nicht vermag, was er will, wie wird er dann können, was er dennoch soll?

Aus dieser Klemme kommt man nicht heraus, wenn man den Imperativ der Beschleunigung einfach ignoriert. Der kinetische Imperativ nötigt unausweichlich zur Wahl und Entscheidung. Wenn unser Leben befristet ist, können wir darin nicht alles Mögliche erreichen – uns fehlt einfach die Zeit dazu. Die Zeit zwingt uns dazu, nicht alles Mögliche zu wollen, sondern das Vernünftige. Zwar müssen wir uns für die Ermittlung des Vernünftigen genügend Zeit nehmen, aber für seine Umsetzung dürfen wir uns nicht zu viel Zeit lassen.[43] Denn auch für seine Realisierung ist die Zeit limitiert. Unterstellt man sich aber dem kinetischen Imperativ, muss man kategorisch ausschließen, dass man jemals ein Optimum erreicht, mit dem man es gut und genug sein lassen kann.

In Wahrheit handelt es sich hier um einen kategorischen Komparativ: Verlangt ist stets und ständig ein „je mehr" des Erreichten. Offensichtlich ist der kinetische Imperativ ebenso unabstreifbar, wie er in seinen Auswirkungen aporetisch ist. Offenkundig hintertreibt er das Bemühen um Weltverbesserungen, die zwar von der Vernunft geboten, aber angesichts der Befristung menschlicher Lebenszeit de facto unerreichbar sind bzw. hinsichtlich seiner Logik prinzipiell überbietbar sind.

Offenbar gibt es keine andere Weise, mit diesem Sachverhalt widerständig umzugehen, als sich über ihn hinwegzusetzen. Man muss sich um ein Daseinsoptimum in der Zeit bemühen – seiner

---

[43] Vgl. hierzu auch M. GROSSHEIM, Zeithorizont. Zwischen Gegenwartsversessenheit und langfristiger Orientierung, Freiburg/München 2012.

Vergänglichkeit und seiner Überbietbarkeit zum Trotz. Andernfalls kann es mit den Projekten der Vernunft nicht weiter- und vorangehen. Aber wie kann es dabei vernunftgemäß zugehen?[44]

2.2 Moralität und Endlichkeit: Im Widerstreit von Vernunft und Zeit

Kann eine Kompatibilität des kinetischen Imperativs der Moderne mit dem kategorischen Imperativ der Herbeiführung einer „moralischen Weltordnung" (zum Zwecke der Daseinsakzeptanz) bestehen? Lässt man den kategorischen Imperativ der ethischen Vernunft auf den Kommandostand, wird eine Problematik deutlich, die im Anschluss an Immanuel Kant folgendermaßen beschrieben werden kann:

Eine Überschreitung vernunftwidriger Handlungsumstände, die zwar in Raum und Zeit de facto unerreichbare Zustände anzielt, deren Anstrebbarkeit aber dennoch mit guten Gründen gedacht und gewollt werden kann, stellt ein unabweisbares Anliegen der praktischen Vernunft dar. Die Herstellung von Daseinsakzeptanz mittels Realisierung von Vernunftzwecken ist für sie ein Imperativ, von dem sie nicht ablassen kann und darf. Die praktische Vernunft steht unter dem Anspruch, eine Ordnung der Lebensverhältnisse hervorzubringen als das beabsichtigte Ergebnis menschlichen Handelns gemäß den Grundsätzen der Moralität. Dies führt zu der Anschlussüberlegung, ob das Handeln nach diesen Grundsätzen nur dann vernünftig ist, wenn die Vernunftsubjekte annehmen können, dass es auch möglich ist, das angestrebte Handlungsziel tatsächlich zu erreichen.

Oder kann gezeigt werden, dass der eventuell asymptotische Einsatz für Daseinsakzeptanz (angesichts des Inakzeptablen) zu je-

---

[44] Die folgenden Überlegungen greifen auf und erweitern die Überlegungen aus H.-J. HÖHN, Handeln unter Ungewissheit. Skizzen zu einer postsäkularen „Ethico-Theologie", in: M. Hofer/Ch. Meiller (Hg.), Der Endzweck der Schöpfung, Freiburg/München 2013, 280–308; DERS., Handeln über den Tag hinaus. Zeithorizonte der Sozialethik, in: M. Vogt (Hg.), Theologie der Sozialethik, Freiburg/Basel/Wien 2013, 92–126; DERS., Zeit und Sinn, 193–210; DERS., Zeit-Diagnose, 120–133.

nen vernünftigen Utopien und Visionen zählt, die es rechtfertigen, dafür das eigene Leben zu investieren oder gar aufs Spiel zu setzen, auch wenn man selbst zu Lebzeiten nicht mehr die Früchte dieses Einsatzes ernten wird? Muss man vielleicht gerade deswegen die Option offenhalten, dass vernünftige Ideale denkbar sind, die in Raum und Zeit nicht annähernd verwirklicht werden können und dennoch jede Anstrengung auf ihre annäherungsweise Verwirklichung rechtfertigen, weil andernfalls die Vernunft angesichts des kategorisch Inakzeptablen in der Welt resignieren müsste (was sie ihrem Selbstverständnis entsprechend kategorisch nicht darf!)?

Hier zeichnet sich ein Widerstreit von Moralität und Zeitlichkeit, von Ethik und „Kinetik" ab, von dem beim ersten Hinsehen nicht ersichtlich ist, ob er vernunftgemäß bewältigt werden kann: Die Vernunft steht selbst unter dem sie unbedingt verpflichtenden Anspruch, in und mit der Zeit eine „moralische Weltordnung" heraufführen zu sollen, die einen Rahmen vorgibt für das Streben nach der Herstellung von Lebensverhältnissen, mit denen für alle Vernunftsubjekte auf best- und größtmögliche Weise das Ziel der Daseinsakzeptanz verbunden ist. In diese Bestimmung von Aufgabe und Ziel der ethischen Vernunft, die in der Zeit und mit der Zeit zu realisieren sind, sind prekäre temporale Momente eingelassen. Dazu zählt das Grundgebot, den Menschen *jederzeit*, d. h. im Hinblick auf alle Modi der Zeit, nicht bloß als Mittel, sondern stets auch als Zweck an sich selbst zu behandeln. Und dieser Anspruch ergeht kategorisch – unbedingt, ohne Wenn und Aber. Gefordert ist, dass er nicht bloß „hier und jetzt" respektiert wird. Das Leben des Menschen darf auch nicht instrumentalisiert werden um höherer Werte und Ziele willen, die in Zukunft zu erreichen sind. Nur so bleibt gewahrt, dass er *stets* auch als Zweck an sich selbst zu betrachten ist. Dasselbe gilt, wenn die Modi menschlicher Lebenszeit und die Zeitlichkeit menschlichen Daseins ins Blickfeld rücken: Den Menschen lediglich als Sterblichen und Vergänglichen zu betrachten, hieße, ihn letztlich als Nichtigen einzustufen. Der Blick auf das Ende menschlichen Daseins, das hinsichtlich seiner Faktizität gewiss, aber hinsichtlich des Zeitpunktes seines Eintretens ungewiss ist, erlaubt gerade nicht, seine unbedingte Anerkennung temporal zu befristen. Äußerst zynisch hört es sich für einen Kranken mit ungünstiger Prognose an, wenn über ihn gesagt wird, er sei schon so gut wie tot. Die „conditio humana" erlaubt solche Aussagen jedoch auch über Gesunde. Wer als Sterblicher geboren wird, hat stets den Tod vor sich.

Moralisches Engagement setzt sich immer der Gefahr der Vergeblichkeit aus. Aber es kann gar nicht anders, als dieses Risiko einzugehen, will es sich dem unbedingten Anspruch auf Realisierung von Freiheit und Würde nicht entziehen. Moralische Letztverantwortung besteht somit darin, einen Sterblichen unbedingt anzuerkennen, d. h. als einen, der nicht bloß sterblich ist. Das bedeutet wiederum, kontrafaktisch darauf zu setzen, dass nicht der Tod, sondern Moralität der letzte Maßstab der Vernunft ist, wie faktisch darauf zu bestehen, dass gegen die Vergänglichkeit des Menschen opponiert werden muss.

Wie man sich zur Vergänglichkeit des Menschen stellt, bleibt somit der entscheidende Prüfstein für die Moralität eines Lebensentwurfs. Damit verschärft sich jedoch der Widerstreit zwischen der faktischen Endlichkeit und Bedingtheit der Sterblichen und dem kategorischen Anspruch ihrer unbedingten Anerkennung (besser: der Anerkennung ihrer Unbedingtheit). Diesen Widerstreit vermag die ethische Vernunft mit den Mitteln der „reinen" Vernunft nicht aufzulösen. Die ethische Vernunft verlangt zwar, Endliche als nicht bloß Endliche anzuerkennen. Ihr Anspruch endet daher nicht an den Grenzen der Endlichkeit. Zu der von ihr geforderten Grenzüberschreitung ist aber ein endliches Vernunftsubjekt eigentlich nicht in der Lage. Ohne die Perspektive der Unendlichkeit (im hegelschen Sinne einer „aufgehobenen" Endlichkeit) ist die Vernunft aber auch nicht Ort der Moralität. Ihr Dilemma besteht somit darin, dass sie ebenso mit der Endlichkeit und Bedingtheit der Vernünftigen zu rechnen hat, wie sie dem ins Unendliche und Unbedingte weisenden Anspruch der Vernunft gerecht werden muss.[45]

---

[45] Vgl. hierzu auch H. EBELING, Vernunft und Widerstand. Die beiden Grundlagen der Moral, Freiburg/München 1986; DERS., Die ideale Sinndimension. Kants Faktum der Vernunft und die Basis-Fiktionen des Handelns, Freiburg/München 1982.

Die dem Anspruch der Vernunft entsprechende Praxis ist nur dann vernünftig, wenn angenommen werden darf, dass die notwendigen Ermöglichungsbedingungen ihres Gelingens erfüllt sind. Wenn dies auch de facto unbeweisbar ist, so muss die Realisierung dieser Handlungsoption und der Status ihrer Gelingensbedingungen doch zumindest widerspruchsfrei denkbar sein. Und es müsste gegenüber jedem Vernunftsubjekt demonstrierbar sein, dass das solchermaßen Denkbare auch jene Bedingungen benennt, unter denen ein Auseinanderfallen von Moralität und Rationalität vermieden werden kann. Diese Zerreißprobe – so die im Folgenden vertretene These – kann nur bewältigt werden in einer Neukalibrierung des Verhältnisses der Vernunft zu den in ihr selbst widerstreitenden Perspektiven. Diese Neukalibrierung ist möglich, wenn die Vernunft beziehungsfähig wird für ein „transpragmatisch" Anderes, das jene prä- und metarationalen Ressourcen der Moralität erschließt, von denen sie zehrt, ohne sie selbst hervorbringen zu können. Dieses transpragmatisch Andere kann seinerseits erschlossen werden über eine ethische Inversion eines religiösen Zukunftsverhältnisses im Modus der Hoffnung.[46] Eben dies markiert das Projekt einer „Ethico-Theologie", für deren Neuformatierung postsäkulare Konstellationen von Glaube und Vernunft neue Chancen eröffnen.[47]

---

[46] Das hierfür verfügbare Material wird umfassend aufgearbeitet und für den interdisziplinären Diskurs aufbereitet von R. Lutz, Der hoffende Mensch. Anthropologie und Ethik menschlicher Sinnsuche, Tübingen 2012.

[47] Die Kategorie „postsäkular" steht zunächst für einen Perspektivenwechsel in der Reflexion des Verhältnisses von Gesellschaft und Religion angesichts der Einsicht in die kulturelle Unabgegoltenheit des Religiösen. Dieser Wechsel ergibt sich aus der Beobachtung, dass die modernen Rationalisierungsprozesse zwar Probleme der Daseinssicherung lösen, aber dabei neue erzeugen, die sie mit eigenen Mitteln nicht bewältigen können. „Postsäkular" meint dann, dass die Moderne zwar die Glaubwürdigkeit von überkommenen religiösen Daseinsdeutungen aufheben konnte, aber nicht die Nöte zu beseitigen vermochte, welche die anhaltende Nachfrage nach solchen Deutungen z. B. angesichts von Kontingenzerfahrungen im Kontext ökologischer, politischer und gesellschaftlicher Risikoproduktionen auslösen. Insofern gilt es auch die geschichtstheoretische und normative Unterstellung des Säkularisierungstheorems zu relativieren bzw. zu revidieren, welche den Relevanz- und Funktionsverlust der Religion für unausweichlich hielt, ihn als fortschrittlich begriff und darin ein Ziel sozialer Evolution sah. J. Habermas, Nachmetaphysisches Denken II, ver-

2.3 Endlich leben:
Die Moral der Hoffnung – die Hoffnung der Moral?

Kennzeichnend für ein religiöses Verhältnis zu den Lebensverhältnissen und -einstellungen des Menschen ist der Versuch, sich derart den darin aufscheinenden Limitationen auszusetzen, dass es möglich wird, widerständig am Projekt der Daseinsakzeptanz festzuhalten. Diese Limitationen werden anerkannt als etwas, das unausweichlich über alles im Leben verhängt ist, das nicht zu umgehen und dem nicht zu entrinnen ist. Unentrinnbar ist für den Menschen die Vergänglichkeit seines Daseins. Bewusst leben heißt, diese Vergänglichkeit als Verlaufsform des eigenen Daseins wahrnehmen, im Vergänglichen die Gegensatz-Einheit von Vergangenheit und Zukunft erkennen und in der jeweiligen Gegenwart sich auf die Gegensatz-Einheit von Vergangenheit und Zukunft widerständig einlassen.

In einem religiösen Verhältnis zu diesen Zeitverhältnissen wird zugleich bestritten, dass sie in ihrer Unabwendbarkeit für alles, was *im* Leben geschieht, auch darüber bestimmen, was es letztlich *mit* dem Leben auf sich hat.[48] Angewandt auf die Zeitbezüge und Zeitverhältnisse menschlichen Daseins setzt ein religiöses Zeitverhältnis dort an, wo alles aufhört, und stellt dabei ebenso riskante wie finale Fragen: Kann es ein Ende damit haben, dass das Leben mit dem Tod endet? Ist es denkbar, dass der Widerstreit von Leben und Tod, der im Leben zugunsten des Todes endet, im Tod zugunsten des Lebens ausgeht? Kann auch das Vergehen vergehen?

---

wendet den Ausdruck „postsäkular" für „die soziologische Beschreibung eines tendenziellen Bewusstseinswandels in weitgehend säkularisierten oder ‚entkirchlichten' Gesellschaften, die sich inzwischen auf das Fortbestehen religiöser Gemeinschaften eingestellt haben und mit dem Einfluss religiöser Stimmen sowohl in der nationalen Öffentlichkeit wie auf der weltpolitischen Bühne rechnen" (121).

[48] Vgl. H.-J. HÖHN, Limitation und Transzendenz. Konturen eines existentialpragmatischen Religionsbegriffs, in: L. Hauser/E. Nordhofen (Hg.), Das Andere des Begriffs, Paderborn/München/Wien/Zürich 2013, 27–43.

2.3.1 Hoffnung im Widerstreit:
Über die Wirklichkeit hinaus – an der Realität vorbei?

Im Modus der Hoffnung auf einen guten Ausgang den Widerstreit von Leben und Tod zu thematisieren, bedeutet, selbst in einen Widerstreit zu geraten. Denn die hier gestellten Fragen sind unbeantwortbar – zumindest zu Lebzeiten eines jeden Fragestellers. Wer ernsthaft mit einer vertretbaren Antwort rechnet, muss sich vorhalten lassen, purem Wunschdenken nachzuhängen. Derselbe Vorwurf richtet sich auch auf ein eschatologisches Zeitverhältnis, das im Modus der Hoffnung darauf setzt, dass die vergängliche Welt dem Menschen mehr als nur ihr Vergehen vor Augen stellt. Mit dem utopischen Denken ist ihm gemeinsam, dass es sich auf eine Raum und Zeit offensichtlich überschreitende Daseinsverfassung richtet, deren Möglichkeit dennoch unterstellt wird, um in Raum und Zeit mehr zu ermöglichen, als es die gegebenen Umstände nahelegen. Gemessen an den jeweiligen Umständen geht es hier um Umstände des Daseins, die zwar noch ausstehen, deren Antizipation aber dem Gegenwärtigen seine Zukunftsfähigkeit vor Augen stellt.[49]

Die Realität dieses Zukünftigen kann aber offensichtlich nicht Gegenstand wahrheitsfähiger Aussagen sein. Denn bei Sätzen über das, was dem Menschen zukommt und hoffentlich bei ihm ankommt, ist das Kriterium der Übereinstimmung von Aussage und Sachverhalt nicht erfüllt. Was sie sagen, stimmt mit der Wirklichkeit nicht überein und kann darum nicht „wirklich wahr" sein. Ihre möglich (Un)Wahrheit liegt wie die Wirklichkeit, von der sie reden, in der Zukunft: Es wird sich zeigen und herausstellen müssen, ob es tatsächlich so kommt, wie man es sich erhofft. Damit ist die epistemische, aber auch die lebenspraktische Schwachstelle eines religiösen Zukunftsverhältnisses aufgedeckt: das prekäre Verhältnis des Wirklichen zum Möglichen, des Denkbaren zum Praktizier-

---

[49] Das Folgende ist inspiriert von E. Jüngel, Die Welt als Wirklichkeit und Möglichkeit, in: Ders., Unterwegs zur Sache, München ³2000, 206–233; I. U. Dalferth/A. Hunziker (Hg.), Seinkönnen. Der Mensch zwischen Möglichkeit und Wirklichkeit, Tübingen 2011.

baren. Wer über die Zukunft redet, spricht von dem, was noch nicht ist.

Aussagen über Zukünftiges gehen zwar über Gegenwärtiges hinaus. Aber reden sie deswegen auch schon an der Wirklichkeit vorbei? Sind sie allein deshalb unwahr? Oder können Aussagen über Künftiges dem Gegenwärtigen nicht auch etwas zusprechen, das ihm möglich ist – aber eben (noch) nicht als Faktum? Hält man dies für denkbar, können Zukunftsaussagen über das Gegenwärtige hinausgehen, ohne am ihm vorbeizureden. Solche Zukunftsaussagen würden sogar auf spezifische Weise auf das Gegenwärtige eingehen, indem sie davon sprechen, was ihm zukommt, was auf es zukommt und was aus ihm noch werden kann. Derart auf das Gegenwärtige einzugehen, bedeutet nicht, Fiktionen an Fakten zu heften, sondern bildet eine Voraussetzung, um über das Faktische etwas Wahres zu sagen, das selbst weder Faktum noch Fiktion ist. Dies hat zur Voraussetzung, dass das Gegenwärtige eine dynamische Wirklichkeit ist, die noch etwas vor sich hat, noch etwas aus sich machen kann und aus der noch etwas (Neues/ Anderes) werden kann.

Zukunfts- und Hoffnungsaussagen sprechen dem Wirklichen solche Möglichkeiten zu. Sie reden von dem, was sein wird, sein kann oder sein soll. Sie können dabei auch dem Kontrafaktischen einen Ausdruck geben. Hier geht es nicht um das (Vor)Gegebene, sondern um das, was dem Menschen angesichts dieser Gegebenheiten aufgegeben ist. Als das Noch-nicht-Wirkliche mag es sich der theoretischen Vernunft entziehen. Aber es berührt den Kern der praktischen Vernunft: „Das, was sein soll, ist nie gegeben, sondern aufgegeben."[50] Darum ist für sie das Moment der Hoffnung kein Fremdkörper. Die praktische Vernunft kann sich selbst nicht anders realisieren, als dass sie zugleich als Faktum erhofft, was sie als Projekt antreibt. Wenn der Mensch unbedingt tun soll, was offenkundig sein Vermögen übersteigt, dann muss er hoffen dürfen, dass es dennoch gelingt.

Kaum anders als in dieser Anbindung an die Hoffnungsstruktur der praktischen Vernunft und ihre lebenspraktische Bedeutsamkeit

---

[50] M. FRANK, Conditio moderna, Leipzig 1993, 99.

lässt sich in postsäkularen Zeiten zeigen, welche Relevanz einem religiösen Zukunftsverhältnis noch zukommt, ohne dass dabei der Unterschied zwischen Glaube und Vernunft, zwischen Hoffen und Wissen verwischt wird. Dabei geht es darum, dass die praktische Vernunft im Hinblick auf ihr „Außerhalb" beziehungsfähig gemacht wird, indem sie die prä- und metarationalen Ressourcen ihrer eigenen Moralität entdecken kann.

In diesem Kontext kann die Bedeutung eines eschatologischen Zeitverhältnisses als Ressource einer sozialen Praxis sondiert werden, die sich in zweifacher Weise der Aufgabe moralischer „Letztverantwortung" hinsichtlich ihrer temporalen Struktur stellt. Zum einen geht es um die Frage, was in praxi die unbedingte Anerkennung eines bedingten Menschen trägt, von dem am Ende nicht einmal mehr als ein Haufen Dreck übrig bleibt. Wenn Vergänglichkeit die Form menschlichen Daseins und somit nicht erst in der Stunde des Todes das Dasein bestimmt, dann ist das Verhältnis des Menschen zur Form seines Daseins und zum Mitmenschen nicht vom Verhältnis zu seiner Vergänglichkeit ablösbar. Folgt daraus, dass der Mitmensch auch nur vorübergehend ein Adressat unbedingter Zuwendung sein kann? Wonach bemisst sich dann die Dauer dieser Anerkennung?[51] Zum anderen steht zur Diskussion, wie sich der Einsatz für die unabgegoltenen Ideale und Werte des ethisch-politischen Projektes der Moderne (und darin eingeschlossen: des Projektes vernunftbasierter Herstellung von Daseinsakzeptanz) freihalten kann von Resignation und Verzweiflung, wenn es zu einer beschleunigten Zunahme ihrer Hemmnisse kommt, der eine beschleunigte Abnahme der verfügbaren Zeit zu ihrer Überwindung gegenübersteht. Unter diesem doppelten Zeitindex stehen die Herausforderungen, die sich z. B. ergeben aus der Globalisierung ökologischer Gefahren mit asymmetrischer Verteilung von Globalisierungsverlusten. In dieser Zeit ist es mehr denn je ein Gebot der Vernunft, sich für die Herstellung sozialer Gerechtigkeit auf dem Weg der solidarischen Verwirklichung von Freiheit und Gleichheit und für die Bewahrung der Schöpfung einzusetzen. Aber mehr

---

[51] Vgl. hierzu auch G. PFLEIDERER/Ch. RETHMANN-SUTTER (Hg.), Zeithorizonte des Ethischen, Stuttgart 2006.

denn je ist ungewiss, ob ein solcher Einsatz jemals sein Ziel erreichen kann. Gefragt ist eine Zukunftshoffnung, die gute Gründe lie-
fert, sich dennoch auf den Weg zu diesem Ziel zu machen.

In beiden Fällen kommt es entscheidend darauf an, die Vernunft nicht Illusionen auszusetzen. In die Nähe zum bloßen
Wunschdenken gerät, wer kein Vernunftkriterium nennen kann,
anhand dessen der Wirklichkeitsstatus des Angenommenen und
der Plausibilitätsgrad dieser Annahme angebbar sind. Für die Bestimmung eines solchen Kriteriums liegt es nahe, die Verknüpfung
von Ethik und Eschatologie in ideologie-, religions- und vernunft-
kritischer Perspektive herauszuarbeiten: Von einer Illusion ist die
eschatologische Hoffnungsperspektive dann unterscheidbar, wenn
das, was sie für wirklich und wahr hält, um der Rationalität und
Moralität der (ethischen) Vernunft willen unterstellt werden muss.
Das Kriterium für die vernünftige Zumutbarkeit sozialer Utopien,
Visionen und Ideale ist daher zu eng gefasst, wenn es am Tod fest-
gemacht wird und sein Prüfstein die prämortale Realisierbarkeit
bildet. So wie wir von der Vernunft genötigt werden, über den Tag
hinaus zu planen, so leitet sie uns auch an, über den eigenen letzten
Lebenstag hinaus zu denken, d. h. über den eigenen Tod hinaus.
Über den Tod hinaus zu denken, heißt aber, in die Ungewissheit
hinein zu leben und zu sterben.

2.3.2 Dem Misslingen die Stirn bieten: Hoffnung als Postulat der Vernunft

In der Zeit existieren heißt: von einem Anfang herkommen, den
man sich selbst nicht gesetzt hat, und auf ein Ende zugehen, das
nicht datierbar und dennoch gewiss ist. Die praktische Vernunft
belässt es nicht bei dieser Beschreibung menschlicher Daseinskon-
tingenz. Sie sieht den Menschen als ein Wesen des Vergehens, dem
es gerade angesichts dieser Kontingenz um etwas geht, das ohne
Wenn und Aber sein soll. Sie verweist darauf, dass gerade im Prozess des Vergehens ein Anspruch besteht, der den Menschen unbedingt angeht und selbst nicht dem Vergehen ausgesetzt ist: Es geht
um die Errichtung einer moralischen Ordnung der Lebensverhältnisse als Medium der Welt- und Selbstakzeptanz des Vernunft-

subjekts. Dieser Anspruch gilt unbedingt, aber seine Einlösung ist ungewiss. Für den Umgang mit Ungewissheiten ist die Klugheitsregel hilfreich, dass man im Bemühen für etwas Ungewisses und Strittiges dann vernünftig handelt, wenn die Konsequenzen der Einlösung eines umstrittenen Imperativs unstrittig positiv sind. Wenn aber die Ermittlung dieser Konsequenzen selbst unter Ungewissheitsbedingungen erfolgt, kann für diese nur eine gewisse Wahrscheinlichkeit angenommen werden. Wie kann man jemanden motivieren, sich auf den Weg zu einem Ziel zu machen, wenn für die Erreichbarkeit des Ziels nur ein geringer Wahrscheinlichkeitsgrad angegeben werden kann?

Dieses Problem wäre entschärft, könnte man von einer postmortalen Gerechtigkeit ausgehen, in der es den lohnenden Ausgleich gibt für jene Mühen, die man bei der Verfolgung kategorischer moralischer Imperative auf sich genommen hat, ohne aber zeitlebens dafür eine gebührende Anerkennung zu finden. Wer angesichts geringer Erfolgsaussichten damit rechnen muss, in einem befristeten Leben nicht auf seine Kosten zu kommen, wird einen moralischen Lebensweg erst gar nicht einschlagen – es sei denn, dass sich das Verhältnis von Aufwand und Ertrag in einer Unendlichkeitsperspektive attraktiver ausnimmt.

Ein prominentes Testverfahren für eine wahrscheinlichkeitstheoretische Inversion einer religiösen Unendlichkeitsperspektive (im Stile eines spieltheoretischen Modells als Grundlage rationaler Entscheidung unter Ungewissheit) stellt Blaise Pascals Argument der Wette dar (Pensées, Fragment 233).[52] Ursprünglich entworfen als ein nicht-metaphysisches Kalkül zur Ermittlung der Berechtigung, ein Leben zu führen „etsi deus daretur", kann es auch als Vorlage dienen, die rationale Zumutbarkeit eines eschatologischen Zeitverhältnisses zu erproben. Wer gemäß Pascals Wette auf die Gott zu verdankende Aufhebung der Sterblichkeit setzt, gewinnt ein unendliches Gut, falls sich diese Aufhebung realisieren lässt. Sollte dies nicht der Fall sein, hat er sich immer noch für ein ehrbares und anständiges Leben entschieden. „Wer dagegen nicht auf

---

[52] B. Pascal, Über Religion und einige andere Gegenstände (hg. von E. Wasmuth), Frankfurt 1987, 120–126.

Gott setzt, verliert ein unendliches Gut, falls Gott existiert, und gewinnt nichts, falls Gott nicht existiert. Wenn man aber ewiges Heil gewinnen kann, falls der Glaube an Gott recht hat, jedoch nichts verliert und nichts gewinnt, wenn er nicht recht haben sollte, ist es vernünftiger, sich für ein Leben im Glauben an Gott zu entscheiden als das Gegenteil."[53]

Pascals Argument ist jedoch kein Beweis für die Wahrheit der Annahme einer Aufhebung der Sterblichkeit, sondern ein Klugheitsargument, das mittels einer Nutzenkalkulation die Übernahme einer bestimmten Lebenspraxis vernünftig zu legitimieren sucht. Auf den ersten Blick scheint dies für das Vorhaben einer ethischen Inversion eines eschatologischen Zeit- und Wirklichkeitsverhältnisses zu genügen. Allerdings tritt hierbei eine folgenreiche Unstimmigkeit auf, die sich mit Immanuel Kant als Widerstreit zwischen einem „theoretischen" und einem „praktischen" Vernunftgebrauch beschreiben lässt. Der *theoretische Vernunftgebrauch* orientiert sich an der Frage „Was kann ich wissen?", richtet sich auf die Welt der (in Raum und Zeit wahrnehmbaren) Phänomene und will deren Vielfalt in einen widerspruchsfreien Erklärungszusammenhang bringen, indem er aus dem Material der sinnlichen Anschauung die nach den Prinzipien der Naturkausalität geordnete Welt der Erkenntnisgegenstände zusammensetzt. „Jenseits" dieses Phänomenbereiches greifen die Wahrnehmungs- und Erkenntniskompetenzen der theoretischen Vernunft nicht mehr. Der *praktische Vernunftgebrauch* orientiert sich an der Frage „Was soll ich tun?", richtet sich auf die Welt menschlicher Handlungsmotive, -ziele und -zwecke und will diese im Abgleich mit dem „Sittengesetz" bzw. mit den Forderungen des kategorischen Imperativs rechtfertigen bzw. auf ihre Verantwortbarkeit hin testen.[54]

---

[53] I. U. DALFERTH, Die Wirklichkeit des Möglichen. Hermeneutische Religionsphilosophie, Tübingen 2003, 294.
[54] Die moralischen Forderungen der praktischen Vernunft sind für den Menschen nur dann rational zumutbar, wenn die Erfüllung dieser Forderungen zu einem Ergebnis führen wird, dem er mit Vernunftgründen zustimmen kann. Der hierfür notwendige Nexus zwischen moralischer Gesinnung, moralischer Tat und rational akzeptablen Handlungsfolgen ist aber nach Kant nur dann gegeben, wenn die naturgesetzlich bestimmte Wirklichkeit mit der vom Sittenge-

Folgt man Kants Unterscheidung dieser beiden Vernunftvermögen, so taucht unversehens ein Widerspruchsproblem auf. Für
die praktische Vernunft wird nämlich eine Annahme als hinreichend unterstellt, was nachzuweisen in die Zuständigkeit der theoretischen Vernunft fällt, aber von ihr faktisch nicht nachgewiesen
werden kann: die Aufhebung menschlicher Sterblichkeit. Die
„eschatologische" Option, dass menschlichem Dasein, seinem
Wert und seiner Würde über den Tod hinaus ein Moment der Un-
zerstörbarkeit zukommt, führt daher bei dem Versuch, sie von einer bloßen Illusion zu unterscheiden, in einen Dissens der beiden
Vernunftvermögen. Für die praktische Vernunft ist diese Option
unbestritten anschlussfähig an den ebenso unstrittigen Imperativ,
jeden Menschen als prinzipiell frei, als jedem anderen Menschen
gleich und als nicht bloß endlichen, nicht bloß bedingten Menschen anzuerkennen. Für die theoretische Vernunft ist die Annahme eines Unendlichkeits- und Unbedingtheitsmomentes an einem
unstrittig bedingten und endlichen Wesen schlechthin unerweisbar
und darum auch nicht verantwortbar. Damit entsteht ein Kohärenzproblem hinsichtlich einer für die theoretische Vernunft
höchst strittigen Implikation eines für die praktische Vernunft völlig unstrittigen Imperativs.

Dieses Problem begegnet erneut bei dem Versuch, beide Vernunftvermögen zur Weltgestaltung einzusetzen. Die Welt, die mit

---

setz bestimmten Welt letztlich zusammenstimmt bzw. mit ihr vermittelbar ist.
Erst dann vermag auch das für die Vernunft ebenso unabweisbare Streben des
Menschen nach Glück (KpV A 45) in Erfüllung zu gehen. Seines Glückes „wür-
dig" wird der Mensch aufgrund seines sittlichen Handelns; dieses Glücks auch
tatsächlich teilhaftig zu werden, macht seine „Glückseligkeit" aus (KpV A 199).
Beides ergibt in seinem Zusammentreffen das „höchste Gut" des Menschen.
Auf ein „Zusammenstimmen" dieser Momente muss auch die praktische Vernunft notwendig setzen, wenn sie die Forderungen des Sittengesetzes für rational zumutbar halten will. Es ist nur allzu „recht und billig", wenn der nach dem
Sittengesetz Handelnde auch glücklich wird, und es ist ungerecht, wenn derje-
nige, der sich seines Glücks als würdig erwiesen hat, nur Unglück erfährt. Dieser Überzeugung widersprechen zu wollen, wäre ein Ausdruck von Unvernunft.
Mit diesem Urteil gerät die praktische Vernunft jedoch in einen Dissens zu jenem „Weltwissen", das der theoretische Vernunftgebrauch befördert. Zur Rekonstruktion dieses Dissenses siehe auch W. Schaeffler, Erfahrung als Dialog
mit der Wirklichkeit, Freiburg/München 1995, 139–163.

dem Instrumentarium der theoretischen Vernunft erkannt wird, ist nach Gesetzen beschreibbar, die sich strukturell von den Gesetzen unterscheiden, welche bei der Rechtfertigung der Ziele, Zwecke und Motive moralischen Handelns zu beachten sind. Auf der einen Seite gelten die Gesetze der Naturkausalität „aus Notwendigkeit", auf der anderen Seite gelten die Gesetze der Handlungskausalität „aus Freiheit". Um dem unbedingten moralischen Anspruch in seiner spezifischen Verpflichtungskraft gerecht zu werden, muss sich das Handlungssubjekt ausschließlich am „Sittengesetz" orientieren. Um aber denselben Anspruch wirksam zu realisieren, muss es jene „Naturgesetze" beachten, die in der Welt den Zusammenhang von Ursachen und Wirkungen bestimmen. Da beide Gesetzmäßigkeiten strukturell voneinander verschieden sind, decken sich die Bedingungen für die Wirksamkeit einer Handlung nicht mit den Bedingungen für die Sittlichkeit einer Handlung. Wenn nun der Anspruch der ethischen Vernunft in keiner anderen Welt verwirklicht werden soll als in jener, die stets zugleich die Welt der naturgesetzlich beschreibbaren Phänomene und der moralischen Handlungszwecke ist, entsteht erneut ein Kohärenzproblem, „weil alle praktische Verknüpfung der Ursachen und Wirkungen in der Welt, als Erfolg unserer Willensbestimmung, sich nicht nach moralischen Gesinnungen des Willens, sondern der Kenntnis der Naturgesetze und dem physischen Vermögen, sie zu unseren Absichten zu gebrauchen, richtet."[55]

Diese Unstimmigkeit ließe sich für die theoretische Vernunft beseitigen, wenn für sie nachweisbar wäre, dass die Wahrnehmung einer eschatologischen Option seitens der praktischen Vernunft zu unstrittig positiven Konsequenzen in der diesseitigen Welt führt. Das aber ist keineswegs der Fall. Denn hier begegnet ja gerade das Problem, dass Menschen im Einsatz für das sittlich Gute oft mehr Nachteile als Vorteile haben, Opfer bringen müssen, an widrigen Umständen scheitern und ohne menschliches Eigen- oder Fremdverschulden um ihr Lebensglück gebracht werden. Das Arrangement von Blaise Pascals „Wette" vermag hier keinen echten Ausweg zu zeigen. Denn es siedelt die unstrittig positiven Konsequenzen einer

---

[55] I. KANT, KpV A 204f.

umstrittenen Option im Bereich des Postmortalen an, über den die theoretische Vernunft schlechthin keine Aussage treffen kann. Aber von der praktischen Vernunft kann ebenso wenig erwartet werden, von ihrer Option abzurücken, da es sonst um die Autonomie und die Kohärenz ihres Anspruchs in der Welt der Handlungen, Zwecke und Motive geschehen wäre. Eine sittlich gebotene Tat zu unterlassen, nur weil die empirischen Bedingungen ihrer Wirksamkeit nicht hinreichend erfüllt sind, kann für sie kein zureichender Grund sein, von ihrem unbedingten Anspruch abzuweichen.

Die Unstimmigkeit zwischen theoretischer und praktischer Vernunft kann in und von keinem der beiden Vernunftvermögen allein beseitigt werden, solange die Rechtfertigung der strittigen Option im Bereich des Wissens (theoretische Vernunft) oder Sollens (praktische Vernunft) gesucht wird. Dem ethischen Sollen entspricht im Vernunftsubjekt der Wille, dass die faktische Kraft des Unbedingten nicht letztlich der bedingten Macht des Faktischen unterliegt, z. B. wenn der Einsatz für das Gute immer wieder zynisch ausgenutzt wird oder der Skandal unschuldigen Leidens verjährt. Unser Wissen reicht aber niemals aus, um darzulegen, dass das Faktische und das Normative jemals wirklich übereinkommen können und es jemals eine Weltordnung geben wird, in der kein Mensch mehr meint, der Feind eines anderen sein zu müssen, um des eigenen Vorteils willen dem Anderen elementare Rechte vorenthalten zu dürfen oder wegen eines kurzfristigen Gewinns die Folgelasten der Ausbeutung von Mensch und Umwelt auf spätere Generationen abwälzen zu können.

Ob der Einsatz für eine solche Weltordnung einem Vernunftsubjekt zumutbar ist, lässt sich einzig in einer dritten Form des Vernunftgebrauchs erweisen. Sie muss mit den beiden ersten Vermögen der Vernunft kompatibel sein, ohne auf diese reduziert werden zu können. Für Kant ist es ausgemacht, dass dieses Dritte in Form eines Vernunftpostulates entworfen werden kann und die Fragen „Was kann ich wissen? Was soll ich tun?" um die Frage „Was darf ich hoffen?" erweitert.[56] Nach Immanuel Kant steht ein

---

[56] Was der Mensch wissen kann, gibt ihm nach Kant die erfahrungsgeleitete Vernunft zu erkennen. Was er tun soll, ergibt sich aus den Vernunftpflichten

Vernunftpostulat für den Ermöglichungsgrund vernunftgeleiteten
Handelns, dessen objektive Realität für den theoretischen Vernunftgebrauch nicht hinreichend bewiesen werden kann, dessen
Unterstellung aber zur Erfüllung der von der praktischen Vernunft
gebotenen Handlungen unabdingbar ist. Da die Erfüllung des kategorischen Imperativs der ethischen Vernunft ein unstrittiger Inhalt
sowohl des Sollens als auch eines vernünftigen Wollens ist und mit
dem normativen Faktum der ethischen Vernunft unzertrennbar
zusammenhängt, so müsste die Unmöglichkeit der Erfüllbarkeit
des kategorischen Imperativs nach Kant auch die Falschheit der
Annahme eines normativen Faktums der Vernunft beweisen. Aber
gerade dieses Faktum ist dem Vernunftsubjekt a priori gewiss. Mit
dieser Gewissheit inkompatibel ist die Unterstellung, dass die Erfüllung des von diesem Faktum ausgehenden Anspruchs unmöglich sei. Vielmehr ist es für die Vernunft unumgänglich, dasjenige
vorauszusetzen, was zur objektiven Möglichkeit seiner Erfüllung
notwendig ist.

Beim Projekt der vernunftbasierten Herstellung von Daseinsakzeptanz ist genau dieser Problemfall gegeben. Die Unmöglichkeit, ihn mit den Mitteln der theoretischen oder praktischen Vernunft zu bewältigen, ist kein zureichender Grund, sich nicht mehr
kontrafaktisch um Daseinsakzeptanz zu bemühen. Ob der Einsatz
für eine „sittliche Weltordnung" zum Zwecke der Daseinsakzeptanz einem Vernunftsubjekt zumutbar ist, lässt sich jedoch weder
mit den Mitteln der theoretischen Vernunft noch mit denen der
praktischen Vernunft demonstrieren. Die Gründe, die sie jeweils
dafür oder dagegen erheben, führen letztlich in eine Pattsituation.
Soll sie auf rationale Weise vermeidbar werden, müsste eine andere

---

gegenüber dem Sittengesetz. Und was er hoffen darf, besteht in dem, woran er
nach Abzug dessen, was theoretische und praktische Vernunft ermitteln, vernünftigerweise glauben kann. Die Bestimmung des Menschseins hängt somit
ab von der Frage nach dem Können, Sollen und Dürfen. Und dieses Können,
Sollen und Dürfen ist in Verbindung zu bringen mit dem Wissen, Tun und Hoffen des Menschen. Zu dieser Verknüpfung ethischer und epistemischer Bezüge
bei Kant siehe etwa M. CONRADT, Der Schlüssel zur Metaphysik. Zum Begriff
rationaler Hoffnung in Kants kritischer Moral- und Religionsphilosophie, Tübingen 1999.

vernunftorientierte Einstellung zum Ausgangsproblem gefunden werden. Sie muss über die beiden ersten Einstellungen der Vernunft hinausgehen und zugleich mit ihnen kompatibel sein. Diese Aufgabe kann nach Kant rational nur so gelöst werden, dass ein Ermöglichungsgrund unterstellt wird, der verhindert, dass aus der Dissonanz der beiden Vernunftvermögen eine Selbstaufhebung der Vernunft im Ganzen wird.[57]

Eine solche Unterstellung ist dann ihrerseits rational gerechtfertigt, wenn sie die Annahme „transpragmatischer" Bedingungen

---

[57] Die Berechtigung, einem Vernunftpostulat praktisch zu folgen, ergibt sich daraus, dass andernfalls Anspruch und Inhalt der ethischen Vernunft in logischer Hinsicht widersprüchlich und hinsichtlich ihrer praktischen Auswirkungen vernunftwidrig erscheinen würden. Sie wären logisch widersprüchlich, weil der unbedingte Anspruch der ethischen Vernunft nur bedingt gelten würde. Und sie wären vernunftwidrig, weil das Vernunftsubjekt einem Gebot unterstellt würde, das ihm nur Nachteile, Verluste und Niederlagen in der Bilanz seines Strebens nach Gütern und Werten bringt. – Die folgenden Überlegungen verdanken wichtige Anstöße der Kant-Interpretation von: P. GUYER, In praktischer Absicht: Kants Begriff der Postulate der reinen praktischen Vernunft, in: Philosophisches Jahrbuch 104 (1997) 1–18; F. RICKEN, Die Postulate der reinen praktischen Vernunft, in: O. Höffe (Hg.), Immanuel Kant. Kritik der praktischen Vernunft, Berlin 2002, 187–202; J. SPRUTE, Religionsphilosophische Aspekte der kantischen Ethik. Die Funktion der Postulatenlehre, in: NZSTh 46 (2004) 289–305; M. FORSCHNER, Immanuel Kant über Vernunftglaube und Handlungsmotivation, in: ZphF 59 (2005) 327–344; M. FLEISCHER, Mensch und Unbedingtes im Denken Kants, Freiburg/München 2009, 180–212; R. WIMMER, Das Verhältnis von Religion und Moral bei Kant, in: J. Schuster (Hg.), Zur Bedeutung der Philosophie für die Theologische Ethik, Freiburg/Fribourg 2010, 111–128. Allerdings wird nachfolgend Kants Rede von einem „höchsten Gut" sowie die Zuordnung von Tugend, Glückswürdigkeit und Glückseligkeit bzw. deren Zusammenstimmen in einer „künftigen Welt" nicht übernommen. Als das höchste Gut, auf das man eine postmetaphysische Vernunft verpflichten kann, betrachte ich ihre eigene Rationalität und Moralität, d. h. ihre Widerspruchsfreiheit und ihr Interesse an der vernunftgeleiteten Herstellung von Daseinsakzeptanz, nicht jedoch die eschatologisch verbürgte „Seligkeit" des Vernunftsubjekts. – Zu den Spannungen, die Kants asymptotische Ausführungen zum „Reich der Zwecke", zum „höchsten Gut" und zur (Glück)Seligkeit des moralischen Subjekts anhaften und die bei einem Quervergleich relevanter Passagen der „Grundlegung zur Metaphysik der Sitten", der drei Kritiken (KrV, KpV, KdU) und der Schrift über „Religion innerhalb der Grenzen der bloßen Vernunft" deutlich werden, siehe F. RICKEN, Das Reich der Zwecke, in: Ders., Ethik des Glaubens, Stuttgart 2013, 75–85.

rechtfertigt, die nötig sind, um eine bestimmte von der Vernunft
gebotene Praxis zu ermöglichen – wie etwa den Protest gegen den
Skandal unschuldigen Leidens, der sich realisiert in der Solidarität
mit den Leidenden im Kampf gegen ihr Leid. Die äußeren Umstände mögen einer Beendigung des Leidens (faktisch oder grundsätzlich) entgegenstehen, aber dies ist kein zureichender Grund,
einen solchen Versuch zu unterlassen. Der scheinbar vernünftige
Verzicht auf ein aussichtsloses Unternehmen verdoppelt das Elend
der Leidenden. Sie werden aufgegeben, abgeschrieben, vergessen.
Ein solches Verhalten ratifiziert die Inakzeptanz des Daseins. Dies
will der ethische Anspruch auf unbedingte Solidarität im Angesicht des Todes und darüber hinaus verhindern, wie er etwa in
der christlichen Eschatologie artikuliert und seine Einlösbarkeit
im Modus der Hoffnung postuliert wird. Diese Hoffnung erlaubt
nicht, sich aus der Unerbittlichkeit und Härte der Realität hinweg-
zuträumen. Vielmehr verlangt sie, es widerständig mit ihr aufzunehmen.

Vor diesem Hintergrund ergibt sich zusammenfassend für die
Suche nach einem vernunftgemäßen Anderen der Vernunft, das
mit einem religiösen Daseins- und Zukunftsverhältnis kompatibel
ist, folgender Sachverhalt: Es gibt unabweisbare Aufgaben der Vernunft, an denen sie ebenso unabweisbar bzw. unvermeidlich scheitert. Das Vernunftsubjekt muss diesen Widerstreit überwinden,
wenn es der kategorischen Verpflichtungs- und Bindekraft der Imperative seines theoretischen und praktischen Vernunftgebrauchs
entsprechen will, d. h. weder vernunftwidrig noch unmoralisch
agieren will. Diese Überwindung ist wiederum eine Aufgabe, welche nicht allein mit dem theoretischen und/oder praktischen Vernunftvermögen erfüllt werden kann. Vielmehr macht sie Inhalt
und Impuls des Vollzugs „Hoffen" aus. Der Grund dieser Hoffnung ist nicht ein Gegenstand des Wissen-Könnens oder Tun-Sol-
lens, sondern einer des Vertrauen-Dürfens im Blick auf ein vernunftgemäßes Anderes der Vernunft. Ohne dieses Andere ist die
Zerreißprobe der Vernunft nicht zu überwinden. Für die Aufhebung des Widerstreits von theoretischer und praktischer Vernunft ergibt sich somit folgende Argumentation:

(1) Das unabweisbare Grundprinzip der Moralität erfordert die
    Hervorbringung von menschenwürdigen Lebensverhältnissen
    als das intendierte Ergebnis menschlichen Handelns gemäß
    dem kategorischen Imperativ.

(2) Das Handeln nach diesem Prinzip ist nur dann rational zu-
    mutbar, wenn die Möglichkeit, das intendierte Handlungsziel
    zu realisieren, auch rational erwiesen ist. Dieser Nachweis ist
    jedoch mit den Mitteln der „reinen" Vernunft nicht zu führen,
    da über die bloße Denkmöglichkeit bzw. Widerspruchsfreiheit
    des Handlungsziels hinaus nichts festgestellt werden kann.

(3) Das Grundprinzip der Moralität verlangt, so zu handeln, als ob
    wir über die reine Denkmöglichkeit des Handlungsziels hinaus
    wüssten, dass die Gelingensbedingungen seiner Realisierung
    tatsächlich erfüllt wären.

Die Zerreißprobe der Vernunft besteht darin, dass sie um ihrer eigenen Moralität willen auf eine unbedingte, nicht temporal limi-
tierte Anerkennung der Selbstzwecklichkeit eines jeden Menschen
im Kontext einer „moralischen Weltordnung" setzen muss. Jedoch
ist sie nicht in der Lage darzulegen, dass die Zumutbarkeitsbedin-
gung für die Überschreitung dieser temporalen Limitation erfüllt
ist. Die Endlichkeit und Vergänglichkeit sittlich handelnder Subjekte in einer Dimension des Unzerstörbaren und Unvergänglichen
aufgehoben zu sehen, ist ein Gebot der ethischen Vernunft, wenn
die Endlichkeit und Sterblichkeit der Vernünftigen mit dem ins
Unendliche und Unbedingte weisenden Anspruch der Moralität
vereinbar sein soll. Um die Praxis dieser Zumutung als verantwortbar erweisen zu können, müsste das moralische Subjekt in dem von
der Vernunft gebotenen Widerstand gegen den schicksalhaften und
machbaren Tod auf eine Wirklichkeit setzen können, die sich im
Tod gegen den Tod durchsetzt. Dies zu erwägen, bleibt allein der
Vernunft noch übrig. Eine solche Erwägung kann die Form einer
Hoffnung annehmen, deren Rechtfertigung aber die Vernunft wiederum nur in der Form eines Postulates erbringen kann. Jedoch ist
die Vernunft offenkundig nicht in der Lage darzulegen, dass diese
Bedingung zur Erfüllung des von ihr Erhofften tatsächlich erfüllt
ist. Die „Aufhebung" der Endlichkeit droht darum eine schöne,

aber letztlich unhaltbare Illusion zu bleiben. Um ihre rationale Zumutbarkeit zu erweisen, müsste sich die Vernunft mit einer anderen, höheren Macht verbünden. Aber darf ihr ein solches Bündnis zugemutet werden? Ist es dann nicht definitiv um ihre Autonomie geschehen?

3. Transzendenz und Moral: Ethik in theologischer Perspektive

Dass der von der Vernunft gebotene Widerstand gegen den schicksalhaften und machbaren Tod auf eine Wirklichkeit setzen kann, welche die Macht des Todes dementiert und den Widerstreit von Leben und Tod zugunsten des Lebens entscheidet, ist eine Hoffnung des Glaubens. Er setzt auf eine Entmachtung des Todes durch Gott. Dabei führt er aus, was auch der Vernunft aufgegeben ist: „ein Vertrauen zu der Erreichung einer Absicht, deren Beförderung Pflicht, die Möglichkeit der Ausführung derselben aber für uns nicht einzusehen ist."[58] Die Sache des christlichen Glaubens – „sich festmachen in dem, was man erhofft" (Hebr 11,1) – steht somit in Entsprechung zu einem Vernunftpostulat, dessen Erfüllung die Vernunft nicht aus eigener Kraft sichern kann, wohl aber voraussetzen muss, wenn sie an ihrer eigenen Sache festhalten will.[59]

Auch für Immanuel Kant kann nur ein göttliches Wesen als Ursache für die Aufhebung der Divergenz von Moralität und Mortalität in Frage kommen. Darauf läuft sein „moralischer Beweis des Daseins Gottes" hinaus (KdU § 87). Allerdings schränkt er in der Erläuterung dieses Schlusses die Beweiskraft dieses Argumentes ein: „Dieses moralische Argument soll keinen objektivgültigen Beweis vom Dasein Gottes an die Hand geben, nicht dem Zweifelgläubigen beweisen, daß ein Gott sei, sondern daß,

---

[58] I. KANT, KdU A 456.
[59] Hierbei handelt es sich – im Sinne Kants – durchaus um „Glaubenssachen", d. h. um „Gegenstände, die in Beziehung auf den pflichtmäßigen Gebrauch der reinen praktischen Vernunft (sei es als Folgen oder als Gründe) a priori gedacht werden müssen, aber für den theoretischen Vernunftgebrauch überschwenglich sind" (I. KANT, KdU B 457).

wenn er moralisch konsequent denken will, er die Annehmung dieses Satzes unter die Maximen seiner praktischen Vernunft aufnehmen müsse" (KdU B 425f.). Würde der rationale Zugang zur Annahme der Existenz Gottes, der sich aus der Anerkennung der unbedingten Verbindlichkeit des kategorischen Imperativs (der Weltverbesserung zum Zwecke der Daseinsakzeptanz) ergibt, zugleich zu einer propositionalen Einstellung der theoretischen Vernunft führen, hätte die zurückliegende Argumentation denselben epistemischen Status wie jene Gottesbeweise, die Kant in der „Kritik der theoretischen Vernunft" verworfen hat. Was mit dem Begriff „Gott" gemeint ist, wurde jedoch „bloß für den praktischen Gebrauch unserer Vernunft hinreichend dargetan, ohne in Ansehung des Daseins desselben etwas theoretisch zu bestimmen" (KdU B 434).[60]

Für das Projekt einer Ethico-Theologie folgt daraus, dass es nicht darum gehen kann, für die Inhalte christlicher Hoffnung einen Wirklichkeitsstatus zu behaupten, den die theoretische Vernunft überprüfen kann. Vielmehr kommt es darauf an, über eine ethische Inversion dieser Inhalte zu zeigen, dass das Vermögen der praktischen Vernunft, menschliches Handeln zu orientieren, „mehr Stärke oder auch … mehr Umfang, nämlich einen neuen Gegenstand für ihre Ausübung gewinnt" (KdU B 417). Diese Inversion tangiert nicht die Begründungsfragen moralischer Praxis, d. h. sie berührt nicht das autonome Erkenntnisvermögen eines unbedingten Sollens, sondern betrifft die Reichweite und das menschliche Erfüllungsvermögen des „moralischen Gesetzes" und seines „Endzwecks".[61]

---

[60] Vgl. hierzu auch F. RICKEN, Was ist praktische Vernunft? Überlegungen zum moralischen Beweis für die Existenz Gottes, in: Th. Buchheim u. a. (Hg.), Gottesbeweise als Herausforderung für die moderne Vernunft, Tübingen 2012, 521–531; R. LANGTHALER, „Gott ist doch kein Wahn" (Kant). Perspektiven einer „natürlichen Theologie" in erweitertem ethikotheologischen Kontext, in: M. Wasmeier-Sailer/B. P. Göcke (Hg.), Idealismus und natürliche Theologie, Freiburg/München 2011, 49–80.

[61] „Der Endzweck, den das moralische Gesetz zu befördern auferlegt, ist nicht der Grund der Pflicht; denn dieser liegt im moralischen Gesetze, welches, als formales praktisches Prinzip, kategorisch leitet, unangesehen der Objekte des Begehrungsvermögens (der Materie, des Wollens), mithin irgend eines Zwecks.

Worin diese Ausweitung bestehen kann, lässt sich verdeutlichen anhand der Frage, was moralische Subjekte aufbieten können gegen Geschehnisse, in denen eintritt, was nicht wiedergutzumachen ist. Müssen sie mitansehen, wie die Zeit darüber einfach hinweggeht? Belassen sie es gegenüber den Opfern mit einem Ausdruck mitleidigen Bedauerns, wenn Verbrechen erst aufgedeckt werden, nachdem sich ihre Urheber längst der Strafverfolgung entzogen haben? Wenn es dabei bleibt, wird dann nicht ein zweites Mal die Würde des Opfers verletzt?

Was religiöse ebenso wie säkulare Akteure bei dieser Konstellation des Widerstreits von Moral und Zeit einbringen können, ist zunächst eine anamnetische Solidarität, die den Leidenden ein Gedenken wahrt und an das ungesühnte Leiden der Opfer von Terror, Ausbeutung und Unterdrückung erinnert. Aber sie dürfen sich dieser Opfer nicht derart erinnern, als ob sie nur Opfer seien. In diesem Fall droht ihre Identität darauf reduziert zu werden, unter die Räder der Geschichte gekommen zu sein. Würde man von den Opfern lediglich in Erinnerung behalten, dass sie zu den Gedemütigten, Betrogenen und Entrechteten gehören, würden die Täter ein weiteres Mal triumphieren. Was die Opfer von Vergewaltigung und Vertreibung, von Ausbeutung und Erpressung, von Missbrauch und Unterdrückung einklagen und einfordern, ist zwar die Wahrnehmung ihrer Leiden und die öffentliche Anerkennung, wie sehr ihnen Unrecht angetan wurde. Aber wollen sie, dass man sie für immer auf diese Opferrolle festlegt und darauf reduziert? Gibt es für die Opfer keine andere Zukunft als das Eingedenken ihres Leidens? Gibt es keine andere Solidarität mit den Opfern und keine andere Gerechtigkeit für die Opfer?

Wer sich der Solidarität mit ihnen verpflichtet sieht, ist den Opfern mehr und anderes schuldig als das Wachhalten ihrer Leidensgeschichte. Zu erinnern ist, wer sie waren, ehe sie zu Opfern wur-

---

Diese formale Beschaffenheit meiner Handlungen (Unterordnung derselben unter das Prinzip der Allgemeingültigkeit), worin allein ihr innerer moralischer Wert besteht, ist gänzlich in unserer Gewalt" (I. KANT, KdU B 461). Nicht völlig in der Hand hat das moralische Subjekt die Kontrolle über jene Umstände, welche über die Möglichkeit oder Unausführbarkeit jener Zwecke entscheiden, „die mir jenem Gesetz gemäß zu befördern obliegen" (ebd.).

den, und was aus ihrem Leben hätte werden können, hätte man es
ihnen nicht genommen. Es geht um ihre Hoffnungen, Sehnsüchte
und Träume eines gelungenen Lebens. Es geht um den Protest, dass
all dies nur Fragment geblieben ist.[62] Aber dieser Protest darf weder
münden in eine Vertröstung, die auf eine weltjenseitige Vollendung
als Kompensation diesseitiger Leiden schielt. Noch darf er der Frage ausweichen, wie es um die Möglichkeit steht, dass es nicht für
alle Zeit bei einem ohnmächtigen Protest bleibt. Bereits vor dem
Tod muss aufscheinen, dass man sich in dieser Welt nicht nur den
Tod holen muss. Daher ergeht an die Nachfahren der Opfer die
Frage, wie sie deren unerfüllte Lebenshoffnungen zur Geltung bringen können. Ist es möglich, kontrafaktisch im Diesseits zu leben
und zu handeln – mit einem anderen Blick auf eine Welt, in die
man als Sterblicher geboren wird?

Eine Antwort auf diese Frage hängt davon ab, ob für die anamnetische Vernunft in einem eschatologischen Zeithorizont eine
transpragmatische Gelingensbedingung der Welt- und Daseinsakzeptanz erkennbar wird. Diese Bedingung hat nicht bloß ethische Relevanz, sondern auch eine epistemische Bedeutung. Sich
von einer solchen Frage leiten zu lassen, heißt: nach der Ermögli-

---

[62] Dass die Vernunft mit ihren eigenen Mitteln die Zweifel am Sinn dieses
Protestes und an der Zumutbarkeit der Hoffnung auf eine „ausgleichende"
Gerechtigkeit einerseits nicht ausräumen kann und darum diese Hoffnung
aufgeben muss, womit sie sich andererseits nicht abfinden will, beschreibt
J. Habermas, Glauben und Wissen, 24f. Für ein säkulares Bewusstsein, das
in den Untaten des Menschen weder den Verstoß gegen eine gottgewollte
Ordnung noch die Auswirkung einer diabolischen Macht erkennen will,
kann es keine gottgewirkte Vergebung und keine postmortale Restitution des
Zerstörten geben. Dennoch ist es bewegt von dem „unsentimentale(n)
Wunsch, das anderen zugefügte Unrecht ungeschehen zu machen. Erst recht
beunruhigt uns die Irreversibilität vergangenen Leidens – jenes Unrechts an
den unschuldig Misshandelten, Entwürdigten und Ermordeten, das über jedes
Maß menschenmöglicher Wiedergutmachung hinausgeht. Die verlorene
Hoffnung auf Resurrektion hinterlässt eine spürbare Leere" (24f.). Übrig
bleibt ein ohnmächtiger Impuls, am Unabänderlichen doch noch etwas zu
ändern: „Die Söhne und Töchter der Moderne scheinen in solchen Augenblicken zu glauben, einander mehr schuldig zu sein und selbst mehr nötig zu
haben, als ihnen von der religiösen Tradition in Übersetzung zugänglich ist –
so, als seien deren semantische Potenziale noch nicht ausgeschöpft" (25).

chung einer Lebenspraxis zu fragen, die als wahr und wirklich unterstellt, was „fehlt und passt". Der eschatologische Blick richtet
sich auf dieses „fehlende Passende" und nimmt alles, was ist,
vom Standpunkt seiner Vollendung aus wahr. Im religiösen Wörterbuch steht als sinnverwandter Ausdruck für dieses „fehlende
Passende" der Begriff „Erlösung". Dieser Begriff stößt die Vernunft darauf, dass Erkenntnis eine spezifische zeitliche Dimension
hat. Betrachtet wird das Vergangene im Licht einer anderen Zukunft, als sie die Umstände der Gegenwart erwarten lassen. In diesem Licht sehen Christen nicht bloß die zu Lebzeiten um ihre Zukunft Betrogenen, sondern auch den Widerstreit von Leben und
Tod. Zeitlebens geht dieser zwar zugunsten des Todes aus. Christen glauben aber, dass diesem Verhältnis von Leben und Tod noch
ein anderes Verhältnis gegenübersteht. Sie bekennen Gott als
„Schöpfer" der Welt, der durch sein Wort den Unterschied zwischen Sein und Nichts zugunsten des Lebens entschieden hat. Darum steht nicht nur der Mensch, sondern auch Gott in einem Verhältnis der Opposition zum Widerstreit von Leben und Tod.
Christen hoffen, dass in ihrem Tod die Opposition Gottes zum
Tod für einen anderen Ausgang dieses Widerstreits sorgt. Wenn
nämlich Gott gegen diesen Widerstreit opponiert, wird er zugunsten des Lebens ausgehen. Wenn das Verhältnis von Leben und Tod
eingelassen ist in das Verhältnis Gottes zu diesem Verhältnis, dann
wird dies am Ende des Lebens für den Tod das Ende seiner Macht
bedeuten.

Wenn eine Theologische Ethik in diesem Kontext den Gottesgedanken als einen Gedanken der praktischen Vernunft behauptet,
geschieht dies um jener solidarischen Praxis willen, zu der Menschen um einer humanen Welt willen aufgerufen sind. Wer für einen sinnlos Leidenden nur den Kommentar übrig hat, es sei besser
für ihn, nicht geboren zu sein, bleibt ihm die Auflehnung gegen die
Sinnlosigkeit des Leidens schuldig. Wenn es überhaupt eine ethische Rechtfertigung für den Gebrauch des Wortes „Gott" geben
kann, dann als „Umstandsbestimmung" jener Solidarität mit den
Leidenden, die im gemeinsamen Aufbegehren gegen das Leiden-
müssen praktiziert, was sie erhofft: den Einspruch gegen ein „tödliches" Verhältnis von Leben, Leiden und Tod. Sie drängt auf eine

Veränderung dieses Verhältnisses zugunsten eines Lebens, das nicht
mehr Leid und Tod vor sich hat.[63]

Religionskritiker sehen selbst in diesem diskreten Versuch, Gott
und die Moral zusammenzudenken, noch den Anfang eines altbe-
kannten Manövers, dem Menschen zunächst seine Erlösungsbedürftigkeit vor Augen zu stellen, die sogleich mit religiösen
Heilsmitteln gestillt werden kann.[64] Sie setzen dagegen den sozio-
kulturellen Befund, dass sich bei vielen Zeitgenossen „das Bedürf-
nis nach Erlösung und postmortalem Leben ebenso verflüchtigt
wie der Wunsch, ein Absolutes als geglaubtes Gegenüber zu besitzen. Die Reste solcher Bedürfnisse hat man ins Reich der Fiktion … ausgelagert, wohl wissend, es dort nicht mit Realia, sondern Irrealia (wahlweise Surrealia), nicht mit Facta, sondern Ficta
zu tun zu haben."[65] Es wird darum für einen Akt der Klugheit gehalten, „wenn man die Idee eines letzten großen Sinns, einer letzten absoluten Bezugsgröße fallenlässt. Niemand braucht angesichts
des Verlustes einer solchen Bezugsgröße in Ekstasen der Verzweiflung zu geraten."[66] Denn bei einem solchen Akt handelt es sich eigentlich nur um den „Verzicht auf hypertrophe Sinnansprüche."[67]
Die Folge eines solchen Verzichtes könnte sein, dass wir „die Probleme nicht mehr haben, auf die die Religion die Antwort war."[68]
Diese doppelte Ersparnis würde sich alsbald rentieren: „Religionsverzicht würde dann Erlösung von der Erlösung, auch von der Idee
der Erlösung und der Erlösungsbedürftigkeit bedeuten. Die Kosten
eines so verstandenen Religionsverzichts hielten sich dabei vermutlich in Grenzen. Sie bestünden nur in einer gewissen Ehrlichkeit,
die Dinge so zu sehen, wie sie sind."[69]

---

[63] Vgl. hierzu weiterführend K. Appel u. a. (Hg.), Dem Leiden ein Gedächtnis
geben. Thesen zu einer anamnetischen Christologie, Göttingen 2012.
[64] Vgl. exemplarisch A. U. Sommer, Religionsverzicht. Ein Memorandum, in:
Information Philosophie 41 (2013) Heft 2, 8–14.
[65] Ebd., 12.
[66] Ebd.
[67] Ebd.
[68] Ebd.
[69] Ebd., 14.

Bemerkenswert an dieser Position ist die Strategie, Probleme zu lösen, indem man eine Problemanzeige zum Verschwinden bringt. Der Weg zur Daseinsakzeptanz wird dadurch geebnet, dass bestimmte Bedingungen dieser Akzeptanz für überzogen erklärt werden und man mit einem reduzierten Sinnanspruch einen sonst drohenden Sinnmangel kaschiert. Wenn es aber zur philosophischen Redlichkeit gehört, die Dinge so zu sehen, wie sie sind, dann darf man dem Widerstreit zwischen theoretischer und praktischer Vernunft bei der Herstellung von Daseinsakzeptanz nicht ausweichen. Dieser Widerstreit ist verknüpft mit einem Projekt, das angesichts der temporalen Limitationen des Daseins problematisch und dennoch geboten ist. Die Unterstellung seines Gelingens ist dadurch gerechtfertigt, dass sie dazu motiviert, an den Forderungen der praktischen Vernunft auch kontrafaktisch festhalten zu können. Hinter dem empfohlenen „Religionsverzicht" steht darum in Wahrheit ein Vernunftverzicht, sofern die Ziele der ethischen Vernunft einzig im Modus einer Hoffnung angegangen werden können, zu deren Erfüllung es einer letzten absoluten Bezugsgröße bedarf.

Zweifellos ist gegenüber dem religionskritischen Einspruch zuzugeben, dass es für diese Praxis der Hoffnung Gründe gibt, deren Triftigkeit allein von der Vernunft nicht abgesichert werden kann: Vollzug und Inhalt des Hoffens sind zwar ein plausibles Postulat der Vernunft, aber dieses Postulat richtet sich auf ein Ziel, das nicht allein als Ergebnis eigener Leistungen eines Vernunftsubjekts in Betracht kommt. Dies macht in der Tat das prekäre Moment der Hoffnung aus. „Das unverwechselbare Merkmal, durch das sich das Hoffen gegenüber anderen Erwartungshaltungen auszeichnet, besteht darin, dass ein Gelingen für möglich gehalten wird, obwohl seine Möglichkeit durch keine gesicherte Erkenntnis oder kalkulatorische Wahrscheinlichkeit gedeckt ist."[70] Man setzt auf ein Geschehen, dessen Eintreten nicht nur im eigenen Vermögen liegt. Dieser Ausgriff im Modus der Hoffnung ist gleichwohl nicht ungerechtfertigt. Denn der Vollzug der Hoffnung wird wirksam in der Hervorbringung einer Praxis, die von der praktischen Vernunft geboten ist, ohne dass sie diese „sola ratione" hervorbringen kann.

---

[70] T. WESCHE, Moral und Glück, 57.

Was die Vernunft generiert, ist nur die Einsicht, dass wir so handeln dürfen und sollen, als ob dem Gegenstand des Vernunftpostulates objektive Realität zukäme, weil wir auf diese Weise jene Widerstände in uns überwinden können, die uns hindern, kontrafaktisch den von der Vernunft gebotenen Einsatz für eine moralische Weltordnung (als Bedingung möglicher Daseinsakzeptanz) aufzubringen. Selbst verfügen kann sie nicht über jenes „vernunftgemäße Andere" der (theoretischen und praktischen) Vernunft, von dem sie ebenso verschieden ist, wie sie zu ihm eine vernunftgemäße Beziehung braucht.

Vor diesem Hintergrund geht es einer „postsäkularen", modernitätskompatiblen Ethico-Theologie nicht um den Nachweis einer Berechtigung, eine „philosophische Theologie" zu betreiben. Sie bleibt auf dem Feld der Ethik, will aber eine moralische „Letztverantwortung" von einem vernunftgemäßen Anderen der Vernunft her praktizieren, ohne einer autonomen Letztbegründung der Moral zu widersprechen. Denn mit der Annahme eines transpragmatischen Fluchtpunktes moralischer Praxis ist nicht die Zuflucht zu einer weiteren Begründungsinstanz verbunden. Es geht hier nicht um Fragen der Begründung, sondern der Operationalisierung ethischer Rationalität. Insofern entspricht es auch einer Theologischen Ethik weniger, sich an Diskursen zur „Letztbegründung" des moralisch Gesollten zu beteiligen, als auf die kontrafaktischen Gelingens- und Vollendungsbedingungen moralischer Praxis zu reflektieren. Überwindbar sind solche Verlegenheiten der Vernunft nur – so die Basisthese einer solchen Ethico-Theologie –, wenn man ein vernunftgemäßes Anderes annimmt, auf das hin man das Vernunftvermögen übersteigt, um von ihm her wieder in seinen Kompetenzbereich zurückzukehren. Die Bezugnahme auf dieses „Außerhalb" nimmt der Vernunft nichts von ihrer eigenen Kompetenz, sondern ermöglicht erst, dass sie kontrafaktisch zur Wirkung gebracht wird. In der religiösen Sprache steht das Wort „Gott" für jenen außerhalb der Vernunft liegenden Grund, der die Hoffnung rechtfertigt, dass die Vernunft kann, was sie von sich aus soll.

Dass die Ressourcen für das Erfüllungsvermögen des Menschen, jene Hindernisse zu überwinden, die dem Gelingen moralischer

Praxis entgegenstehen, von einem vernunftgemäßen Anderen der
Vernunft her erschlossen werden können, ist in einer Zeit an der
Zeit, die säkularistische Frontstellungen zwischen Glauben und
Vernunft zunehmend als problematisch empfindet. Für eine mo-
dernitätskompatible Konstellation von Glaube und Vernunft bedeutet das: „Die praktische Vernunft findet in religiösen Überlieferungen etwas vor, das einen als ‚Vernunftbedürfnis' formulierten
Mangel zu kompensieren verspricht – wenn es denn gelingt, das
historisch Vorgefundene nach eigenen Maßstäben anzueignen."[71]
Den Nachweis dieser Kompatibilität von religiösen Eschatologien
zu verlangen, ist im Gegenzug ebenso unabdingbar, wenn diese
nicht nur beanspruchen, menschlichen Sehnsüchten und Hoffnungen zu entsprechen, sondern sich auch ihrerseits von illusionärem
Wunschdenken unterscheiden wollen.

Sich der Berechtigung dieser Hoffnung zu vergewissern, ist allerdings nicht Ergebnis eines entsprechenden Wissenserwerbs.
Nach biblischem Zeugnis wird das menschliche Erkenntnisvermögen nicht durch eine besondere Form der religiösen Gnosis
übertroffen oder erweitert. Hier wird auf die Praxis des Glaubens,
der Hoffnung und der Liebe gesetzt (1 Kor 13,13). Was für die Zukunft geglaubt und erhofft wird, findet in der Gegenwart seine Entsprechung in der Zuwendung der Glaubenden und Hoffenden zu
ihren nicht selten ungläubigen und hoffnungslosen Mitgeschöpfen.
Allein diese Praxis entspricht dem Menschenverhältnis Gottes und
allein in der Übersetzung dieses Verhältnisses in innerweltliche
Entsprechungsverhältnisse gewinnen Sätze über die von Gott bewirkte Entmachtung des Todes an Bedeutung. Skeptischen Zeitgenossen kann man die Vertretbarkeit einer Hoffnung *auf* ihre kontrafaktische Erfüllung ohnehin nicht besser demonstrieren, als dass
man zu Lebzeiten bereits überzeugend *aus* ihr lebt, d. h. sie als eine
Partitur der Zukunfts- und Gegenwartsorientierung versteht. Die
Ernsthaftigkeit einer Hoffnung auf ein Aufbrechen des Verhältnisses von Leben und Tod muss sich für die Lebenden daran erweisen,
welche Konsequenzen sie für ihr Leben vor dem Tod und für ihr
Handeln über den (Todes)Tag hinaus hat.

---

[71] J. HABERMAS, Zwischen Naturalismus und Religion, 231.

Diese Praxis ist auch der Test auf die Wahrhaftigkeit jener, die über die postmortale Vollendung des Menschen große Worte machen. In dieser Praxis hält sich der glaubende Mensch zwar an das Versprechen, das Gott seiner Schöpfung gegeben hat. Er glaubt, dass Gott im Leben und Sterben bei ihm im Wort ist. Darum macht ihn der Tod nicht sprachlos. Aber vom Menschen allein hängt es nicht ab, ob das in Erfüllung geht, was er sich und anderen im Blick auf das Vollendungsversprechen Gottes versichert. Dieses Vollendungsversprechen weist eine „Deckungslücke" auf, die diesseits des Todes nicht geschlossen werden kann. Auch diese Wahrheit sollte die Theologie nicht verschweigen, wenn sie dazu aufruft, sich weder mit dem Leiden noch mit dem Tod abzufinden.

V. Epilog:
... und am Ende ein gnädiger Tod?

„Am Ende war's Erlösung" – immer häufiger taucht diese Floskel in Todesanzeigen auf. Am Ende eines langen Leidens wird der Tod als Erlösung empfunden. Aber von wem und für wen? Ist es ein Trostseufzer der Hinterbliebenen, die von einer sie überfordernden Last der Pflege und Sterbebegleitung befreit wurden? Oder sprechen sich darin Wunsch und Hoffnung eines Schwerstkranken aus, dass Unheil und Schmerzen, die kaum mehr auszuhalten sind, endlich ein Ende nehmen?

Wer sich für gesellschaftliche Bewertungen von Tod und Sterben interessiert,[1] stellt seit einiger Zeit die Wiederkehr der Vorstellung vom „gnädigen" Tod fest. Nicht mehr der Tod, sondern der Zerfall des Körpers, das Wuchern des Krebses, der Selbstverlust in der Demenz werden gefürchtet. Nicht mehr vom Tod will man erlöst werden, sondern man begreift ihn in bestimmten Situationen selbst als Erlösung. Und wo diese Erlösung allzu lange auf sich warten lässt, wollen immer mehr Menschen diese selbst herbeiführen. Die Vorbehalte gegen aktive Sterbehilfe sind in den letzten Jahren stark zurückgegangen. Sogar der Widerstand gegen unternehmerisch betriebene Sterbeassistenz bröckelt. Und ebenso ist die lange Zeit verbreitete These von der Verdrängung des Todes in der modernen Gesellschaft ins Wanken geraten. Er ist nicht nur medial allgegenwärtig, sondern hat auch seinen festen Platz in den Anleitungen zu einer persönlichen „Lebenskunst" als „ars moriendi".[2]

---

[1] Vgl. etwa Th. BORMANN/G. D. BORASIO (Hg.), Sterben. Dimensionen eines anthropologischen Grundphänomens, Berlin/Boston 2012; H. WITTWER u. a. (Hg.), Sterben und Tod, Stuttgart 2010; K. FELDMANN, Tod und Gesellschaft, Wiesbaden ²2010; Th. MACHO/K. MAREK (Hg.), Die neue Sichtbarkeit des Todes, München 2007.

[2] Vgl. hierzu Ch. SCHÜLE, Wie wir sterben lernen, München 2013; M. ROSENBERGER, End-lich leben. Christliche Sterbekunst heute, in: S. Lederhilger (Hg.), Des Menschen Leben ist wie Gras. Tabu Lebensende, Frankfurt/Bern 2013, 145–161; D. SCHÄFER u. a. (Hg.), Perspektiven zum Sterben. Auf dem Weg zu einer Ars moriendi nova?, Stuttgart 2012; K. ARNTZ (Hg.), Ars moriendi. Das

In den einschlägigen Ratgebern werden Strategien eines „memento mori" entwickelt, die es dem Menschen erlauben, sich mit einem „guten" Tod anzufreunden oder dem Tod etwas Gutes abzugewinnen.[3] Ihre Maxime lautet: „Sorge dafür, dass Du intensiv genug lebst! Und wende alle Mühe auf, diese Intensität möglichst lange aufrechterhalten zu können!" Wer dann alt und lebenssatt aus dem Leben scheidet, weil er nichts von dem verpasst hat, was das Leben an Gutem und Schönem zu bieten hat, darf gelassen fragen „Tod, wo ist dein Stachel?" (1 Kor 15,55). Viele Zeitgenossen machen ihren Frieden mit der Befristung ihres Daseins, weil sie wissen, dass ein ewiges „weiter so" keineswegs die Vollendung eines Daseins verbürgen kann. Jeder Künstler weiß, dass er bei Zeiten ein Bild mit einem letzten Pinselstrich, ein Gedicht mit einem letzten Wort oder eine Komposition mit einem letzten Akkord abschließen muss, sollen sie überhaupt fertig werden. Und soll aus vielen (Lebens)Fäden irgendwann einmal ein Tuch werden, dann wird anstatt des Webens irgendwann ein Schnitt fällig sein, um ein fertig gewobenes Tuch in Händen zu halten (vgl. Jes 38,1). Das Aufhören ist die Sinnbedingung eines guten Endes. Zur rechten Zeit muss man vom Weitermachen ablassen und das Getane „gut sein lassen".

Wenn nun der Tod selbst kein Übel (mehr) ist, das uneingeschränkt zu verneinen ist, dann ist auch das Leben leichter zu akzeptieren, in dem man sich den Tod holen wird. Eine solche Konsequenz hat erhebliche Folgen für Ansatz und Anspruch eines religiösen Verhältnisses zu den Lebensverhältnissen des Menschen. In diesem Verhältnis geht es um die Akzeptanz des Daseins angesichts des Inakzeptablen. Wie sieht ein religiöses Verhältnis zum Verhältnis von Leben und Tod aus, wenn der Tod nicht mehr auf die Seite des kategorisch Inakzeptablen gehört? Wenn die Endlichkeit als Formgestalt des Daseins und die Vergänglichkeit als Ver-

---

Sterben als geistliche Aufgabe, Regensburg 2008; J.-P. Wils, Ars moriendi. Die Kunst des Sterbens, Frankfurt 2007; H. Wagner (Hg.), Ars moriendi. Erwägungen zur Kunst des Sterbens, Freiburg/Basel/Wien 1996.
[3] Vgl. hierzu auch A. Classen (Hg.), Gutes Leben und guter Tod von der Spätantike bis zur Gegenwart. Ein philosophisch-ethischer Diskurs über die Jahrhunderte hinweg, Berlin/New York 2012; M. Brandes, Wie wir sterben. Chancen und Grenzen einer Versöhnung mit dem Tod, Wiesbaden 2011.

laufsform des Daseins als sinnstiftend aufscheinen, ist es dann noch sinnvoll, sich dazu in ein Verhältnis des Widerstandes zu setzen und der christlichen Botschaft von einem „ewigen Leben" Kredit zu geben?

Um zu einer diskutablen Antwort zu kommen, ist zunächst auf den Vorschlag einer „Entübelung" des Todes einzugehen, der dazu geführt hat, dass Vorstellungen eines Lebens „nach dem Tod" ihre Attraktivität immer weniger von einer Skandalisierung des Todes beziehen können. Die Botschaft des Christentums aber setzt voraus, dass man nicht zugleich und gleichermaßen das Leben und den Tod bejahen kann. Wo dies nicht mehr als selbstverständlich erscheint, bedarf es daher entsprechender Bemühungen, die Problematik einer modernen „Thanatodizee" aufzuzeigen. Kaum anders als mit einem solchen Disput wird man heute für eine „ars moriendi" als Bestandteil einer „ars vivendi" plädieren können.

Die Moderne hat zahlreiche Arrangements hervorgebracht, die den Tod als weniger verhängnisvoll und schrecklich erscheinen lassen, als er vielfach gedeutet wird. Wo ihm der intellektuelle Prozess gemacht wird, ergeht immer öfter ein Freispruch. Weit verbreitet sind naturalistische bzw. evolutionstheoretische Plädoyers, die den genetisch programmierten Tod eines Individuums als Bedingung für die evolutive Fitnessmaximierung seiner Spezies identifizieren. Nur indem in einer endlosen Sequenz Lebewesen für die folgende Generation Platz machen, ergibt sich für die Natur die Möglichkeit, biologisch besser angepasste Individuen hervorzubringen. Da aber auch auf diese bereits der Tod wartet, hat eine naturalistische Ethik einen passenden Trost parat: Der Tod aller Individuen ist ein Akt ausgleichender Gerechtigkeit für die nicht bloß ökonomisch, politisch und sozial Übervorteilten, sondern auch für die genetisch Benachteiligten. Der Tod macht alle wieder gleich. Der Tod ist zwar ein Übel, das aber zumindest indirekt gut ist oder zu etwas Gutem führt.

Wem diese Argumentation zu nahe am Zynismus operiert, hat andere Möglichkeiten, dem Tod nicht bloß Übles abzugewinnen. Literarische Zeugnisse und philosophische Gedankenexperimente machen anschaulich, dass und wie man den Tod nicht als ein Skandalon, als Negation von Sinn und Bedeutsamkeit menschlichen

Tuns brandmarken muss. Den Anfang macht das Argument des griechischen Philosophen Epikur (341–271 v. Chr.), dass für einen Menschen nur gut oder schlecht sein kann, was er erleben kann. Da niemand seinen eigenen Tod erlebt, ist es müßig, sich vor ihm zu fürchten oder ihn für etwas Schlechtes zu halten.[4] Dieser „Thanatodizee" sind zahlreiche Versuche einer Entmachtung der Angst vor dem Tod gefolgt. Meist wird dabei eine „Entübelung" des Todes versucht. Nicht der Tod, sondern ein endloses Leben ist zu fürchten.

Dass nicht das Sterbenmüssen, sondern vielmehr das Nichtsterbenkönnen etwas Furchtbares sein kann, demonstriert José Saramago in seinem Roman „Eine Zeit ohne Tod"[5]: Am 1. Januar eines nicht näher bezeichneten Jahres bleibt in einem nicht näher bezeichneten Land aus, was dort alle Tage und Jahre zuvor geschehen ist. Niemand kommt mehr zu Tode – weder gewaltsam, noch schicksalhaft, noch freiwillig. Wessen letzte Stunde bereits geschlagen hatte, verharrt im Sterben. Aber der Tod tritt nicht ein. Er versagt seinen Dienst, die hoffnungslosen Fälle endlich zu erlösen. Sie bleiben in einem Schwebezustand zwischen Sein und Nichtsein. Innerhalb kurzer Zeit werden die Folgen dieser „Todlosigkeit" offenbar: Die Todkranken fallen ihren pflegenden Verwandten zunehmend zur Last. Die Aufnahmekapazität der Krankenhäuser und Pflegeheime ist bald erschöpft. Sie verzeichnen nur noch Zugänge, aber keine Abgänge mehr. Um ihren Ruin abzuwenden, beantragt die Bestattungsbranche beim Staat die Zuständigkeit für fortan pflichtmäßige Tierbestattungen. Die Lebensversicherer sind mit ihrem Geschäftsmodell am Ende. Aber auch der Staat selbst sieht sich bald nicht mehr handlungsfähig. Die staatliche Rentenversicherung verzeichnet unaufhaltsam steigende Rentenauszahlungen bei einer stetig abnehmenden Zahl von Beitragszahlern. Ein Staat, in dem niemand mehr stirbt, hat keine Zukunft mehr. Davon sind auch Religion und Kirche bedroht. Was soll das Versprechen der Auferstehung, wenn niemand mehr stirbt? Der Traum der Unsterb-

---

[4] EPIKUR, Brief an Menoikos, in: Ders., Philosophie der Freude, Frankfurt/Leipzig 1988, 53–60.
[5] J. SARAMAGO, Eine Zeit ohne Tod. Roman, Reinbek 2007.

lichkeit erweist sich als Albtraum. Ein Ausweg deutet sich an, als man an der Grenze zum Nachbarland feststellt, dass das Sterben wieder möglich wird, wenn man seine halbtoten Verwandten über die Grenze trägt, wo sie flugs die Augen schließen. Eine Organisation namens Maphia macht sich diesen Umstand zunutze und bietet ihre Dienste zur diskreten Abwicklung an. Sie findet Mittel und Wege, um von den patrouillierenden Grenztruppen der über diese Praxis empörten Nachbarländer nicht behelligt zu werden. Auf diese Weise lässt sich auch die Nachfrage aus dem Landesinneren befriedigen. Manche dieser Abwicklungen aber bleiben dubios: War es immer legale Sterbehilfe, oder kaschierte man damit nicht auch manchen Auftragsmord? – Nach sieben Monaten erhält der Intendant des nationalen Fernsehsenders einen Brief auf violettem Papier. Die Schrift lässt auf einen weiblichen Absender schließen. Frau „tod" meldet sich mit einer Botschaft an das Fernsehvolk: Ab sofort werde wieder gestorben; der Streik sei Mahnung und Warnung gewesen. Das Moratorium des Sterbens sollte – so heißt es in dem Schreiben – „den Menschen, die mich so sehr verabscheuen, mit einer kleinen Kostprobe demonstrieren, was es für sie bedeuten würde, immer, sprich, ewig zu leben". Zukünftig werden alle Todgeweihten exakt eine Woche vor Ablauf ihrer Lebenszeit einen violetten Brief erhalten, der ihr Ableben ankündigt. Die Adressaten sollen auf diese Weise noch genügend Zeit haben, sich gebührend von der Welt zu verabschieden und die notwendigen Vorkehrungen für ihr Ende zu treffen. Dies ist die letzte Gnade, die der Tod zu vergeben hat. Aber auch, dass es ihn wieder gibt, scheint eine Gnade zu sein.

Ein sterblicher Mensch mag sich darüber grämen, dass er sterben muss. Aber das Ausbleiben des Todes erweist sich – wie von José Saramago gezeigt – als das größere Unglück. Sofern nun ein sinnvolles Leben ohne den Tod eine schlechte Utopie ist, bleibt als Konsequenz: Gelingen und glücken kann ein Leben nur auf Zeit. Dass diese Zeit möglichst lange währt, muss Gegenstand aller Bemühungen sein. Ein gutes und glückliches Leben gibt es ohnehin nur unter dem Vorbehalt der Befristung des Guten und der Endlichkeit des Glücks. Man muss sich damit abfinden, dass der Tod diesem Glück ein Limit setzt. Aber ebenso bleibt das Ergebnis der

„Thanatodizee" bestehen: Der Tod stellt auch die ermöglichende
Kontur von Glück und Sinn dar. In einem endlosen Leben fehlt
das Beglückende des Glücks – seine Einmaligkeit, Unwiederbringlichkeit, Unerwartbarkeit. Und in einem todlosen Leben überwie-
gen bald die Kollaterallasten der Unsterblichkeit.

Die Konsequenz scheint klar zu sein: Wir müssen den Tod in
ein anderes, besseres Licht rücken. Die Befristung menschlicher Lebenszeit und die Sterblichkeit des Menschen sind nicht Widerpart,
sondern Bedingung von Sinn und Bedeutsamkeit des Daseins. Wer
also genau hinsieht, muss zugeben, dass die Negativa, die dem Tod
angelastet werden, in Wahrheit verkannte Bonitäten sind. Folglich
kann auch ein befristetes und endliches Leben im Ganzen nicht so
schlecht sein, wenn von dieser Endlichkeit positive Wirkungen ausgehen. Nichts spricht dann noch gegen die Akzeptanz der Einheit
von Leben und Tod.

Allerdings führt eine „Thanatodizee" bei näherem Hinblick in
eine mehrfach paradoxe Situation. Wenn der Tod nur Abbruch ist
und sonst nichts, konstituiert er zwar die prämortale Bedeutsamkeit menschlichen Handelns und Erlebens, aber auch die postmortale Nichtigkeit des Menschen. Unter dieser Rücksicht ermöglicht
der Tod etwas Belangvolles, das er jedoch sogleich zerstört, wenn
er tatsächlich eintritt: Sinn und Bedeutung menschlichen Daseins.
Der Tod sorgt in der Tat auch für Gleichheit, indem ausnahmslos
alle Menschen sterben müssen und in ihr Totenhemd keine Ta-
schen eingenäht werden, die mit Geld, Macht oder Ansehen gefüllt
werden könnten. Der Tod ebnet Unterschiede ein und nivelliert
Ungleichheiten. Aber er sorgt nicht für Gerechtigkeit. Wer im Leben zu den Übervorteilten und Zukurzgekommenen gehörte, erhält im Tod dafür keinen Ausgleich. Wird nicht dabei die eigentli-
che und letztlich destruktive Ohnmacht des Todes offenbar? Er ist
so stark, das ihm nichts entgehen oder ausweichen kann. Aber er
hat keine Macht, um einen Ausgleich von Gut und Böse herbeizuführen. Er nimmt alles, aber gibt letztlich nichts.

Darum ist auch zu bestreiten, dass man von einem „gnädigen
Tod" sprechen darf. Welche Gnade hält er für einen Menschen bereit, der nach jahrelangem Leiden stirbt? Stellt ein solches Lebensende einen „Gnadenakt" dar, wenn der Leidende um den Preis der

Selbstauslöschung vom Leiden befreit wird? Damit das Leiden ein
Ende nimmt, muss das Leben enden!? Es mag für die Hinterbliebenen ein Trost sein, einen nahen Angehörigen nicht mehr qualvoll
leiden zu sehen. Aber sie werden gleichzeitig nicht davon abzubrin-
gen sein, eine solche Qual als „unverdient" und kategorisch nicht
sein sollend zu empfinden. Sie werden darauf bestehen, dass der
Verstorbene einen solchen Tod auf keinen Fall verdient hatte. Wer
von ihnen allem Übel zum Trotz dankbar ist für gute gemeinsam
erlebte Tage, wird dem Schlechten dieser Tage dennoch nichts Gutes abgewinnen. Und wer angesichts unerträglicher Schmerzen
dem Leiden selbst ein Ende setzt, indem er seinem Leben ein
Ende setzt, besiegelt mit dem Tod die Inakzeptanz des Daseins angesichts des Inakzeptablen. Der herbeigeführte Tod entscheidet den
Widerstreit zwischen dem Unannehmbaren und Bejahenswerten
des Lebens, indem er den Menschen das ein Leben lang Verneinte –
den Tod – bejahen lässt: nolens volens. Der Mensch will das Nicht-
gewollte, um dessen Negativität er weiß. Wissentlich vollzieht er,
was er zeitlebens eigentlich nicht will: sein Ende.

Die Rede vom „Tod als Erlösung" ist daher eher Ausdruck des
Problems, wie man die Welt angesichts des kategorisch Inakzeptablen widerständig annehmen kann, als dessen existenziell und
intellektuell überzeugende Lösung. Was aber bleibt an Wider-
standsmöglichkeiten angesichts des Todes übrig? Was ist der Über-
legenheit des Todes entgegenzusetzen? Eine erste Möglichkeit besteht darin, dass die Lebenden in ihrem Leben den Verstorbenen
Orte und Zeiten des Gedenkens und der erinnernden Gegenwart
widmen. Was den Lebenden die Toten bedeuten, bewahren die Lebenden in ihrem Herzen. Und wo der Tod zwar alle Menschen
gleich macht, aber nicht für Gerechtigkeit sorgt, bringt die Erinnerung das den Toten angetane Unrecht ans Licht und verhindert,
dass die Zeit darüber hinweggeht.

Aber ist diese Solidarität der Lebenden mit den Toten bereits
alles, was gegen den Tod aufgeboten werden kann? Gewiss verhindert der Widerstand gegen eine Amnesie, was ihnen angetan oder
genommen wurde, eine Amnestie der daran Schuldigen. Aber würde man diese Toten lediglich als Opfer ihrer Täter in Erinnerung
behalten, würden sie erneut und für unabsehbare Zeit auf die

Schattenseite der Geschichte gestellt. Wer sich einer anamnetischen Solidarität verpflichtet sieht, ist den Opfern mehr und anderes schuldig. Diese andere Solidarität muss die Einlösung dessen erhoffen, was sie im Einspruch gegen ein tödliches Verhältnis von Leben, Leiden und Tod praktiziert. Von einem „gnädigen Tod" ist für eine solche Solidarität nichts zu gewinnen.

Auswahlbibliographie

Die Bibliographie verzeichnet nicht alle zitierten Beiträge, sondern nur ausgewählte Titel, welche für die sozio-kulturellen Bezüge, philosophischen Kontexte und methodisch-inhaltlichen Aspekte einer existentialpragmatisch grundierten Tugendethik relevant sind.

APEL, K.-O.: Paradigmen der Ersten Philosophie. Zur reflexiven – transzendentalpragmatischen – Rekonstruktion der Philosophiegeschichte, Berlin 2011.

APEL, K.-O.: Auseinandersetzungen in Erprobung des transzendentalpragmatischen Ansatzes, Frankfurt 1998.

APEL, K.-O.: Diskurs und Verantwortung, Frankfurt 1998.

APEL, K.-O./NIQUET, M.: Diskursethik und Diskursanthropologie, Freiburg/München 2002.

BAUMAN, Z.: Wir Lebenskünstler, Berlin 2010.

BAUMAN, Z.: Flüchtige Zeiten. Leben in der Ungewissheit, Hamburg 2008.

BAUMAN, Z.: Leben in der flüchtigen Moderne, Frankfurt 2007.

BAUMAN, Z.: Flüchtige Moderne, Frankfurt 2003.

BAUMAN, Z.: Tod, Unsterblichkeit und andere Lebensstrategien, Frankfurt 1994.

BECK, B.: Ein neues Menschenbild? Der Anspruch der Neurowissenschaften auf Revision unseres Selbstverständnisses, Münster 2013.

BECK, U. (Hg.): Kinder der Freiheit, Frankfurt 1997.

BECK, U./BECK-GERNSHEIM, E.: Riskante Freiheiten. Zur Individualisierung der Lebensformen in der Moderne, Frankfurt 1993.

BECK, U./ERDMANN ZIEGLER, U.: Eigenes Leben. Ausflüge in die unbekannte Gesellschaft, in der wir leben, München 1997.

BIERI, P.: Eine Art zu leben. Über die Vielfalt menschlicher Würde, München 2013.

BÖHLER, D.: Verbindlichkeit aus dem Diskurs. Denken und Handeln nach der sprachpragmatischen Wende, Freiburg/München 2013.

BÖHME, G.: Anthropologie in pragmatischer Hinsicht, Bielefeld/Basel 2010.

BÖHME, G.: Leibsein als Aufgabe. Leibphilosophie in pragmatischer Hinsicht, Kusterdingen 2003.

BÖHME, G.: Ethik im Kontext. Über den Umgang mit ernsten Fragen, Frankfurt 1997.

BORCHERS, D.: Die neue Tugendethik – Schritt zurück im Zorn? Eine Kontroverse in der Analytischen Philosophie, Paderborn 2001.

BREITSAMETER, Ch.: Individualisierte Perfektion. Vom Wert der Werte, Paderborn/München/Wien/Zürich 2009.

Breuer, C. (Hg.): Ethik der Tugenden, St. Ottilien 2000.

Dalferth, I. U./Hunziker, A. (Hg.): Seinkönnen. Der Mensch zwischen Möglichkeit und Wirklichkeit, Tübingen 2011.

Ebeling, H.: Was es hieß, ein Mensch zu sein, Würzburg 2003.

Ebeling, H.: Neue Subjektivität. Die Selbstbehauptung der Vernunft, Würzburg 1990.

Ebeling, H.: Vernunft und Widerstand. Die beiden Grundlagen der Moral, Freiburg/München 1986.

Ebeling, H.: Die ideale Sinndimension. Kants Faktum der Vernunft und die Basis-Fiktionen des Handelns, Freiburg/München 1982.

Ebeling, H.: Freiheit – Gleichheit – Sterblichkeit. Philosophie *nach* Heidegger, Stuttgart 1982.

Ernst, St.: Grundfragen theologischer Ethik, München 2009.

Fellsches, J.: Lebenkönnen. Von der Tugendtheorie zur Lebenskunst, Essen 1996.

Fenner, D.: Das gute Leben, Berlin/New York 2007.

Ganten, D. u. a. (Hg.): Was ist der Mensch?, Berlin/New York 2008.

Gerhardt, V.: Selbstbestimmung. Das Prinzip der Individualität, Stuttgart 1999.

Gerhardt, V.: Individualität. Das Element der Welt, München 2000.

Halbig, Ch.: Der Begriff der Tugend und die Grenzen der Tugendethik, Berlin 2013.

Heilinger, J.-Ch. (Hg.): Individualität und Selbstbestimmung, Berlin 2009.

Heinrichs, J.: Sprache (Philosophische Semiotik II). 5 Bde., München/Moskau 2008–2009.

Heinrichs, J.: Handlungen. Das periodische System der Handlungsarten (Philosophische Semiotik I), München/Moskau 2007.

Hoesch, M. u. a. (Hg.): Glück – Werte – Sinn. Metaethische, ethische und theologische Zugänge zur Frage nach dem guten Leben, Berlin/Boston 2013.

Hofer, M. (Hg.): Über uns Menschen. Philosophische Selbstvergewisserungen, Bielefeld 2010.

Höffe, O.: Lebenskunst und Moral – oder: Macht Tugend glücklich?, München 2007.

Höhn, H.-J.: Von der Bewusstseinsphilosophie zur Existentialpragmatik, in: Ders.: Zeit und Sinn. Religionsphilosophie postsäkular, Paderborn/München/Wien/Zürich 2010, 73–148.

Höhn, H.-J.: Zeit-Diagnose. Theologische Orientierung im Zeitalter der Beschleunigung, Darmstadt 2006.

Höhn, H.-J.: Versprechen. Das fragwürdige Ende der Zeit, Würzburg 2003.

Höhn, H.-J.: Zustimmen. Der zwiespältige Grund des Daseins, Würzburg 2001.

Hörisch, J.: Es gibt (k)ein richtiges Leben im falschen, Frankfurt 2003.

Illies, Ch.: Philosophische Anthropologie im biologischen Zeitalter. Zur Konvergenz von Moral und Natur, Frankfurt 2009.

Janich, P. (Hg.): Naturalismus und Menschenbild, Hamburg 2008.

Kersting, W.: Gerechtigkeit und Lebenskunst, Paderborn 2005.

Kersting, W./Langbehn, C. (Hg.): Kritik der Lebenskunst, Frankfurt 2007.

Leiber, Th.: Glück, Moral und Liebe. Perspektiven der Lebenskunst, Würzburg 2006.

Liebsch, B.: Prekäre Selbst-Bezeugung. Die erschütterte Wer-Frage im Horizont der Moderne, Weilerswist 2012.

Lutz, R.: Der hoffende Mensch. Anthropologie und Ethik menschlicher Sinnsuche, Tübingen 2012.

Marten, R.: Endlichkeit. Zum Drama von Tod und Leben, Freiburg/München 2013.

Mieth, D.: Die neuen Tugenden. Ein ethischer Entwurf, Düsseldorf 1984.

Müller, A. W.: Was taugt die Tugend? Elemente einer Ethik des guten Lebens, Stuttgart 1998.

Müller, St. E.: Zur Anthropologie und Theologie der Tugend, in: P. Fonk/U. Zelinka (Hg.): Orientierung in pluraler Gesellschaft, Freiburg/Fribourg 1999, 51–79.

Prisching, W. (Hg.): Postmoderne Tugenden? Ihre Verortung im kulturellen Leben der Gegenwart, Wien 2001.

Rathmayr, R.: Selbstzwang und Selbstverwirklichung. Bausteine zu einer historischen Anthropologie der abendländischen Menschen, Bielefeld 2011.

Rentsch, Th.: Negativität und praktische Vernunft, Frankfurt 2000.

Rentsch, Th.: Die Konstitution der Moralität. Transzendentale Anthropologie und praktische Philosophie, Frankfurt ²1999.

Rombach, H.: Strukturanthropologie. „Der menschliche Mensch", Freiburg/München ³2012.

Römelt, J.: Der kulturwissenschaftliche Anspruch der theologischen Ethik, Freiburg/Basel/Wien 2011.

Sautermeister, J.: Lebenskunst in der Postmoderne, in: IkaZ 39 (2010) 520–533.

Sautermeister, J.: Lebenskunst im christlichen Kontext, in: Th. Laubach (Hg.): Angewandte Ethik und Religion, Tübingen/Basel 2003, 115–143.

Schmid, W.: Dem Leben Sinn geben. Von der Lebenskunst im Umgang mit Anderen und der Welt, Berlin 2013.

Schmid, W. (Hg.): Leben und Lebenskunst am Beginn des 21. Jahrhunderts, München 2005.

Schmid, W.: Über den Versuch zur Neubegründung einer Philosophie der Lebenskunst, in: V. Steenblock (Hg.): Kolleg Praktische Philosophie. Bd. 3, Stuttgart 2008, 240–271.

Schmid, W.: Mit sich selbst befreundet sein. Von der Lebenskunst im Umgang mit sich selbst, Frankfurt 2004.

Schmid, W.: Philosophie der Lebenskunst. Eine Grundlegung, Frankfurt 1998.

Schmid, W.: Auf der Suche nach einer neuen Lebenskunst. Die Frage nach dem Grund und die Neubegründung der Ethik bei Foucault, Frankfurt 1991.

Schockenhoff, E.: Grundlegung der Ethik. Ein theologischer Entwurf, Freiburg/Basel/Wien 2007.

Schuster, J.: Moralisches Können. Studien zur Tugendethik, Würzburg ²1999.

Seel, M.: Versuch über die Form des Glücks, Frankfurt 1995.

Seibel, M.-A.: Eigenes Leben? Christliche Sozialethik im Kontext der Individualisierungsdebatte, Paderborn/München/Wien/Zürich 2005.

Sirovátka, J. S. (Hg.): Endlichkeit und Transzendenz. Perspektiven einer Grundbeziehung, Hamburg 2012.

Slaby, J.: Gefühl und Weltbezug. Die menschliche Affektivität im Kontext einer neo-existentialistischen Konzeption von Personalität, Paderborn 2008.

Sloterdijk, P.: Du musst dein Leben ändern. Über Anthropotechnik, Berlin 2009.

Sommerfeld-Lethen, C. (Hg.): Lebenskunst und Moral, Berlin 2004.

Steinfath, H. (Hg.): Was ist ein gutes Leben? Philosophische Reflexionen, Frankfurt 1998.

Ulrich, F.: Leben in der Einheit von Leben und Tod, Einsiedeln 1999.

Veith, H.: Das Selbstverständnis des modernen Menschen. Theorien des vergesellschafteten Individuums im 20. Jahrhundert, Frankfurt/New York 2001.

Wallroth, M.: Moral ohne Reife? Ein Plädoyer für ein tugendethisches Moralverständnis, Freiburg/München 2000.

Welsch, W.: Homo mundanus. Jenseits der anthropischen Denkform der Moderne, Weilerswist 2012.

Werder, L. v.: Lehrbuch der Philosophischen Lebenskunst für das 21. Jahrhundert, Berlin/Milow 2000.

Werle, J. M. (Hg.): Klassiker der philosophischen Lebenskunst. Von der Antike bis zur Gegenwart, München 2000.

Wesche, T.: Moral und Glück. Hoffnung bei Kant und Adorno, in: DZPh 60 (2012) 49–71.